学前教育政策与法规

主　编　徐文松　王婧文　赵梅菊

副主编　周　倩　夏　霖

李淑芬　刘海峰

北京理工大学出版社

BEIJING INSTITUTE OF TECHNOLOGY PRESS

图书在版编目（CIP）数据

学前教育政策与法规 / 徐文松，王婧文，赵梅菊主编 . -- 北京 : 北京理工大学出版社 , 2021.4
ISBN 978-7-5682-9619-9

Ⅰ . ①学… Ⅱ . ①徐… ②王… ③赵… Ⅲ . ①学前教育—教育政策—中国—高等学校—教材②学前教育—教育法—中国—高等学校—教材 Ⅳ . ① G619.20 ② D922.16

中国版本图书馆 CIP 数据核字 (2021) 第 043176 号

出版发行 / 北京理工大学出版社有限责任公司
社　　址 / 北京市海淀区中关村南大街 5 号
邮　　编 / 100081
电　　话 /（010）68914775（总编室）
（010）82562903（教材售后服务热线）
（010）68944723（其他图书服务热线）
网　　址 / http://www.bitpress.com.cn
经　　销 / 全国各地新华书店
印　　刷 / 定州市新华印刷有限公司
开　　本 / 787 毫米 ×1092 毫米　1/16
印　　张 / 12
字　　数 / 285 千字
版　　次 / 2021 年 4 月第 1 版　2021 年 4 月第 1 次印刷
定　　价 / 33.50 元

责任编辑 / 张荣君
文案编辑 / 张荣君
责任校对 / 周瑞红
责任印制 / 边心超

前言

QIANYAN

学前教育是终身学习的开端，是国民教育体系的重要组成部分，是重要的社会公益事业。改革开放以来，随着经济社会的发展和人民生活水平的提高，“幼有所育”从家庭的渴望成为家庭的基本需求。党和政府从民意、顺民心、解民忧，在思想上、工作上日益重视，在政策法规的制定发布上积极推进，努力为学前教育保驾护航。从1989年颁布的《幼儿园管理条例》第一部关于学前教育的行政法规出台开始，一系列政策、法规、标准和规范等相继推出。2010年7月，《国家中长期教育改革和发展规划纲要（2010—2020年）》设专章进行规划，2010年11月出台《国务院关于当前发展学前教育的若干意见》。2015年，在《中华人民共和国教育法》的修改中新增一条作为第十八条“国家制定学前教育标准，加快普及学前教育”，标志着学前教育成为政府基本公共服务内容和基本职责之一。2017年，党的十九大提出“幼有所育”。2018年，中共中央国务院出台《关于学前教育深化改革规范发展的若干意见》，描绘了2035年的发展蓝图，推出了一系列务实管用的政策举措，为学前教育法的出台打下坚实的政策和民意基础。

知政策、懂法律，用政策、守法律，无论对于学前教育专业的学生，还是学前教育的从业人员，或者是家长朋友，在新时代都尤为重要。本书主要定位于帮助学生掌握学前教育政策法规的基本知识，练习解决实际问题的能力，增强教育政策法治观念，为今后从事学前教育、依法参与教育治理打下基础。全书共分六章，包括学前教育政策与法规概述、幼儿的权利、幼儿园的运行与管理、幼儿园的教师、政府对幼儿园的管理和服务、法律责任等。全书具有以下特色。

1. 梳理历史，把握特点

历史是最好的教科书。本书第一章对我国学前教育政策法规发展演变的历史作了简要的梳理，介绍了每一历史时期的主要政策法规立意取向和征战内容，概括了每一历史的主要特点。读者在历史中可以更好地看清未来，也可以更透彻地把握当前学前教育政策法规的“来龙去脉”，从而增进理解并坚定信心。

2. 区分主体，力求周全

本书区分了幼儿、幼儿园、园长、教师和工作人员、各级政府等不同主体，对当前教育政策法规中涉及的相关规定（特别是政策、标准等方面）对不同主体的权利、义务、责任的不同要求，进行了比较周密细致的梳理、分析，让读者有较为周全的把握，同时，不同的主体能较好地“对号入座”，增强了本书的实用性。

3. 结合案例，深入浅出

每章都以一则案例引入。全书主要通过“案例串联”“案例剖析”“法律知识一点通”等多种形式，说明当前学前教育出现的问题和解决这些问题的政策法规，以及如何将政策法规运用到日常生活和工作中，既增加可读性，又帮助学生掌握相关知识，锻炼知识运用能力。

4. 紧扣时代，与时俱进

本书引用的政策法规既全且新，既包括对学前教育领域影响颇深的《幼儿园管理条例》《幼儿园工作规程》《幼儿园教育指导纲要（试行）》《幼儿园教师专业标准》等文件，又包括近几年最新颁布的《中共中央国务院关于学前教育深化改革规范发展的若干意见》《关于完善安全事故处理机制维护学校教育教学秩序的意见》等，紧跟政策发展走向。书中引用的案例也是近几年的热点。

5. 以练促学，巩固知识

针对书中的重点难点，每章都设置填空题、名词解释、案例分析等多种题型，帮助学生加深知识要点的学习理解。“拓展阅读”等栏目帮助学生了解各种背景知识，深化其对问题的理解，提高其对实际问题的分析和解决能力。

本书聚合了北京、重庆、太原、郑州等不同地区高校教师的参与，是学前教育相关从业者多年教研的成果。本书第一章由中华女子学院赵梅菊编写，第二章由重庆第二师范学院王婧文编写，第三章由太原幼儿师范高等专科学校周倩编写，第四章由黄淮学院刘海峰编写，第五章由国家教育行政学院远程培训中心李淑芬编写，第六章由黄淮学院夏霖编写。全书由徐文松、王婧文和赵梅菊统稿。另外，本书在编写过程中还得到了重庆第二师范学院学生叶子嘉、北京理工大学出版社戴启荣、张荣君等的大力支持和指导，同时，本书引用了一些专家学者的研究资料，在此一并表示衷心感谢。

本书可作为职业教育教育类专业学生的教材，也可作为幼儿园教师职前或在职学习的教材，同时，还可以作为教育法律普及的知识读本。由于编者水平有限，本书中难免存在不足之处，望广大读者提出宝贵意见，以便后期改进。

编者

MULU
目录

MULU
目录

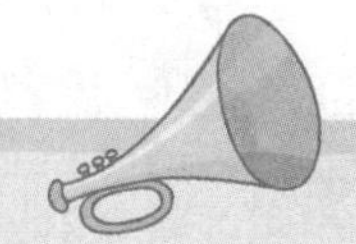

第一章 学前教育政策与法规概述

案例导入

2018 年 11 月 7 日，《中共中央国务院关于学前教育深化改革规范发展的若干意见》（以下简称《意见》）发布。针对“入园难”“入园贵”等困扰老百姓的烦心事，《意见》明确了学前教育深化改革规范发展的原则、目标和具体举措。《意见》指出，民办幼儿园一律不准单独或作为一部分资产打包上市。上市公司不得通过股票市场融资来投资营利性幼儿园，不得通过发行股份或支付现金等方式购买营利性幼儿园的资产。受此消息影响，美股开盘不足 3 分钟，国内某大型已上市幼教机构的股价跌幅扩大至 50%，蒸发市值约为 2.5 亿美元[1]。

问题聚焦：

1. 学前教育领域重要的政策与法规有哪些？
2. 学前教育领域政策与法规对学前教育的发展有什么影响？

学习目标

1. 了解我国学前教育政策与法规的体系、地位、历史发展过程
2. 熟悉我国当前重要的学前教育政策与法规的内容
3. 掌握学前教育政策与法规对学前教育发展的重要影响

本章结构

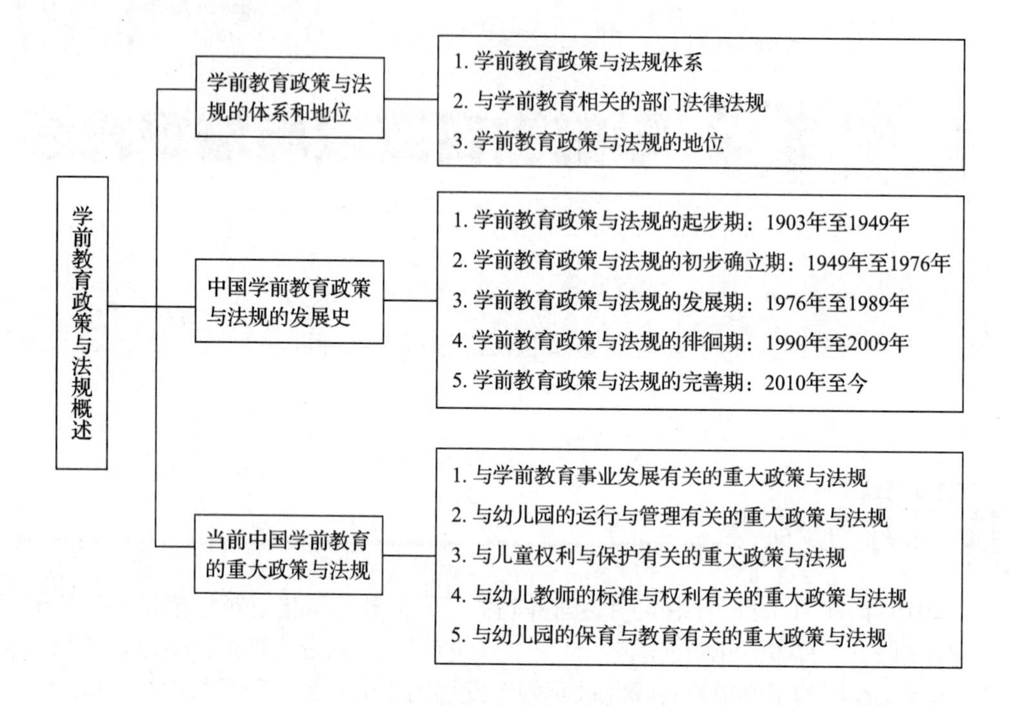

第一节　学前教育政策与法规的体系和地位

学前教育政策与法规是国家制定和颁发的有关学前教育的方针、法律、条例、规程、规定、办法、纲要、决定、通知、规划、意见、细则、纪要等各种文件的总称[2]36。通过本节的学习，读者可以了解学前教育政策与法规体系中不同效力等级的法规政策，把握其纵向体系，从而对学前教育政策与法规形成整体认识。通过与其他领域法律法规体系的比较，读者可以了解到我国学前教育政策法规的地位及不足。

一、学前教育政策与法规体系

（一）学前教育法规体系

我国教育法规根据效力等级从高到低依次分为：宪法中的教育条款、教育基本法、教育部门法、教育行政法规、地方性教育法规、教育规章，下一级的教育法规不能与本级以上的教育法规相抵触。由于制定机关的性质和法律地位不同，其制定出的教育法的效力等级也有区别：制定机关地位越高，其法律规范的效力等级也越高。图 1–1 所示为我国教育法规的纵向体系和学前教育法规的纵向体系。

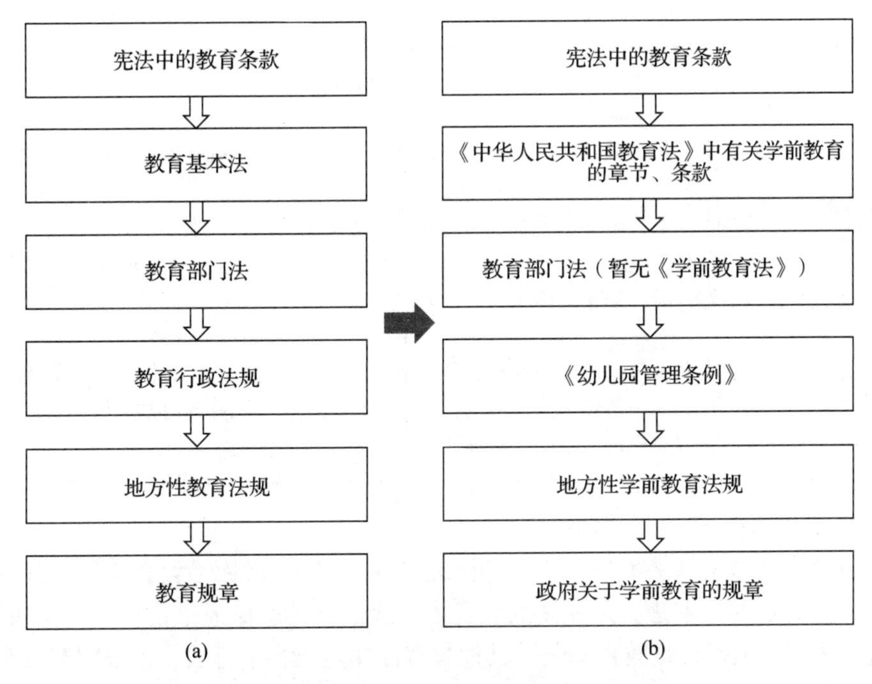

图 1-1　教育法规的纵向体系和学前教育法规的纵向体系

（a）教育法规的纵向体系;（b）学前教育法规的纵向体系

1. 宪法中的教育条款

《中华人民共和国宪法》(以下简称《宪法》）是我国的根本大法，是一切法律法规的源头，是法律体系中的“母法”，具有最高的法律效力。《宪法》中的教育条款，是我国制定教育法律和法规的最高法律依据，一切与《宪法》相抵触的教育法律法规都是无效的。《宪法》为教育的发展提供了最根本的法律保障。《宪法》中与教育有关的内容见表 1–1。

表 1-1　《宪法》中与教育有关的内容

主题	内容节选
对教育性质的规定	第十九条：国家发展社会主义的教育事业，提高全国人民的科学文化水平。国家举办各种学校，普及初等义务教育，发展中等教育、职业教育和高等教育，并且发展学前教育……国家鼓励集体经济组织、国家企业事业组织和其他社会力量依照法律规定举办各种教育事业……
对教育任务的规定	第四十六条：中华人民共和国公民有受教育的权利和义务。国家培养青年、少年、儿童在品德、智力、体质等方面全面发展
对公民受教育权利和义务的规定	第四十六条：中华人民共和国公民有受教育的权利和义务

续表

主题	内容节选
对特殊群体的教育保护	第四十五条：国家和社会帮助安排盲、聋、哑和其他有残疾的公民的劳动、生活和教育。 第四十九条：婚姻、家庭、母亲和儿童受国家的保护。夫妻双方有实行计划生育的义务。父母有抚养教育未成年子女的义务，成年子女有赡养扶助父母的义务。禁止破坏婚姻自由，禁止虐待老人、妇女和儿童
对教育行政管理的规定	第八十九条：国务院领导和管理教育、科学、文化、卫生、体育和计划生育工作。 第一百二十一条：民族自治地方的自治机关在执行职务的时候，依照本民族自治地方自治条例的规定，使用当地通用一种或者几种语言文字

2. 教育基本法

我国的教育基本法是《中华人民共和国教育法》(以下简称《教育法》)，其是由全国人民代表大会制定的基本法，是我国的教育根本大法，其法律地位仅次于《宪法》，是制定其他法律法规的依据，是教育母法。其他教育法律是教育单行法，是根据宪法和教育基本法制定的调整某类教育或教育的某个部分关系的教育法律[2]8。《教育法》对教育基本制度、学校及其他教育机构、教师和其他教育工作者、受教育者、教育与社会、教育投入与条件保障、教育对外交流与合作、法律责任等事宜都作出了详细的规定。其中明确提到学前教育的法规有两条：第十七条对我国的学制进行了规定，指出学前教育是学校教育制度的一个阶段；第十八条对学前教育的发展作出了规定，其具体内容有以下几条。

第十七条：国家实行学前教育、初等教育、中等教育、高等教育的学校教育制度。国家建立科学的学制系统。学制系统内的学校和其他教育机构的设置、教育形式、修业年限、招生对象、培养目标等，由国务院或者由国务院授权教育行政部门规定。

第十八条：国家制定学前教育标准，加快普及学前教育，构建覆盖城乡，特别是农村的学前教育公共服务体系。各级人民政府应当采取措施，为适龄儿童接受学前教育提供条件和支持。

3. 教育部门法

教育部门法是由全国人民代表大会常务委员会制定的教育部门法律，主要调整各个教育部门的内部和外部关系。目前，我国的教育部门法包括：《中华人民共和国义务教育法》(以下简称《义务教育法》)、《中华人民共和国职业教育法》(以下简称《职业教育法》)、《中华人民共和国高等教育法》(以下简称《高等教育法》)、《中华人民共和国成人教育法》(以下简称《成人教育法》)、《中华人民共和国教师法》(以下简称《教师法》)、《中华人民共和国民办教育促进法》(以下简称《民办教育促进法》)(表1-2)[3]。在教育所规定的学前教育、义务教育、职业教育、高等教育四个独立学段中，目前唯有学前教育没有立法。

表 1-2　我国的教育部门法

1.《义务教育法》（2018 年第二次修订）
2.《职业教育法》（1996 年颁布）
3.《高等教育法》（2018 年第二次修订）
4.《未成年人保护法》（2012 年第二次修订）
5.《教师法》（1993 年颁布）
6.《民办教育促进法》（2016 年第二次修订）

4. 教育行政法规

中华人民共和国国务院（以下简称“国务院”）是我国最高行政机关，有权制定行政法规[4]，由国务院批准、国务院主管部门（教育部、民政部、国家教育委员会等）发布的教育行政规章具有与国务院制定的教育行政法规相等的效力[2]8。教育行政一般采用条例、规定、规范、办法等法规性文体。

学前教育法规是政府行使管理权的一种手段，是规范学前教育活动、调整学前教育关系的法规的总称。国务院及其各部门制定的与学前教育相关的代表性行政法规见表 1–3，具有法律的权威性和规范性。在学前教育行政法规中，《幼儿园管理条例》于 1989 年 8 月 20 日，经国务院批准，1989 年 9 月 11 日，中华人民共和国国家教育委员会令第 4 号发布，自 1990 年 2 月 1 日起施行。《幼儿园管理条例》是到目前为止，在学前教育的法律法规中，效力层次最高的一部专门的法规，对幼儿园的规范办学和规范教育起到了很大的推动作用。

表 1-3　学前教育相关的行政法规

政策文件	颁发部门	发布年份
《幼儿园管理条例》	国务院批准	1989
《九十年代中国儿童发展规划纲要》	国务院	1992
《中国儿童发展纲要》（2011—2020 年）	国务院	2001
《校车安全管理条例》	国务院	2012

5. 地方性教育法规

地方性教育法规是省、自治区、直辖市及较大的市的人民代表大会及其常务委员会依据法定权限，根据本行政区域的具体情况和实际需要，在不与宪法、教育法律、教育行政法规相抵触的前提下，制定的教育规范性文件。地方性教育法规是根据本地区具体情况和实际需要制定的，具有较强的操作性，但只在本行政区域内有效。各个省市的人民代表大会常务委员会制定的学前教育条例均属于地方性教育法规，例如《北京市学前教育条例》《江苏省学前教育条例》。

6. 教育规章

教育规章是国务院各部、委员会和省、自治区、直辖市，以及省、自治区的人民政府，在自身权限内发布规章。教育规章包括部门教育规章和政府教育规章两大类，两类教育规章的发布主体和文件常用名称及适用权限见表 1–4。

表 1-4　部门教育规章和政府教育规章

类别	发布主体	权限	文件常用名称
部门教育规章	国务院所属各部（教育部、财政部、民政部等）、委员会及具有行政管理职能的直属机构	全国有效	规定、办法、规程、大纲、标准
政府教育规章	省、自治区的人民政府所在地的市和经国务院批准的较大的市的人民政府	在本行政区域内有效	规定、办法、实施意见

政府教育规章与部门教育规章之间具有同等的法律效力，在各自的权限范围内实行，政府规章与部门规章之间对同一事项的规定不一致时，由最高人民法院送请国务院作出解释或裁决[2]11。有代表性的学前教育政府教育规章见表 1-5。

表 1-5　有代表性的学前教育政府教育规章

规章	制定部门	发布年份
《幼儿园教育指导纲要》（试行）	教育部	2001
《中小学幼儿园安全管理办法》	教育部、公安部、司法部、建设部、交通部、文化部、卫生部、工商总局、质检总局、新闻出版总署	2006
《托儿所幼儿园卫生保健管理办法》	卫生部、教育部	2010
《幼儿园收费管理暂行办法》	国家发展改革委、教育部、财政部	2011
《幼儿园教师专业标准》（试行）	教育部	2012
《学前教育督导评估暂行办法》	教育部	2012
《托儿所幼儿园卫生保健工作规范》	卫生部	2012
《3~6 岁儿童学习与发展指南》	教育部	2012
《幼儿园教职工配备标准》（暂行）	教育部	2013
《幼儿园园长专业标准》	教育部	2015
《幼儿园工作规程》	教育部	2016
《幼儿园办园行为督导评估办法》	教育部	2017
《幼儿园教师违反职业道德行为处理办法》	教育部	2018

（二）学前教育政策

学前教育政策是指党和政府为完成一定历史时期的学前教育任务，实现学前教育培养目标而作出的兼具战略性、现实针对性和可操作性的规定，是党和政府为实施和发展学前

教育事业而制定的行动准则[5]。党和政府通过制定和实施各种学前教育政策来为学前教育改革和发展服务。

学前教育政策一般以决议、决定、通知、意见等公文和规划等文件形式出现。我国具有代表性的学前教育政策见表 1–6。

表 1–6　具有代表性的学前教育政策

政策	制定部门	颁布年份
《国务院办公厅转发教育部等部门（单位）关于幼儿教育改革与发展指导意见的通知》	教育部、中央编办、国家计委、民政部、财政部、劳动保障部、建设部、卫生部、国务院妇儿工委、全国妇联	2003
《关于进一步做好中小学幼儿园安全工作六条措施》	教育部	2005
《关于加强农村中小学生幼儿上下学乘车安全工作的通知》	教育部、公安部、国家安全监管总局	2007
《教育部关于加强民办学前教育机构管理工作的通知》	教育部	2007
《教育部关于做好 2005 年中小学幼儿园安全工作的意见》	教育部	2005
《国务院关于当前发展学前教育的若干意见》	国务院	2010
《关于加大财政投入支持学前教育发展的通知》	财政部、教育部	2011
《教育部关于规范幼儿园保育教育工作防止和纠正“小学化”现象的通知》	教育部	2011
《关于加强幼儿园教师队伍建设的意见 》	教育部、中央编办、财政部、人力资源社会保障部	2012
《关于做好 2014 年中小学、幼儿园教师国家级培训计划实施工作的通知》	教育部办公厅、财政部办公厅	2014
《教育部等四部门关于实施第三期学前教育行动计划的意见》	教育部、国家发展改革委、财政部、人力资源社会保障部	2017
《教育部办公厅关于开展幼儿园“小学化”专项治理工作的通知》	教育部办公厅	2018
《国务院办公厅关于加强中小学幼儿园安全风险防控体系建设的意见》	国务院	2017
《关于学前教育深化改革规范发展的若干意见》	国务院	2018
《国务院办公厅关于开展城镇小区配套幼儿园治理工作的通知》	国务院	2019

地方政府制定颁布的学前教育政策对当地学前教育的发展有重要的指导和推动作用。以河南省学前融合教育的发展为例，《河南省特殊教育提升计划（2014—2016）》明确提出要因地制宜发展残疾儿童学前教育。切实将残疾儿童学前教育纳入全省学前教育发展总体规划，列入新一轮学前教育重大建设项目，保障残疾儿童接受学前教育。鼓励普通幼儿园接收轻度残疾儿童入园学习，每个县（市、区）要选择1~2所幼儿园开展学前融合教育试点[6]。在该政策的推动下，河南省教育厅从2015年起，每年安排专项资金，在全省所有省辖市和直管县启动实施学前融合教育试点项目。截至2019年，河南省教育厅已甄选了126所试点幼儿园进行推广。省教育厅按照每所10万元的标准对试点幼儿园给予资金支持，今后还将根据实际招生情况，由当地财政按照10 000元/生/年的标准安排综合财政拨款。在政策的支持与推动下，河南省的学前融合教育在全国处于领先水平，将在全国率先实现学前融合教育试点幼儿园在全省县区内全部覆盖[7]。

（三）学前教育政策和法规的关系

1. 二者的区别

学前教育政策与学前教育法规有着本质的内在联系，又有明显的差别，主要体现在制定的主体不同、约束力不同、表现形式不同、实施方式不同、稳定程度不同五个方面[3]31–32。学前教育政策与法规的区别见表1–7。

表1-7　学前教育政策与法规的区别

主题	学前教育法规	学前教育政策
制定的主体	由国家机关或国家权力机关按照法定程序制定*	由党和政府部门制定
约束力	具有普遍的约束力，是必须做的行为。如果不执行，就会承担相应的法律责任	具有普遍的指导意义，不具有国家意志力和约束力
表现形式	采用法、条例、规定、规范、办法等法规性文体	以决议、决定、通知、意见等公文和规划等文件形式出现
实施方式	以国家强制力为后盾，要求社会成员必须遵照执行	依靠组织和宣传，启发人们自觉遵守
稳定程度	稳定程度高	灵活性强，需要随着社会的发展适时作出调整

2. 二者的联系

（1）学前教育政策和学前教育法规都是国家管理学前教育的重要手段，有共同的指导思想，体现共同的利益，两者在本质上是一致的，既相互影响，又相互依存。

（2）学前教育政策是制定学前教育法规的依据，它指导学前教育法规的制定和实施。成熟、稳定的学前教育政策在一定条件下可以转化为学前教育法规。

（3）学前教育法规集中反应了党和国家学前教育的意志和主张，规定了学前教育各项工作的行为准则，是学前教育政策的定型化和规范化，可以保障学前教育政策的顺利实施[8]。

---

* 注：包括国家元首、权力机关、行政机关、监察机关、审判机关、检察机关和军事机关.

二、与学前教育相关的部门法律法规

与学前教育相关的部门法律法规有六部，其中与学前教育密切相关的有三部，分别是:《中华人民共和国未成年人保护法》(以下简称《未成年人保护法》)，针对未成年人提供家庭、学校、社会和司法等各类保护;《教师法》明确整个国民教育阶段所有教师的权责奖惩和培养培训等内容;《民办教育促进法》规定民办学校准入与退出，组织活动与管理监督、扶持与奖励等内容，是民办幼儿园必须遵守的法律[9]17–22。

此外，其他部门法中，与学前教育相关的法律主要有《中华人民共和国刑法(2017年修订)》(以下简称《刑法》)、《中华人民共和国侵权责任法》(以下简称《侵权责任法》)、《中华人民共和国治安管理处罚法》(以下简称《治安管理处罚法》)。

《刑法》是规定犯罪、刑事责任和刑罚的法律，规定了哪些行为是犯罪并且应当负何种刑事责任，并给予犯罪嫌疑人何种刑事处罚的法律规范的总称，对伪造、变造、买卖国家机关公文、证件、印章罪，过失致人死亡罪、故意伤害罪、过失致人重伤罪、强奸罪、强制猥亵、侮辱罪等罪行应该承担的刑事做出了明确的规定。《民办教育促进法》《民办教育促进法实施条例》中对违反法律的责任规定均提出，构成犯罪的，依法追究刑事责任。刑事责任的追究主要依据《刑法》的规定。

《侵权责任法(2009年修订)》是为保护民事主体的合法权益，明确侵权责任，预防并制裁侵权行为，促进社会和谐稳定而制定的法律。该法所称的民事权益包括：生命权、健康权、姓名权、名誉权、荣誉权、肖像权、隐私权、婚姻自主权、监护权、所有权、用益物权、担保物权、著作权、专利权、商标专用权、发现权、股权、继承权等人身、财产权益。在学前教育领域，若出现以上民事权益被侵权的现象，则需要参考该法律。

《治安管理处罚法(2012年修订)》是为维护社会治安秩序，保障公共安全，保护公民、法人和其他组织的合法权益，规范和保障公安机关及其人民警察依法履行治安管理职责而制定的法律。该法规定扰乱公共秩序，妨害公共安全，侵犯人身权利、财产权利，妨害社会管理，具有社会危害性，依照《刑法》的规定构成犯罪的，依法追究刑事责任；尚不够刑事处罚的，由公安机关依照本法给予治安管理处罚。其中，部分条款直接与幼儿权益有关，例如该法律规定：殴打、伤害残疾人、孕妇、不满14周岁的人或者60周岁以上的人的，处10日以上15日以下拘留，并处500元以上1 000元以下罚款。

三、学前教育政策与法规的地位

学前教育是基础教育的重要组成部分，是个体终身学习的开端，是国民教育体系的重要组成部分，是重要的社会公益事业。办好学前教育，关系亿万儿童的健康成长，关系千家万户的切身利益，关系国家和民族的未来[10]。学前教育对于儿童全面健康发展、义务教育质量、国民素质整体提升等均具有重要的基础性、全局性作用，但是促进和保障学前教育事业发展的相关法律政策尚未得到足够的重视。

我国现有的学前教育立法层次偏低，尚无学前教育专门法律，即《学前教育法》。目前仅有四部涉及学前教育的非专门性法律，分别是《教育法》《未成年人保护法》《教师法》《民办教育促进法》。这些非专门法律都只是笼统规制涉及学前教育领域的内容[9]17-22。

《幼儿教育管理条例》是新中国成立以来第一个经国务院批准颁发的有关幼儿教育的行政法规，标志着我国幼儿教育向法制化建设迈进，开启了幼儿教育法规的先河。但是《幼儿教育管理条例》属于教育行政法规，在教育法律法规体系中的法律层次较低，法律效力较弱。在教育所规定的四个独立学段中，目前，唯有学前教育没有立法。较低的法律层次不能很好地保障学前教育事业的发展。提高我国学前教育立法的层次，赋予学前教育应有的法律地位，是我国学前教育事业发展的迫切需求[11]14-20。

第二节　中国学前教育政策与法规的发展史

学前教育政策与法规的历史沿革与社会历史的发展历程息息相关，在不同的历史发展阶段展现出不同的内容与发展特点，对相应阶段学前教育的发展产生重要影响。通过本节的内容，读者能够了解我国学前教育政策与法规发展的历史脉络，可以更好地把握每一部学前教育政策法规制定的背景和历史影响，也能了解学前教育的发展是如何和政策与法规相互影响从而发展到当下的发展水平的。

一、学前教育政策与法规的起步期：1903 年至 1949 年

（一）清末——《奏定蒙养院章及家庭教育法章程》

我国古代的学前教育都在家庭中实施，直到晚清时期，才开始摆脱过去由家庭进行的模式，逐步走向由社会专门教育机构组织实施的方向发展。1904 年，清政府颁布实施了《奏定学堂章程》，将学制分为七级，其中第一级为蒙养院，专门教导 3~7 岁的儿童。《奏定学堂章程》使得学前教育成为国民教育体系中的重要组成部门。该章程还专门制定了《奏定蒙养院章及家庭教育法章程》，这是中国近代学前教育第一个法规，它的颁布和实施标志着中国学前教育进入一个新的阶段[12]34。

在半殖民地半封建教育制度下，女子没有受教育的机会，政府没有设置幼儿园师范学校和女校，出现了有幼儿教育但是无幼儿教育师资培养的局面。蒙养院的老师被称为“保姆”，由寡妇、乳母等经过简单训练后担任，教学质量无法得到保证，蒙养院成为学前教育由家庭教育向有组织的社会教育的过渡。

（二）民国——《幼稚园课程标准》

民国时期，五四新文化运动有力地推动了新教育思想的传播，欧美教育思想，尤其是杜威实用主义思想对中国教育的影响很大。1922 年，中国制定的“壬戌学制”，就是仿照美国的学制。该学制规定，在小学下设立幼稚园，接收6岁以下之儿童，改变了以前蒙养院和蒙养园在学制中没有独立地位的状况，确定了学前教育机构在学制中作为国民教育第一阶段的重要地位[12]47。

1932年，我国第一个由政府颁布的幼儿园课程标准——《幼稚园课程标准》颁布实施。该课程标准是由我国教育专家在总结本土实践经验的基础上，吸收和借鉴西方学前教育思想与方法的结晶，第一次较为详细地提出了幼儿园课程标准，并且制定了相应的幼儿发展目标、课程大纲和教学方法等，标志着我国的学前教育政策法规趋于细致化和系统化[2]37。

（三）抗日战争胜利前后和老解放区时期

抗日战争时期，为了加强对幼稚园的管理，教育部于1939年颁布了我国学前教育史上又一部重要法规《幼稚园章程》，后改称为《幼稚园设置办法》。由于当时环境的影响，很多地方的幼稚园被迫停办，该法规基本上没有得到实施。

老解放区时期是指1927年大革命失败以后至1949年中华人民共和国成立这段时间。这一时期的学前教育核心是保育儿童，以使广大的幼儿父母能够参与抗日战争和生产劳动。《托儿所组织条例（1934）》《陕甘宁边区政府关于保育儿童的决定（1941）》等政策法规，均体现出为战争服务的思想和社会福利的特征[4，2]。

二、学前教育政策与法规的初步确立期：1949年至1976年

1949年11月，中华人民共和国中央人民政府教育部成立，我国首次在初等教育司下设立幼儿教育处，成为统领全国学前教育的行政机构，学前教育事业在中央教育部的直接领导下快速发展。

（一）主要政策与法规

1951年至1956年，我国政府在苏联学前教育专家的指导下制定颁布了多个学前教育政策与法规，分别是：《幼儿园暂行规程（1951年）》《幼儿园暂行教学纲要（1952年）》《关于工矿、企业自办中、小学和幼儿园的规定（1955年）》《教育部、卫生部、内务部关于托儿所幼儿园几个问题的联合通知（1956年）》《关于大力培养小学和幼儿园教养员的指示（1956）》《中华人民共和国教育部关于中学、小学、幼儿园教职员工退休、退职、病假期间的待遇所需经费开支问题回复福建省教育厅的公函（1956）》《关于幼儿园幼儿的作息制度和各项活动的规定（1956）》。1962年，教育部党组发布了《关于全国师范教育会议的报告》。

（二）发展特点

这一时期的学前教育法规与政策开始针对学前教育发展中的具体问题出台相应政策，包括学前教育制度、幼儿保护和发展、幼儿园教师、幼儿园课程等方面的政策，说明我国的学前教育政策体系基本成型[13]。

三、学前教育政策与法规的发展期：1976 年至 1989 年

1976 年，我国结束了十年混乱动荡的局面。党的十一届三中全会的召开，标志着国家进入社会主义建设发展的新时期，教育工作也走上了健康发展的轨道。党中央和政府高度重视学前教育事业的恢复，学前教育进入新的发展阶段，学前教育政策与法规如雨后春笋般冒出。

（一）学前教育的主要政策与法规

1979 年 10 月 11 日，我国召开了全国托幼工作会议，通过了《全国托幼工作会议纪要》，得到了中共中央、国务院的转发，形成了《中共中央、国务院转发〈全国托幼工作会议纪要〉的通知》，这一举动开启了学前教育新的发展历程[14]，对幼儿园的领导与管理、幼儿园的开办、师资队伍的建设、保教质量作出了具体的规定，促进学前教育的快速发展及随后一系列相关政策的颁布。

1979 年，《城市幼儿园工作条例（1979 年）》包含总则、卫生保健和体育锻炼、游戏和作业、思想品德教育、教养员、保育员和其他工作人员、组织和编制、设备等，为城市幼儿园工作走向正规化和规范化提供了依据。

1980 年，卫生部和教育部联合颁发了《托儿所、幼儿园卫生保健制度（试行草案）》促使托儿所和幼儿园的卫生保健工作有章可循，为幼儿的健康与安全提供了保障。

1981 年，国家卫生部妇幼卫生局颁布的《三岁前小儿教养大纲（草案）》是我国历史上第一份为三岁前儿童制定的教养大纲，表明在改革开放初期，三岁前儿童的学前教育被列为政府行为。

1981 年，教育部颁发了《关于试行幼儿园教育纲要的通知（试行草案）》，这一纲要是改革开放后首个从教育视角分析和指导幼儿园开展教育的文件，其中强调“游戏是幼儿生活中的基本活动，上课应该以游戏为主要形式，要求防止幼儿园教育的小学化和成人化，奠定了学前教育的基本儿童观和教育观，使幼儿园教育有章可循，提高了学前教育的质量。”

1983 年，国家教育委员会（以下简称“国家教委”）颁发的《国家教育委员会关于发展农村幼儿教育的几点意见》对农村幼儿园的发展起到了积极的发展作用，在很大程度上促进了农村幼儿园的健康快速发展。

1989 年，国家教委颁发了《幼儿园工作规程（试行）》，主要解决全国学前教育从城市向农村发展趋势下学前教育深入发展的难题，充分考虑了我国幼儿园存在的明显差别。《幼儿园工作规程（试行）》是以全国性规定的形式制定的指导文件，是这一阶段的重要法规，对全国各个类别的幼儿园均有效力[15]。

1987 年，《关于明确幼儿教育事业领导管理职责分工请示》的颁布加强了政府对于学前教育的领导与管理，使各级地方政府将托幼工作纳入自身的工作体系中。

1988 年，《国务院办公厅转发国家教委等部门关于加强幼儿教育工作意见的通知》是在社会主义市场经济初步探索阶段提出来的，当时国家整体教育体制正在进行全面改革，学前教育也正处于管理体制改革时期，办园体制改革也逐步开始探索，而这一政策文件是统领学前教育事业改革的重要政策。在这项文件中，国家对学前教育的认识和重视程度进一步提升，针对当时幼儿教育事业不适应经济、社会发展需要的一些问题提出了四项建议[14]81–86。

1989年，国务院批准了《幼儿园管理条例》，该条例主要解决由地方各级政府主管本地幼儿园的设立与发展问题，明确教育部门主管所辖区内的幼儿园管理工作。是新中国成立以来，我国第一个经国务院批准颁发的规范性法律文件，标志着我国学前教育向法制化建设迈出了坚实的一步[15]30–37。

（二）学前教育政策与法规的发展特点

1. 规章涉及的范围较广

这一时期多项学前教育政策法规涉及幼儿园的领导与管理、不同地区幼儿园的发展、师资队伍的建设、保教质量等不同的方法，政策法规制定过程中的实时性、敏感性和针对性明显加强。

2. 政府加强对学前教育工作的领导和管理

1978年原教育部恢复之后，在普教司中恢复了幼儿教育处，对全国各类型幼儿园进行工作指导，各级地方政府也将托幼工作纳入自身的工作中，加强对幼儿教育的领导与管理。《关于明确幼儿教育事业领导管理职责分工请示（1987年）》则明确规定“幼儿教育事业必须在政府统一领导下”，实行“地方负责，分级管理”和“有关部门分工负责的原则”[12]105–106。从中央到地方、从教育部门到财政、妇联等其他多个相关部门都广泛参与了学前教育事业的发展，为政策的分解、具体化过程提供了制度保障[15]30–37。

3. 关注范围得以扩展

政策法规关注的对象由3~6岁延伸到了0~3岁，以及幼小衔接。关注的重点由总体关注幼儿园的发展，到关注不同地区的学前教育的发展，城市学前教育和农村学前教育均得到了发展。

4. 学前教育开始迈入法制化建设新阶段

《幼儿园管理条例》和《幼儿园工作规程（试行）》的颁布，促进了我国学前教育法制化建设的进程，对规范学前教育事业、促进学前教育的健康发展明确了方向。

（三）对学前教育事业发展的影响

1. 在园幼儿数量迅速增长

1976年，全国共有幼儿园44.26万所，在园幼儿人数为1 395.5万；1989年，在园幼儿人数为1 847.66万。1983—1989年，入园率呈现逐年稳步增长的趋势[12]11。

2. 编写了幼儿园教材及幼儿园培训教材

在《关于试行幼儿园教育纲要的通知（试行草案）》颁布以后，为了配合纲要的贯彻实施，教育部组织全国幼儿园优秀教师与幼教理论工作者编写了幼儿园教师用书，该套书一共7种，分别是:《体育》《语言》《常识》《计算》《音乐》《美术》《游戏》。此外，面对农村幼儿园快速发展，农村幼儿园教师多数未经过系统专业培训的问题，原教育部初等教育司于1984年组织编写了一套包括幼儿教育学、幼儿教育心理、幼儿卫生等12种共13册的农村幼儿园教师培训教材。该套培训教材的出版，提升了农村幼儿园教师的师资水平。

3. 幼儿师范教育得到快速发展

学前教育政策与法规的颁布，推动了幼儿园数量的快速增长，但是，十年动荡造成了我国幼儿园教师严重不足的问题。为了解决幼儿园师资不足的问题，政府积极发展幼儿师范教育，政府规定原有的学前教育专业的师范院校扩大招生名额，每个省和直辖市则要保证至少有一所独立的幼儿师范学校。截至 1987 年，有 22 所高等师范院校开设了学前教育专业。

四、学前教育政策与法规的徘徊期：1990 年至 2009 年

1992 年，党的十四大召开以后，我国经济体制从有计划的商品经济向市场经济转型，给学前教育事业带来了巨大的冲击，企业剥离、事业单位改革、高校后勤社会化、集体经济改革等导致企事业单位举办的幼儿园被大规模关、停、并、转，学前教育事业发展遇到了艰难的发展阶段。

（一）主要政策法规

1995 年 9 月，教育部、民政部等七部委联合颁发了《关于企业办幼儿园的若干意见》，该意见明确指出要深化改革，积极稳妥地推进幼儿教育逐步走向社会化。

1997 年 7 月，国家教育委员会印发的《全国幼儿教育事业“九五”发展目标实施意见》明确指出，随着经济体制改革的深化，应积极稳妥地进行幼儿园办园体制改革，进一步明确各级政府的责任，探索适应社会主义市场经济的办园模式和内部管理机制，逐步推进幼儿教育社会化。该政策进一步确认幼儿教育社会化的发展方向。

1997 年 7 月，为鼓励社会力量办学，维护举办者、学校及其他教育机构、教师及其他教育工作者、受教育者的合法权益，促进社会力量办学事业健康发展，国务院于 1997 年 7 月 31 日发布了《社会力量办学条例》[16]。

2001 年，为落实《国务院关于基础教育改革与发展的决定》，推进幼儿园实施素质教育，全面提高幼儿园教育质量，教育部印发了《幼儿园教育指导纲要（试行）》，对幼儿园健康、语言、社会、科学、艺术五个领域的内容、目标与要求、指导要点作出了规定。

2001 年 9 月，为推进幼儿园实施素质教育，全面提高幼儿园教育质量，教育部印发了《幼儿园教育指导纲要（试行）》，对健康、语言、社会、科学、艺术等五个领域的目标、内容与要求、指导要点作出了规定。

2002 年 12 月 28 日，第九届全国人民代表大会常务委员会第三十一次会议通过《民办教育促进法》，旨在维护民办学校和受教育者的合法权益。《民办教育促进法》提出民办教育事业属于公益性事业，是社会主义教育事业的组成部分；民办学校与公办学校具有同等的法律地位，国家保障民办学校的办学自主权；国家保障民办学校举办者、校长、教职工和受教育者的合法权益。

2003 年 3 月，国务院办公厅转发了十部委《关于幼儿教育改革与发展的指导意见》，提出了今后 5 年（2003 – 2007 年）幼儿教育改革的总目标：形成以公办幼儿园为骨干和示范，以社会力量兴办幼儿园为主体，公办与民办、正规与非正规教育相结合的发展格局[17]。

2005年至2007年，教育部等部门为了加强对中小学幼儿园安全的治理工作，陆续出台了四部加强中小学幼儿园安全工作相关的政策，分别是《关于做好2005年中小学幼儿园安全工作的意见（2005）》《关于进一步做好中小学幼儿园安全工作六条措施（2005）》《中小学幼儿园安全管理办法（2006）》《关于加强农村中小学生幼儿上下学乘车安全工作的通知（2007）》。

2007年，面对多起民办幼儿园出现的安全事故，教育部发布了《关于加强民办学前教育机构管理工作的通知》，明确规定民办学前教育机构负责人是幼儿安全管理工作的第一责任人，民办学前教育机构必须把保护幼儿生命安全和促进幼儿健康成长放在一切工作的首位。该通知要求对民办学前教育机构进行全面清理整顿；严格审批程序，明确监管责任；加强民办学前教育机构从业人员管理；加强对民办学前教育机构校车的安全管理；加强领导，落实责任。

知识拓展

教育部发布了《关于加强民办学前教育机构管理工作的通知》的背景

2007年5月，湖北麻城“5·28”幼儿校车交通事故和安徽省肥东县“5·29”幼儿被遗忘在校车内导致死亡事故发生。随后，山东省济南市、广东省的佛山市和东莞市又先后发生三起幼儿因被遗忘在校车内导致死亡的恶性事故，给幼儿家庭带来了无法弥补的损失，引起了社会的广泛关注。这三起严重事故均发生在民办幼儿园和托儿所，暴露了当前部分民办学前教育机构存在非法办园、审批不严、管理不规范、从业人员素质不高等问题。

（二）发展特点

1. 幼儿园总数减少，民办园占比增大

根据教育部公布的数据来看，1997年全国幼儿园总数为18.25万所。1997年，《全国幼儿教育事业“九五”发展目标实施意见》和《社会力量办学条例》等法规政策的颁布为幼儿教育社会化提供政策保障，但是由于政策落实的过程中对“社会化”的误读，把“社会化”等同于“市场化”“私营化”，部分地区弱化甚至推卸政府发展学前教育的责任，盲目地将学前教育推向市场，导致了全国多地出现幼儿园“关、停、并、转”的现象，学前教育机构大幅减少。如图1–2所示，1997年以后，幼儿园总数逐渐减少，到2001年，幼儿园数量大幅减少到11.17万所，相比1997年，总数减少了7.08万所，之后幼儿园呈现缓慢增长的趋势，到2009年，幼儿园的总数只有13.82万所。此外，由于政策鼓励办园社会化，在幼儿园总数不断减少的情况下，民办园的数量却呈现较为快速上升的趋势，从1997年的2.46万所增长到2009年的8.93万所。在幼儿园总数中所占的比例方面，1997年，民办园只占幼儿园总数的14.5%，而2009年则占到幼儿园总数的64.6%，成为主要的办园形式[18]。

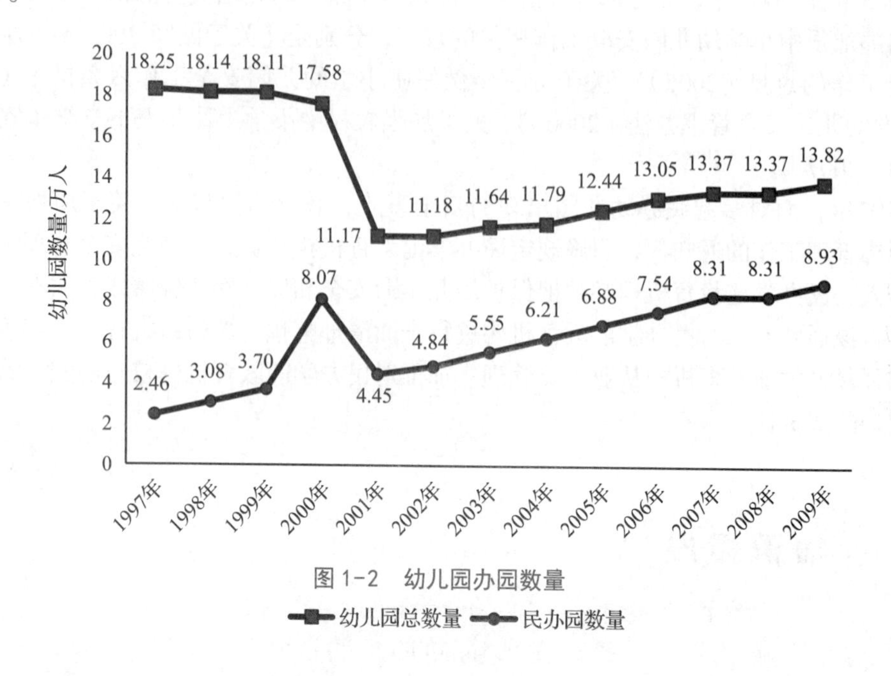

图 1-2　幼儿园办园数量

2. 学前教育外部基本建成了比较完善的法律体系

《中华人民共和国残疾人保障法（1990）》《中华人民共和国未成年人保护法（1991）》《教师法（1993）》《中华人民共和国预防未成年人犯罪法（1993）》《民办教育促进法（2002）》等法律法规的颁布，为学前教育的发展营造了良好的外部环境，但是《学前教育法》的缺位，也说明国家对学前教育的法治进程尚未得到足够的重视。

（三）影响

学前教育的发展在经济体制改革的转型期出现严重滑坡。新中国成立以来，企业、机关、学校、部队等单位为了解决自身职工子女的托幼问题，绝大多数都开办了托儿所、幼儿园，积累了大量的优质学前教育资源。经济体制改革后，在计划经济向市场经济转型的过程中，各类企业为了应对激烈的市场竞争，无暇顾及幼儿园的发展状况；同时，相关的政策衔接不紧凑，导致大量原本优质的幼儿园被推向市场，由于适应不了新形势的发展，这类占比最大的幼儿园被大面积地关、停、并、转，导致学前教育的发展出现滑坡的现象[12]。2009 年，我国学前教育三年毛入园率仅为 50.9%，入园难和入园贵现象尤为突出。

此外，这一时期企业办园数量大幅度减少，大量社会力量开办的民办学前教育机构及无办园资质的非正规幼儿园大量出现，并在数量上超过公办幼儿园，成为学前教育的主力军。由于监管力度不够，幼儿园办园质量层次不齐，幼儿园安全事故频繁发生[15]30-37，严重影响了幼儿园的教育质量。为了治理民办幼儿园频繁出现的安全事故及办园质量参差不齐的问题，教育部等部门于 2005 年至 2007 年陆续出台与幼儿园安全及民办幼儿园管理相关的政策。

五、学前教育政策法规的完善期：2010 年至今

2010 年 7 月，《国家中长期教育改革和发展规划纲要（2010—2020 年）》（以下简称《纲要》）正式颁布，这是中国进入 21 世纪之后的第一个教育规划，是今后一个时期指导全国教育改革和发展的纲领性文件。《纲要》中提出，要基本普及学前教育，到 2015 年，实现幼儿在园人数为 3 530 万，学前一至三年毛入园率分别达 85%、70% 和 60%；到 2020 年，实现幼儿在园人数为 4 000 万，学前一至三年毛入园率分别达 95%、80% 和 70%[19]。《纲要》为我国发展学前教育指明了方向。2010 年至今，我国学前教育政策密集出台，包括国务院及其部门出台的学前教育领域的政策文件超过了新中国成立以来至《纲要》颁布前这一时期的总和。政策内容覆盖教育教学、师资、财政资金、园所设施标准及卫生安全管理等，全面而具有针对性[20]55-61。

（一）主要的政策法规

1. 支持和促进学前教育事业发展的政策

为了贯彻落实《纲要》的重要举措，2010 年 11 月 21 日，国务院出台了《关于当前发展学前教育的若干意见》（以下简称《国十条》），该意见就学前教育体制、经费投入与管理、幼儿园管理与安全监管、统筹规划等作出了部署，成为新时期发展学前教育的总纲领，也拉开了我国学前教育政策法规高密集出台的序幕[20]55-61。

紧随其后，我国开始实施学前教育三年行动计划的重大部署，成为解决入园难、入园贵的重要途径。2017 年制订的第三期学前教育行动计划中，明确提出到 2020 年，学前三年毛入学率要达到 85%，普惠性幼儿园达到 80% 的“双普”目标。

2. 规范学前教育发展的政策与法规

《纲要》颁布以前，我国学前教育领域内规范性政策与法规数量少，并且时间久远，难以满足学前教育发展的现实要求，从而导致学前教育领域的诸多事务都缺乏标准和依据[21]73-78。《纲要》颁行以后，国家为了健全学前教育制度规范，特意颁布了诸多规范学前教育事业发展的文本。

第一类是从总体上规范幼儿园的运行有关的文件。例如，2015 年，教育部审议通过了新的《幼儿园工作规程》，对 1996 年制定的《幼儿园工作规程》进行了修订，该规程对幼儿入园和编班、幼儿园的安全、幼儿园的卫生保健、幼儿园的教育、幼儿园的园舍、设备、幼儿园的教职工、幼儿园的经费、幼儿园、家庭和社区、幼儿园的管理等多个方面进行了具体的规定，为幼儿园的运行提供了依据；2012 年，教育部颁布了《3~6 岁儿童学习与发展指南（2012）》（以下简称《指南》）。《指南》从健康、语言、社会、科学、艺术等五个领域描述幼儿学习与发展，分别对 3~4 岁、4~5 岁、5~6 岁三个年龄段末期幼儿应该知道什么、能做什么，大致可以达到什么发展水平提出了合理期望，同时，针对当前学前教育普遍存在的困惑和误区，为广大家长和幼儿园教师提供了具体、可操作的指导和建议[22]。

第二类是关于日常运行与办园行为的规范性政策，例如《托儿所、幼儿园卫生保健管理办法（2010）》《幼儿园收费管理暂行办法（2012）》《教育部等五部门关于2013年规范教育收费治理教育乱收费工作的实施意见（2013）》《托儿所、幼儿园卫生保健管理办法（2012）》《幼儿园建设标准（2016）》《幼儿园工作规程（2016）》《幼儿园办园行为督导评估办法（2017）》。

第三类是幼儿园财政支持有关的政策。为了规范和加强中央财政支持学前教育发展资金管理，提高资金使用效益，特别制定了与学前教育经费挂钩的资助制度，并且强调对经费落实环节的监督。例如《关于建立学前教育资助制度的意见》《关于加大财政投入支持学前教育发展的通知》《中央财政支持学前教育发展资金管理办法》等。

3. 与学前教师培训和专业发展有关的政策

为了促进幼儿园教师专业发展，建设高素质教师队伍，国家专门出台了相应的政策，例如《关于实施幼儿园教师国家培训计划的通知（2011）》《幼儿园教师专业标准（试行）（2012）》《幼儿园教职工配备标准（2013）》《幼儿园园长专业标准（2015）》《关于加强幼儿园教师队伍建设的意见（2012）》，见表1–8。

表1–8　与学前教师培训和专业发展有关的政策

政策	颁布部门	颁布时间
《关于实施幼儿园教师国家级培训计划的通知》	教育部、财政部	2011.9
《关于加强幼儿园教师队伍建设的意见》	教育部、财政部	2012.9
《关于做好2013年“国培计划”实施工作的通知》	教育部、财政部	2013.4
《关于做好2014年中小学幼儿园教师国家级培训计划实施工作的通知》	教育部、财政部	2014.4
《关于做好2015年中小学幼儿园教师国家级培训计划实施工作的通知》	教育部、财政部	2015.4
《关于改革实施中小学幼儿园教师国家级培训计划的通知》	教育部、财政部	2015.8
《关于做好2016年中小学幼儿园教师国家级培训计划实施工作的通知》	教育部、财政部	2016.1
《关于做好2017年中小学幼儿园教师国家级培训计划实施工作的通知》	教育部、财政部	2017.3
《关于各地出台公办幼儿园教职工编制标准情况的通报》	教育部、财政部	2017.7
《关于印发〈乡村校园长“三段式”培训指南〉等四个文件的通知》	教育部、财政部	2017.7

4. 与学前教育安全问题有关的政策

幼儿园安全问题一直受到关注，《纲要》颁行之后关于幼儿园安全的政策更为密集，并且开始重视从体制机制上建立安全工作的长效机制，主要包括幼儿园日常安全问题的政策、幼儿园食品安全问题的政策、幼儿园校车安全问题的政策[21]73–78，见表1–9。

表1–9　与学前教育安全问题有关的政策

政策	颁布部门	颁布时间
《关于做好新学年中小学幼儿园安全工作的通知》	教育部办公厅	2010.8
《关于召开全国中小学幼儿园安全工作电视电话会议的通知》	教育部	2013.5

续表

政策	颁布部门	颁布时间
《关于建立中小学校舍安全保障长效机制意见》	国务院办公厅	2013.11
《中小学幼儿园应急疏散演练指南》	教育部	2014.2
《关于加强中小学幼儿园消防安全管理工作的意见》	教育部、公安部	2015.8
《中小学（幼儿园）安全工作专项督导暂行办法》	国务院教育督导委办公室	2016.12
《关于进一步加强中小学校和幼儿园食品安全监督管理工作的通知》	国家食品药品监督管理总局、教育部	2016.12
《关于加强中小学幼儿园安全风险防控体系建设的意见》	国务院办公厅	2017.4
《关于开展中小学（幼儿园）校车安全隐患排查整治工作的紧急通知》	教育部	2017.5
《关于加强中小学（幼儿园）周边安全风险防控工作的紧急通知》	教育部	2017.6
《关于完善安全事故处理机制维护学校教育教学秩序的意见》	教育部等五部门	2019.7

（二）发展特点

1. 学前教育政策与法规密度大、数量多、范围广

该时期出台的政策超过了过去 30 多年的总和。而且政策文件的针对性和全面性强，文件内容涉及教育教学类、幼儿师资和学前教师教育、经费投入、园所设施与标准类、卫生安全管理类等。

2. 学前教育立法问题得到高度重视

针对目前我国学前教育领域学前教育立法空白的现状，近几年来，呼吁《学前教育法》尽快出台的声音越来越高涨。关于学前教育法立法问题，2017 年与 2018 年连续两年被教育部写进年度工作要点。2017 年 12 月，广受关注的学前教育立法列入十二届全国人大常委会立法规划或年度立法计划，进入全国人大立法视野。2018 年 9 月 10 日，全国人大常委会公布了《十三届全国人大常委会立法规划》,《学前教育法》位列条件比较成熟，是任期内拟提请审议的第一类项目法律草案。2018 年 11 月,《中共中央国务院关于学前教育深化改革规范发展的若干意见》第三十四条就明确提出要研究制定学前教育法，推进学前教育走上依法办园、依法治教的轨道[23]。我国相关政策对学前教育立法问题的高度重视标志学前教育即将全面进入依法办学的时代。

3. 学前教育普惠化健康发展成为主旋律

2012 年国家鼓励和引导民间资金进入学前教育，积极扶持民办幼儿园，特别是面向大众、收费较低的普惠性幼儿园。根据全国教育事业统计公报的数据（图 1–3），从 2010 年至 2018 年，民办幼儿园在总园所中所占的比例呈逐渐下降的趋势，但是均超过 60%，呈现出民办幼儿园占主导的发展状态[18]。2017 年，《国家教育事业发展第十三个五年规划》出台后，国家要求加快发展学前教育，继续扩大普惠性学前教育资源，基本解决“入园难”问题。2018 年 11 月发布的《关于学前教育深化改革规范发展的若干意见》影响尤为深远，文件要求，到 2020 年普惠性幼儿园覆盖率（公办园和普惠性民办园在园幼儿占比）达到 80%，并禁止民办幼儿园上市。要求把普惠性幼儿园建设纳入城乡公共管理和公共服务设施统一规划，列入本地区控制性详细规划，确保优先建设，强调规范小区配套幼儿园建设使用，要求开展城镇小区配套建园专项治理。2019 年 1 月，国务院办公厅印发《关于开展城镇小区配套幼儿园治理工作的通知》，要求小区建设配套幼儿园在建成后及时移交当地教育行政部门，对于已移交教育行政部门的幼儿园，必须由当地教育行政部门办成公办园或委托办成普惠性民办幼儿园，不得办成营利性幼儿园。

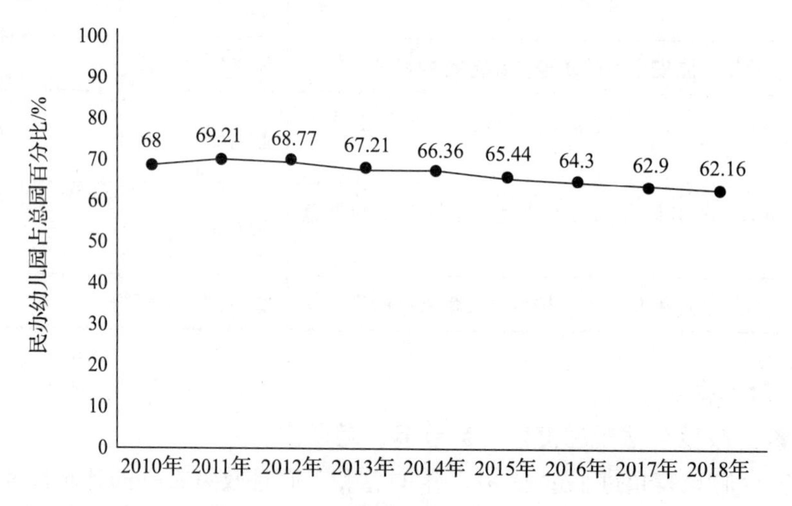

图 1-3　民办幼儿园占总园数的百分比

（三）政策影响

1. 学前教育教育毛入学率显著提高

通过近十年的发展，现在已成为改革开放后学前教育发展的最好时机，各地学前教育资源迅速扩大，普及水平大幅提升，入园难的问题得到有效解决。2017 年全国幼儿园共有 25.5 万所，在园幼儿为 4 600 万人，学前三年毛入学率达 79.6%，比 2012 年提高 15.1%。截至 2018 年，全国学前教育毛入学率达 81.7%，相比 1978 年提高 70.4%[20] 56–61。

2. 公办园和普惠性民办园比例双提高，幼教领域的恶性竞争得到缓解

我国一直存在学前教育供需失衡的情况，为了解决幼儿的入园问题，众多民办幼儿园迅速成立，远远超过了公办幼儿园的增长数量。在民办园迅速发展的背后，是大量无证幼儿园、无证幼师及非合规园所。2015 年开始，市场资本进入幼教行业，红缨教育、金色摇篮、21 世纪教育等大型学前教育机构先后被并入上市公司，从此开启了幼教资产证券化的大潮，多家资本机构开始收购整合幼儿园并准备打包上市。资本助涨了人性的贪婪，上市公司和并购基金的狂热也催发了幼儿教育行业的乱象。

2018 年 11 月，新华社授权发布了《中共中央国务院关于学前教育深化改革规范发展

的若干意见》（以下简称《若干意见》），明确提出到2020年，全国学前三年毛入园率达85%，其中普惠性幼儿园覆盖率（公办幼儿园和普惠性民办幼儿园在园幼儿占比）达80%；同时，规定社会资本不得通过兼并收购、受托经营、加盟连锁、利用可变利益实体、协议控制等方式控制国有资产或集体资产创办的幼儿园、非营利性幼儿园。《若干意见》关于公办园和普惠性民办园比例双提高的目标，将在很大程度上解决幼儿“入园难”和“入园贵”的问题，也杜绝了幼儿园过度逐利的行为。

案例回顾 1

服务超 5 500 家幼儿园，“幼教一哥”威创股份的版图布局与困境

威创股份 2002 年初主要从事超高分辨率数字拼接墙系统服务。2015 年，威创股份进军幼教行业，陆续收购了红缨教育、金色摇篮、可儿教育、鼎奇教育等教育品牌。在 2017 年的年度报告中，威创股份表示“公司是目前幼教行业内管理幼儿园数量最多的公司”，目前与其相关的民办幼儿园有近 5 000 家。

政策发布后首个交易日，A 股幼教板块集体下跌，管理了大量幼儿园的威创股份在开盘后不久即跌停，而且存在进退两难的困境:“进”想要通过并购实现规模扩张已经不再像往常一般容易，“退”则是买在手里的幼儿园怎么出去变现也成了问题[24]。面对新规，威创股份计划转型教育服务供应商，向幼教市场提供科技服务并直接向家庭售卖教育产品等[25]。

【案例分析 1】

2017 年 1 月至 8 月，幼教领域出现了一波“并购热”，例如，威创股份以 3.85 亿元价格收购北京可儿教育 70% 股权。2017 年 8 月，红黄蓝计划在纽约证券交易所挂牌上市，又拉开了幼教领域的“上市潮”。2018 年，幼教资产证券化上市成为主流。例如天立教育和 21 世纪教育集团在香港证券交易所上市。

面对幼教行业过度逐利行为，以及“红黄蓝虐童案”引起的巨大舆论爆发与社会反响，幼教市场乱象到了不得不被监管的阶段。2018 年出台的《中共中央国务院关于学前教育深化改革规范发展的若干意见》明确提出，民办幼儿园一律不准单独或作为一部分资产打包上市；上市公司不得通过股票市场融资投资营利性幼儿园，不得通过发行股份或支付现金等方式购买营利性幼儿园的资产；金融监管部门要对民办园并购、融资上市等行为进行规范监管。

第三节　当前中国学前教育的重大政策与法规

学前教育的政策与法规对学前教育的发展有重要的推动作用和指导意义。了解当前中国学前教育的重大政策与法规，有利于幼儿园职前或职后教师准确把握当前学前教育的发展走向，熟悉我国对学前教育的开展、幼儿权益的保护、教师专业发展等领域的重要规定，从而使自己成为知法执法、保护幼儿身心健康、保障幼儿合法权益、科学开展教学活动的有准备的幼儿园教师。

一、与学前教育事业发展有关的重大政策与法规

（一）国家中长期教育改革和发展规划纲要（2010—2020 年）

1. 制定背景及意义

2010 年 6 月 21 日，中共中央政治局召开会议，审议并通过《国家中长期教育改革和发展规划纲要（2010—2020 年）》（以下简称《规划纲要》）。这是中国进入 21 世纪之后的第一个教育规划，是今后一个时期指导全国教育改革和发展的纲领性文件。《规划纲要》第一次将学前教育单章列出，提出了基本普及学前教育、明确政府职责、重点发展农村学前教育的任务。

2. 主要内容

（1）基本普及学前教育。学前教育对幼儿身心健康、习惯养成、智力发展具有重要意义。要遵循幼儿身心发展规律，坚持科学保教方法，保障幼儿快乐健康成长。

（2）积极发展学前教育。到 2020 年，普及学前一年教育，基本普及学前两年教育，有条件的地区普及学前三年教育。重视 0~3 岁婴幼儿的教育。

（3）明确政府职责。把发展学前教育纳入城镇和社会主义新农村建设规划。建立政府主导、社会参与、公办民办并举的办园体制。大力发展公办幼儿园，积极扶持民办幼儿园。加大政府投入，完善成本合理分担机制，对家庭经济困难幼儿入园给予补助。加强学前教育管理，规范办园行为。制定学前教育办园标准，建立幼儿园准入制度。完善幼儿园收费管理办法。严格执行幼儿园教师资格标准，切实加强幼儿园教师培养培训，提高幼儿园教师队伍整体素质，依法落实幼儿园教师地位和待遇。教育行政部门加强对学前教育的宏观指导和管理，相关部门履行各自职责，充分调动各方面力量发展学前教育。

（4）重点发展农村学前教育。努力提高农村学前教育普及程度。着力于保证留守儿童入园。采取多种形式扩大农村学前教育资源，改扩建和新建幼儿园，充分利用中小学布局调整富余的校舍和教师举办幼儿园（班）。发挥乡镇中心幼儿园对村幼儿园的示范指导作用。支持贫困地区发展学前教育[26]。

北京市大力发展公办幼儿园

2010 年 9 月 1 日，新华网报道：北京市政府已要求各区县政府将学前教育纳入地区经济社会发展规划之中，大力发展公办幼儿园，稳定并扶持部门办园，鼓励规范民办幼儿园，理顺办园体制。北京市将学前教育纳入公共服务体系，同时，明确学前教育的发展目标，到 2015 年全面普及学前教育；建设和改造 600 所幼儿园，政府办园比例达 50%，新建小区配套幼儿园 80%建设为公办幼儿园。今后，北京市将街道幼儿园、乡镇幼儿园、小学附设幼儿园转制成由教育部门举办的具有独立法人资格的全额拨款的事业单位；同时，将改变原有小区配建幼儿园的建设模式，由原来开发商配建转变为属地政府建设[27]。

【案例解析 2】

随着公办幼儿园的减少和民办幼儿园的增多，政府发展学前教育的职责也出现了不同程度的弱化，甚至缺位。很长一段时间，政府主要只对公办幼儿园负责，民办幼儿园的发展则交由市场选择，导致“入园难、入园贵”的问题出现。《国家中长期教育改革和发展规划纲要（2010—2020)》中明确提出，要明确政府职责，建立政府主导、社会参与、公办民办并举的办园体制，重新把学前教育纳入政府公共服务体系，从而保证学前教育事业的公益性。北京市通过大力发展公办幼儿园来普及学前教育，正是体现了地方政府对学前教育职能的担当和落实[28]。

（二）中共中央国务院关于学前教育深化改革规范发展的若干意见

1. 出台背景及意义

党的十八大以来，各地以县为单位连续实施三期学前教育行动计划，扎实推进学前教育改革发展，取得了显著的成绩。学前教育的资源迅速扩大，普及水平大幅提升，“入园难”的问题得到了有效的缓解。但是从总体上看，学前教育仍然是整个教育体系的短板，发展不平衡不充分的问题十分突出，学前教育还存在着普惠性资源不足、政策保障体系不完善、教师队伍建设滞后、监管体系机制不健全、保教质量有待提高、部分民办园过度逐利等突出问题，“入园难”“入园贵”仍然是困扰老百姓的烦心事之一。所以学前教育迫切需要深化改革并规范发展[29]。

《若干意见》是新中国成立以来，第一个以中共中央、国务院名义印发的关于学前教育工作的文件，同时也是全国教育大会召开之后教育工作的一个重磅政策性文件。《若干意见》提出的 35 条重大政策举措对于未来几年如何发展设定了任务要求，明确提出了解决“入园难”“入园贵”等难题的具体解决办法，对于学前教育改革发展具有重要的里程碑意义，预示着学前教育将迎来更加持续、健康发展的未来[30]。

2. 主要内容

《若干意见》在指导思想中明确提出了“推进学前教育普及普惠安全优质发展”，是第一次在中央文件当中提出了学前教育的发展目标要求，针对性非常强。在基本原则中再次强调“政府主导”，要牢牢把握公益普惠基本方向，坚持公办民办并举，加大公共财政投入，着力扩大普惠性学前教育资源供给。

在主要目标中和主要措施中，《若干意见》对于学前教育的重要目标和重要改革措施给出了明确的时间要求和指标要求，保证了政策的可操作性。《若干意见》中的重要任务见表 1-10。

表 1-10 《若干意见》中的重要任务

时间	内容
到 2020 年	全国学前三年毛入园率达 85%，普惠性幼儿园覆盖率（公办幼儿园和普惠性民办园在园幼儿占比）达 80%
到 2020 年	基本形成以本专科为主体的幼儿园教师培养体系，本专科学前教育专业毕业生规模达到 20 万人以上；建立幼儿园教师专业成长机制，健全培训课程标准，分层分类培训 150 万名左右的幼儿园园长和教师；建立普通高等学校学前教育专业质量认证和保障体系
到 2035 年	全面普及学前三年教育，建成覆盖城乡、布局合理的学前教育公共服务体系，形成完善的学前教育管理体制、办园体制和政策保障体系
到 2020 年	公办幼儿园在园幼儿占比，原则上全国达 50%
2018 年	启动师范院校学前教育专业国家认证工作，建立培养质量保障制度
2019 年 6 月底前	各省（自治区、直辖市）要进一步完善普惠性民办园认定标准、补助标准及扶持政策
2019 年 6 月底前	各省（自治区、直辖市）要制定小区配套幼儿园建设管理办法
到 2020 年	各省（自治区、直辖市）制定并落实公办园生均财政拨款标准或生均公用经费标准，合理确定并动态调整拨款水平；因地制宜制定企事业单位、部队、街道、村集体办幼儿园财政补助政策；根据办园成本、经济发展水平和群众承受能力等因素，合理确定公办园收费标准并建立定期动态调整机制
2019 年 6 月底前	各省（自治区、直辖市）要制定民办园分类管理实施办法，明确分类管理政策
2020 年年底前	各地要稳妥完成无证园治理工作

二、与幼儿园的运行与管理有关的重大政策与法规

（一）幼儿园工作规程

1. 制定背景及意义

《幼儿园工作规程》（以下简称《规程》）是国家教委 1996 年 3 月 9 日发布的部门规章，是我国第一部规范幼儿园内部管理的规章，也是基础教育领域比较早的一部管理规章。2015 年 12 月 14 日，第 48 次教育部部长办公会议审议通过了《规程》的修订稿，并于 2016 年 3 月 1 日起施行。《规程》的颁布标志着我国学前教育改革进入了一个新的阶段，这是我国幼儿园工作走向规范化和法制化的里程碑[13]44。

《规程》的制定有其特殊的历史背景。随着经济体制的改革和市场经济的推进，幼儿园的办园体制已从过去单一的以公办为主转为多元化办园的格局，民办幼儿园数量激增，

教育部门对幼儿园的规范管理已从计划经济条件下的业务指导转向办园资质审批和全面监管，需要不断完善管理制度，强化制度管理。而且由于长期资源不足，目前，一些幼儿园在办园条件、安全卫生、教育教学、教职工管理等方面还存在很多不规范的行为，亟待通过健全规章制度和加强规范管理，引导幼儿园依法依规办园。

2. 修订的内容

（1）强化安全管理。专设“幼儿园的安全”一章，明确要求幼儿园要建立健全设备设施、食品药品及与幼儿活动相关的各项安全防护和检查制度，建立安全责任制和应急预案。在“幼儿园的卫生保健”一章中，对建立与幼儿身心健康相关的一系列卫生保健制度作了明确的规定。

（2）规范办园行为。新修订的《规程》对幼儿园的学制、办园规模、经费、资产、信息等方面的管理提出了明确要求。

（3）注重与法律法规和有关政策的衔接。一方面，是做好与现行法律政策规定的衔接，如：近年下发的《幼儿园教育指导纲要》《3~6岁儿童学习发展指南》对幼儿园的教育目标、内容、教育活动组织等提出了清楚而具体的要求，修订《规程》时将这些方面的要求改为一些原则性规定;《托儿所幼儿园卫生保健管理办法》对幼儿园卫生保健工作提出了很多新要求,《规程》与之进行了相应衔接；根据新颁布的《中华人民共和国反家庭暴力法》(以下简称《反家庭暴力法》)，增加了幼儿园应当进行反家庭暴力教育和发现家暴情况及时报案的规定。

（4）完善幼儿园内部管理机制。要求幼儿园进一步加强科学民主管理，强化了家长委员会的职能作用。家长委员会应参与幼儿园重要决策和事关幼儿切身利益事项的管理。强调幼儿园应当建立教研制度，加强教育教学研究，研究解决教师在保教工作中遇到的实际问题。

3. 主要内容

《规程》共十章，包括总则、幼儿入园和编班、幼儿园的安全、幼儿园的卫生保健、幼儿园的教育、幼儿园的园舍、设备、幼儿园的教职工、幼儿园的经费、幼儿园、家庭和社区、幼儿园的管理及附则等内容[31]，是幼儿园加强规范管理，依法依规办园的重要参考文件。

（二）幼儿园办园行为督导评估办法

1. 制定背景及意义

《幼儿园办园行为督导评估办法》(以下简称《督导评估办法》)由教育部于2017年4月18日印发并实施。《规划纲要》明确提出，要“基本普及学前教育”,《规划纲要》颁布实施以来，学前教育规模迅速增加，普及程度快速提高。但同时也出现了办园条件差，教师队伍不稳定，办园行为不规范等问题，涉及幼儿的一些恶性事件时有发生，社会影响恶劣，亟需采取有力措施加以防控和督促解决，因此，有必要制定科学的督导评估标准和办法，督促和引导幼儿园规范办园，把握住办园行为和规范管理的“底线”，提高保育和教育质量。

《督导评估办法》是我国制定的第一部幼儿园督导评估制度，对幼儿园办园行为督导评估的目的、原则、周期、内容、组织实施和结果运用等做了详尽规定，从而使教育督导部门的检查、督导和评估有了依据。督导评估结果应作为幼儿园年检、确定级类和园长评优评先的重要依据。

2. 主要内容

在评估范围上，督导评估强调了全覆盖，要求对幼儿园、附设幼儿班、幼教点，包括未取得办园许可的幼儿园，都要纳入督导评估范围，督导评估的重点是薄弱幼儿园。这是国家层面首次明确将未取得办园资质的幼儿园纳入督导评估范围。

在评估内容方面，《督导评估办法》以《幼儿园工作规程》为基本依据，重点内容包括办园条件、安全卫生、保育教育、教职工队伍、内部管理等五个方面。

（1）办园条件。主要考察幼儿园办园资质、办园经费、规模与班额、园舍与场地、设备设施、玩教具材料和图书等情况。

（2）安全卫生。主要考察幼儿园安全和卫生制度、膳食营养、卫生消毒、健康检查、疾病防控、安全教育、安全风险管控、校车及使用情况等。

（3）保育教育。主要考察幼儿园教育理念与目标、教育内容与形式、教育计划与方案、活动组织实施、师幼关系等情况。

（4）教职工队伍。主要考察幼儿园园长、教师、保育员、卫生保健人员、炊事员和其他工作人员的数量及资格资质，教职工专业成长，师德师风建设和权益保障等情况。

（5）内部管理。主要考察幼儿园组织机构、管理机制、经费管理与使用、招生、家长参与幼儿园管理等情况。

幼儿园督导评估流程（图 1-4）包括以下六个步骤。

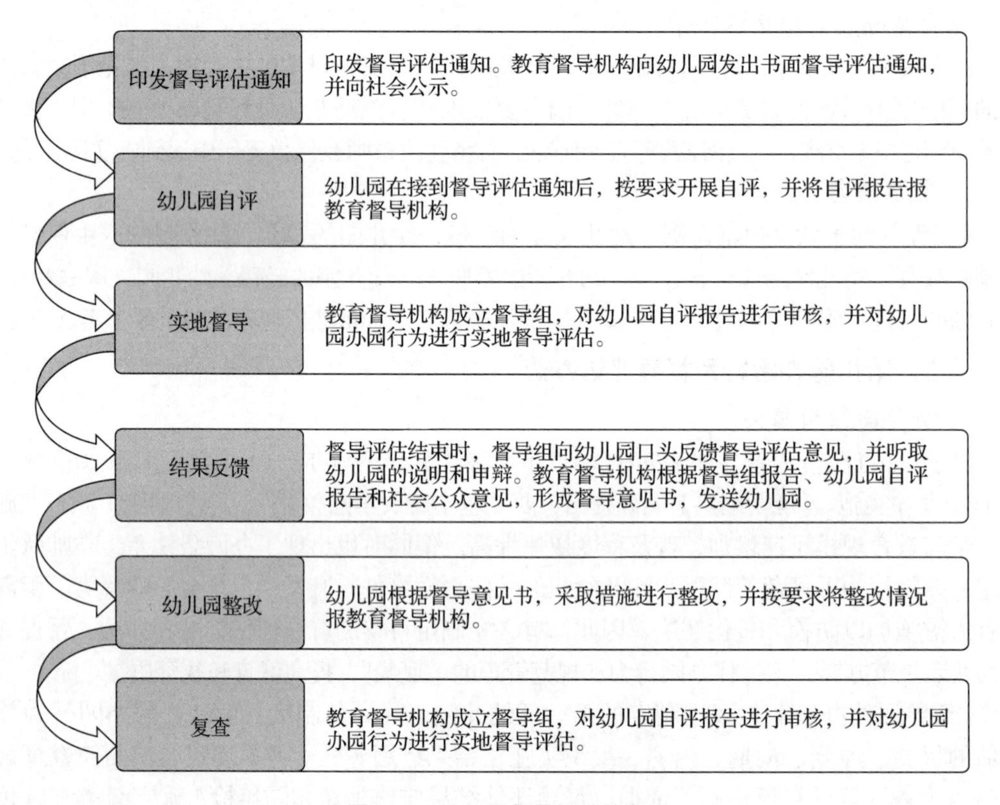

图 1-4 幼儿园督导评估流程

三、与儿童权利与保护有关的重大法规与政策

（一）中华人民共和国未成年人保护法

1. 制定背景及意义

《中华人民共和国未成年人保护法》（以下简称《未成年人保护法》）由第七届全国人民代表大会常务委员会第二十一次会议于 1991 年 9 月 4 日通过，2006 年 12 月 29 日，第十届全国人民代表大会常务委员会第二十五次会议进行了第一次修订，2012 年 10 月 26 日，第十一届全国人民代表大会常务委员会第二十九次会议进行了第二次修正。

由于我国实际情况和未成年人的特点，特别是青年犯罪反映出的一系列问题，制定《未成年人保护法》显得十分有必要，它使得党和国家长期以来对未成年人的需要保护措施具有了法律效力，任何组织和个人都必须严格遵守，一切违反它的行为，都将受到法律的追究，为未成年人、司法机关、家庭、学校及全社会各界人士提供了一个共同的行为准则[32]。

2. 主要内容

《未成年人保护法》包括七章，共七十二条内容，其中总则包括 9 条内容、家庭保护包括 7 条内容、学校保护包括 10 条内容、学校保护包括 23 条内容、司法保护包括 10 条内容、法律责任包括 12 条内容、附则包括 1 条内容。规定了“学校、幼儿园、托儿所和公共场所发生突发事件时，应当优先救护未成年人”“不得歧视女性未成年人或者有残疾的未成年人”等内容。

（二）儿童权利公约

1. 背景及意义

儿童权利公约（Convention on the Rights of the Child）适用于全世界的儿童，即 18 岁以下的任何人。1989 年 11 月 20 日，联合国第 44 届联合国大会第 25 号决议通过的《儿童权利公约》，是第一部有关保障儿童权利且具有法律约束力的国际性约定，于 1990 年 9 月 2 日在世界范围内生效。1991 年 12 月 29 日，第七届全国人民代表大会常务委员会第 23 次会议批准了《儿童权利公约》，从此《儿童权利公约》成为我国广泛认可的国际公约。截至 2015 年 10 月，缔约国达 196 个。该公约旨在为世界各国儿童创建良好的成长环境。

《儿童权利公约》通过确立卫生保健、教育及法律、公民和社会服务等多方面的标准来保护儿童的上述权利，明确了国际社会在儿童工作领域的目标和努力方向。要求各相关部门和机构在制定相关政策和落实中以儿童利益最大化作为首要考虑。这些普遍商定的准则在最大限度上保护了未成年人的合法权益，为儿童营造了公正健康的社会环境。《儿童权利公约》澄清和保障了儿童应该享有的合法权利，使儿童能够得到更好的生存与发展；同时，也转变了社会对儿童的态度。

2. 主要内容

《儿童权利公约》共五十二条内容，规定了缔约国应该遵守的保护儿童的重要原则与措施，规定了世界各地所有儿童应该享有的数十种权利，其中包括最基本的生存权、全面发展权、受保护权和全面参与家庭、文化和社会生活的权利；还确立了4项基本原则：无歧视、儿童利益最大化、生存和发展权及尊重儿童的想法。

（三）中小学幼儿园安全管理办法

2006年6月，根据教育法律法规和国务院的有关规定，教育部、公安部、司法部、建设部、交通部、文化部、卫生部、工商总局、质检总局和新闻出版总署共同制定了《中小学幼儿园安全管理办法》（以下简称《办法》），自2006年9月1日起施行。

1. 制定背景

近年来，由于我国经济和社会处于转型期，学校安全工作也出现了许多新的特点和情况。突出表现在校园周边网吧、游戏机室、歌舞厅等公共娱乐场所违法违规经营，无照摊贩摆摊设点，治安秩序混乱；交通事故不断，伤害青少年学生的恶性刑事治安案件急剧增加等。这些新情况、新问题的出现，说明我们需要根据新的形势，进一步完善校园安全管理协作与运行机制，进一步提高处置突发事件的应急能力，进一步加强中小学、幼儿园安全管理的法律法规建设。

2. 主要内容

以下仅列出《办法》与学前教育紧密相关的条款：

第二十三条　学校应当按照国家有关规定配备具有从业资格的专职医务（保健）人员或者兼职卫生保健教师，购置必需的急救器材和药品，保障对学生常见病的治疗，并负责学校传染病疫情及其他突发公共卫生事件的报告。有条件的学校，应当设立卫生（保健）室。

新生入学应当提交体检证明。托幼机构与小学在入托、入学时应当查验预防接种证。学校应当建立学生健康档案，组织学生定期体检。

第二十六条　学校购买或者租用机动车专门用于接送学生的，应当建立车辆管理制度，并及时到公安机关交通管理部门备案。接送学生的车辆必须检验合格，并定期维护和检测。接送学生专用校车应当粘贴统一标识。标识样式由省级公安机关交通管理部门和教育行政部门制定。学校不得租用拼装车、报废车和个人机动车接送学生。接送学生的机动车驾驶员应当身体健康，具备相应准驾车型3年以上安全驾驶经历，任一记分周期没有记满12分记录，无致人伤亡的交通责任事故。

第二十七条　学校应当建立安全工作档案，记录日常安全工作、安全责任落实、安全检查、安全隐患消除等情况。安全档案作为实施安全工作目标考核、责任追究和事故处理的重要依据。

第二十九条　学校组织学生参加大型集体活动，应当采取下列安全措施：

（一）成立临时的安全管理组织机构；

（二）有针对性地对学生进行安全教育；

（三）安排必要的管理人员，明确所负担的安全职责；

（四）制定安全应急预案，配备相应设施。

第三十一条　小学、幼儿园应当建立低年级学生、幼儿上下学时接送的交接制度，不得将晚离学校的低年级学生、幼儿交与无关人员。

第三十五条　学校教职工应当符合相应任职资格和条件要求。学校不得聘用因故意犯罪而受到刑事处罚的人，或者有精神病史的人担任教职工。学校教师应当遵守职业道德规范和工作纪律，不得侮辱、殴打、体罚或者变相体罚学生；发现学生行为具有危险性的，应当及时告诫、制止，并与学生监护人沟通。

第五十七条　发生学生伤亡事故时，学校应当按照《学生伤害事故处理办法》规定的原则和程序等，及时实施救助，并进行妥善处理。

第五十八条　发生教职工和学生伤亡等安全事故的，学校应当及时报告主管教育行政部门和政府有关部门；属于重大事故的，教育行政部门应当按照有关规定及时逐级上报。

第六十二条　学校不履行安全管理和安全教育职责，对重大安全隐患未及时采取措施的，有关主管部门应当责令其限期改正；拒不改正或者有下列情形之一的，教育行政部门应当对学校负责人和其他直接责任人员给予行政处分；构成犯罪的，依法追究刑事责任：

（一）发生重大安全事故、造成学生和教职工伤亡的；

（二）发生事故后未及时采取适当措施、造成严重后果的；

（三）瞒报、谎报或者缓报重大事故的；

（四）妨碍事故调查或者提供虚假情况的；

（五）拒绝或者不配合有关部门依法实施安全监督管理职责的。

《中华人民共和国民办教育促进法》及其实施条例另有规定的，依其规定执行。

（四）教育部等五部门关于完善安全事故处理机制维护学校教育教学秩序的意见

为了贯彻落实全国教育大会精神，完善学校安全事故预防与处置程序，完善依法依规、多元参与、部门协作的工作格局，为学校（含幼儿园）办学安全托底，解决学校后顾之忧，维护老师和学校应有的尊严，保护学生生命安全，教育部等五部门于 2019 年 7 月出台了《关于完善安全事故处理机制维护学校教育教学秩序的意见》（以下简称《意见》）。

《意见》要求健全学校安全事故预防与处置机制，依法处理学校安全事故纠纷，及时处置、依法打击“校闹”行为、建立多部门合作机制。《意见》规定了八类校闹行为，并对校闹行为的治理办法进行了规定。

四、与幼儿园教师的标准与权利有关的重大政策与法规

（一）幼儿园教师专业标准

为促进幼儿园教师专业发展，建设高素质幼儿园教师队伍，根据《中华人民共和国教师法》，教育部 2012 年颁布出台了《幼儿园教师专业标准（试行）》〔2012〕1 号文件（以下简称《专业标准》）。

1. 制定背景

随着《国家中长期教育改革和发展规划纲要（2010—2020 年）》《国务院关于当前发展学前教育的若干意见》的贯彻实施，各地学前教育三年行动计划的纷纷出台，大力发展学前教育正成为我国教育事业发展的一道亮丽风景线。学前教育发展不仅要建设一批坚实安全的幼儿园，更需要建设一支师德高尚、业务精良的幼儿园教师队伍。要实现“基本普

及”的战略目标，满足人民群众对学前教育的热切需求，不仅意味着入园率的提高，更重要的是学前教育质量的提升，而其中的关键与核心便是教师队伍质量的提升。《专业标准》正是应学前教育事业发展之需，在加快普及学前教育的新形势下为保障教师队伍质量和幼儿健康成长而出台的重要文件之一。

2. 重要意义

《专业标准》是国家对合格幼儿园教师专业素质的基本要求，将成为各级教育行政部门进行幼儿园教师队伍建设的基本依据，成为幼儿园教师教育院校进行幼儿园教师培养培训的主要依据，是幼儿园进行教师准入、培训、考核、管理的重要依据，也是幼儿园教师自身专业发展的基本依据。

3. 主要内容

《专业标准》基本内容构架包含了专业理念与师德、专业知识和专业能力 3 个维度，共 14 个领域，框架结构与中、小学教师专业标准基本一致。《专业标准》在内容上有以下 5 方面的突出特点。

（1）对幼儿园教师的师德与专业态度提出了特别要求。师德与专业态度是教师职业的基准线。

（2）要求幼儿园教师高度重视幼儿的生命与健康。教师要将保护幼儿生命安全放在首位；能有效保护幼儿，在危险情况下优先救护幼儿。

（3）充分体现幼儿园保教结合的基本特点。《专业标准》明确提出要“注重保教结合”，不仅将“一日生活的组织与保育”作为重要的专项领域要求，而且对教师提出了多项具体要求。

（4）强调幼儿园教师必须具备的教育教学实践能力。教育实践能力是教师对幼儿施以积极影响、引导幼儿发展的基础。《专业标准》特别强调幼儿园教师要具有观察了解幼儿、掌握不同年龄幼儿身心发展特点和个体差异的能力；要具有环境的创设与利用、一日生活的组织与保育、游戏的支持与引导、教育活动的计划与实施、对幼儿的激励与评价等基本专业能力；能根据幼儿的特点和需要，给予适宜的指导，并能引发和支持幼儿的主动活动，引导幼儿在游戏活动中获得多方面的发展。

（5）重视幼儿园教师的反思与自主专业发展能力。《专业标准》特别在“基本理念”和“专业能力”中均提出了对幼儿园教师反思与自主发展的要求，明确指出幼儿园教师在教育工作中应“主动收集分析相关信息，并不断进行反思，改进保教工作”；同时，应制订个人专业发展规划，通过不断的学习、实践、反思，不断提高自身专业素质，从而为学前教育质量的提升和幼儿一生的健康发展打下良好的基础。

（二）幼儿园教师违反职业道德行为处理办法

2018 年 11 月 8 日，教育部印发了《幼儿园教师违反职业道德行为处理办法》，共十四条。

1. 颁发背景

为深入贯彻习近平新时代中国特色社会主义思想和党的十九大精神，深入贯彻落实全国教育大会精神，扎实推进《中共中央国务院关于全面深化新时代教师队伍建设改革的意见》的实施，进一步加强师德师风建设，教育部研究制定了《幼儿园教师违反职业道德行为处理办法》。

2. 主要内容

《幼儿园教师违反职业道德行为处理办法》核心内容共十三条，规定了违反职业道德行为的处分办法、违反职业道德的 11 项具体行为 、给予教师处分应当遵守的原则、给予教师处理的权限等方面的内容[33]。

五、与幼儿园的保育与教育有关的重大政策与法规

（一）幼儿园教育指导纲要（试行）

1. 制定背景及影响

2001 年，教育部印发的《幼儿园教育指导纲要》（以下简称《纲要》）是指导幼儿园教育工作的科学纲要。它总结了近年来我国幼儿教育改革的经验，立足于我国幼儿教育改革的现实，在充分吸纳世界范围内早期教育优秀思想和研究成果的基础上，阐明了幼儿教育的发展目标，力求体现终身教育、全面推荐素质教育的思想，倡导尊重幼儿、尊重幼儿身心发展规律、师生共同成长等先进的观念。《纲要》的颁布标志着幼儿教育的课程改革已经与整个基础教育课程改革同步启动，对于全面贯彻教育方针、全面提高幼儿园保教质量具有重要的意义。

2. 主要内容

《纲要》包括总则、教育内容、教育实施、教育评价等主要内容，对幼儿园五大领域的目标、内容与要求、指导要点做出了明确的规定，为幼儿园教育活动的开展提供了明确的指导方向[34]。

（二）3-6 岁儿童学习与发展指南

1. 制定背景及影响

《国家中长期教育改革和发展规划纲要（2010—2020 年）》和《国务院关于当前发展学前教育的若干意见》（国发〔2010〕41 号），明确提出要把提高质量作为今后教育改革发展的核心任务，建立以提高教育质量为导向的管理制度和工作机制，这是指导今后各级各类教育管理和制度建设的总体方向和要求。2012 年 10 月 9 日由教育部正式颁布的《3-6 岁儿童学习与发展指南》（以下简称《指南》）正是在这样的新形势下应运而生，为教师和家长了解幼儿的身心发展水平和特点提供了更加具体、可操作的依据和指导。

《指南》被称为“国标”性文件，自颁布之后在学前教育引起了较大的反响，被广泛用作幼儿园课程教学设计与实施、教师培训、教育科学研究的重要依据之一，成为幼儿教育工作者和家长正确把握幼儿发展水平的重要参考，对规范学前教育实践发挥了重要作用;《指南》通过普及科学育儿知识，对防止和克服学前教育“小学化”现象提供了具体方法和建议。此外,《指南》全面、系统地明确了 3~6 岁每个年龄段幼儿在各学习与发展领域的合理发展期望和目标，也对实现这些目标的具体方法和途径提出了具体、可操作的

建议。掌握《指南》的内容对全面提高广大幼儿园教师的专业素质和教育实践能力具有重要的指导意义。

随着《指南》的颁布，各级政府、学前教育相关部门出台了一系列加快发展学前教育的重大举措，纷纷制订和实施学前教育行动计划，学前教育改革发展取得了历史性成就。

2. 主要内容

《指南》从健康、语言、社会、科学、艺术等五个领域描述幼儿学习与发展，分别对3~4岁、4~5岁、5~6岁三个年龄段末期幼儿应该知道什么、能做什么，大致可以达到什么发展水平提出了合理期望，同时，针对当前学前教育普遍存在的困惑和误区，为广大家长和幼儿园教师提供了具体和可操作的指导和建议。

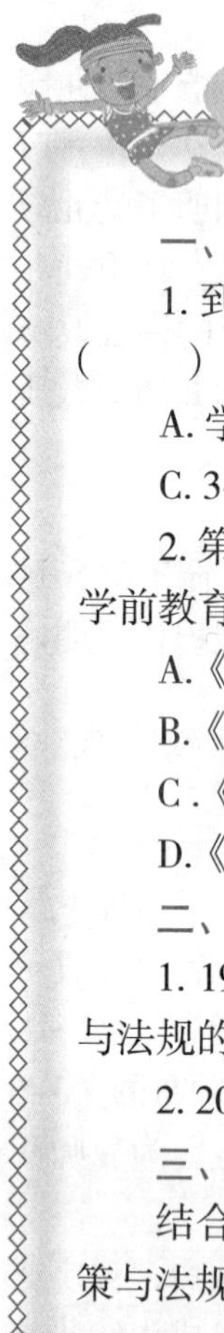

课后练习

一、选择题

1. 到目前为止，在学前教育的法律法规中，效力层次最高的一部专门法规是（　　）

A. 学前教育条例　　B. 幼儿园工作规程

C. 3~6岁儿童学习与发展指南　　D. 学前教育法

2. 第一次在中央文件当中提出了“推进学前教育普及普惠安全优质发展”的学前教育发展目标要求的政策文件是（　　）

A.《国家中长期教育改革和发展规划纲要（2010—2020）》

B.《中共中央国务院关于学前教育深化改革规范发展的若干意见》

C.《关于当前发展学前教育的若干意见》

D.《幼儿园办园行为督导评估办法》

二、简答题

1. 1990年至2009年期间，学前教育呈现什么样的发展特征，主要受哪些政策与法规的影响？

2. 2010年至今，学前教育的政策法规对学前教育的发展带来什么样的影响？

三、实践探索

结合本章内容，以生源地划分小组，对生源地所在省市的地方性学前教育政策与法规的现状进行研究和调查。

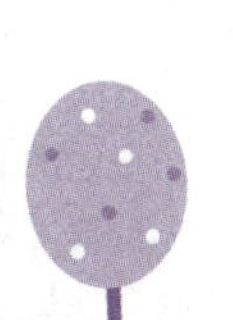

第二章 幼儿的权利

案例导入

2013 年 6 月 21 日上午，南京市江宁区泉水新村两名女童被发现在家中死亡，一名为 1 岁，另一名为 2 岁。经法医鉴定，两名女童无机械性损伤和常见毒物致死的依据。舆论普遍认为，两名女童系因无人照管导致饥饿致死。当时，女童的母亲乐某已经两个多月下落不明，女童的父亲李某因犯罪正在服刑。目前，李某已刑满释放。

南京警方透露，女童母亲乐某，22 岁。有吸毒史，2012 年，因吸食毒品被公安部门治安处罚，后因处于哺乳期，行政拘留不予执行。据当地媒体报道，6 月 21 日晚间，乐某在一家汉堡店内被警方找到，被发现时，乐某再一次怀有身孕。检察机关认为，乐某明知两名女童没有生活自理能力，在无人照料的情况下会饥渴致死，但直到 6 月 21 日案发时都没有回家，导致两名女童死在家中，系疏于照料而酿成的悲剧，因此，应当以故意杀人罪追究乐某刑事责任。

据南京市中级人民法院消息，备受关注的南京市江宁区“饿死女童案”在南京市中级人民法院公开宣判，被告人乐某犯故意杀人罪，判处无期徒刑，剥夺政治权利终身。

问题聚焦：

1. 若父母或其他监护人不履行监护职责或者侵害被监护的未成年人的合法权利，谁能真正地肩负起监护未成年人的责任？

2. 儿童权利保护的主体有哪些？

3. 儿童权利保护的有效途径有哪些？

学习目标

1. 了解幼儿的基本权利。
2. 熟悉幼儿权利保护的主体和基本途径。
3. 学会分析并处理与幼儿权利有关的法律问题。

本章结构

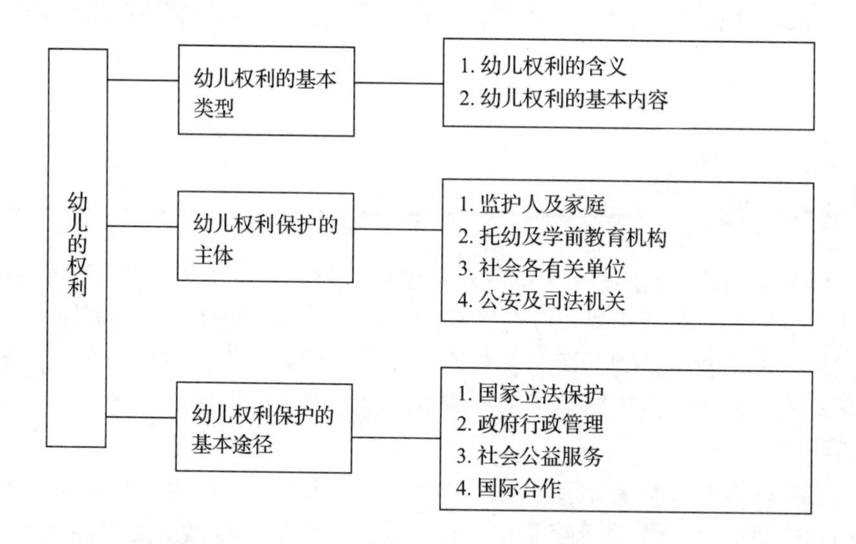

第一节　幼儿的权利类型

众所周知，权利是为社会或法律所承认和支持的自主行为和控制他人行为的能力，而人权是权利中的一种特殊类型，是每一个人与生俱来的权利。

那么，学前教育阶段的幼儿有权利吗？无可置疑，学前教育阶段的幼儿和儿童的权利是人权大家庭中的一员，是儿童基于其特殊身心需求所拥有的一种有别于成人的权利，这种权利为道德、法律或习俗所认可为正当的。人们在日常生活中经常说，幼儿身心应该怎样发展，幼儿父母与家庭、幼儿园教师与幼儿园和社区与社会应该为幼儿做什么，这些都涉及幼儿权利。与此同时，国际上普遍认可的《儿童权利公约》《儿童权利宣言》，以及我国的《未成年人保护法》《中华人民共和国母婴保健法》和《中国儿童发展纲要》等相关文件对幼儿权利的来源、类型及保护等问题做出了规定。

一、幼儿权利的含义

西方著名学者克兰斯顿（Cranston）认为儿童权利有三大特征：第一，儿童权利的现实性。这意味着儿童权利在当前社会中能够得以实现，即在法律上被提议的儿童权利必须考虑到儿童当前认知与身体发展的局限，因为这种局限可能会使某些提议的权利不切实际。第二，儿童权利的普遍性。换言之，任何地域的任何儿童都应拥有权利。第三，儿童权利的重要性。权利涉及的问题事关儿童的利益或尊严。

而我国的张爱宁先生则认为，首先，儿童权利概念首先应该把儿童当“人”，承认儿童的独立人权和成人相同，而不是成为成人的附庸；其次，应该把儿童当“儿童”，承认并尊重童年生活的独立价值，而不仅仅将它看作是成人的预备；最后，应当为儿童提供与之身心发展相适应的生活，儿童的个人权利和尊严应受到社会的保护[35]。

结合上述观点，本书将儿童的权利理解为儿童基于其特殊身心需求所拥有的一种有别于成人的权利，并且这种权利为道德、法律或习俗认可为是正当的。

二、幼儿权利的基本内容

幼儿的主要权利包括人身权、受教育权、隐私权和参与权，除此之外，幼儿也具有发展权、自由权、不受歧视和虐待权、申诉权。同时，特殊幼儿和处境不利的幼儿也应得到特别的照顾。

（一）幼儿的人身权

幼儿的人格权

人格权是社会个体生存和发展的基础，包括各项具体的权力，如生命权、健康权、身体权、姓名权、肖像权、隐私权、人格尊严权及其他具体人格权。贩卖亲生女儿如图 2–1 所示。

图 2–1　贩卖亲生女儿

案例回顾 1

杜绝“有色眼光”

月月老师在户外活动时间带小朋友做游戏，才一转身，就听见几个小朋友一起叫起来:“月月老师，朵朵摔倒啦！”月月老师转过头去一瞧，朵朵坐在地上大哭。可还没等月月老师说什么，站在朵朵旁边的子沫和跳跳就用手指着对方，一起说:“是他(她）把朵朵推倒的。”

月月老师把朵朵抱起来，有些生气地问:“到底是谁把朵朵推倒的？”“是他(她)！”他们异口同声地叫起来。“是吗？”月月老师陷入沉思。子沫是班上的乖孩子，聪明而且漂亮，大家都喜欢她；而跳跳呢，则是一个十分调皮捣蛋的孩子，经常做一些莫名其妙的事。想到这里，月月老师立即看着跳跳，想要批评他，没想到，看到的却是他那清澈的双眼紧张地看着自己。月月老师心里一动：难道这次不是他？可不能在没有弄清楚事实真相前随便批评人，要不然会深深地伤害到孩子。

于是，月月老师又问了周围的小朋友到底是谁把朵朵推倒的，周围的小朋友也说是跳跳。月月老师听了很生气：不但不承认自己的错误，还撒谎，真得好好地批评他。可再瞧跳跳那双无辜的眼睛，好像又不是他干的，这究竟是怎么一回事呢？月月老师灵机一动，想出一个好办法。她对全班小朋友说:“现在老师也不知道是谁推到了朵朵，所以等会儿去看幼儿园的监控录像，我就知道是谁把朵朵推倒了。”

没想到，月月老师话都还没说完，子沫就低下头哭了起来，月月老师一下子就知道是怎么回事了。月月老师也非常吃惊，自己差一点就错怪了一个无辜的孩子，差一点就对一个孩子造成了无辜的伤害。更甚的是，其他孩子也因为跳跳经常被老师批评，所以，现在发生了不好的事情就全都认为是他干的。这也给月月老师敲了一个警钟：不管遇到什么事情，一定要耐心地了解清楚情况再作决定。

【案例分析 1】

幼儿的年龄较小，心智发育还不成熟，但也与成人一样具备人格，一样享有人格尊严权；同时，每一位幼儿都应该平等地享有人格尊严权，教师应该平等地尊重和关怀每一位幼儿，而不应该根据幼儿的家庭、性别、民族、长相、学业表现等对幼儿实行“差别对待”，甚至侮辱和讽刺幼儿。

该案例中，月月老师没有根据两位幼儿以前的表现判断是跳跳犯了错，并武断地责怪他，而是反复仔细地询问，月月老师也没有因为其他幼儿的证词就认定是跳跳犯的错，而不听他申辩。在这件事情的处理过程中，月月老师充分地做到了明辨是非，尊重幼儿的人格尊严，巧妙地运用教育智慧保护了幼儿的自尊心。试想，如果月月老师不调查事实就认定是跳跳做的，并对其进行批评或惩罚，就侵犯了跳跳的人格尊严权，这对其自尊心造成的伤害也将是难以弥补的[36]。

【法律知识一点通】

人格尊严权是指民事主体作为一个“人”所应有的最起码的社会地位，并且受到他人和社会最基本的尊重，是民事主体对自身价值的认识与其在社会上享有的最起码尊重的结合。

幼儿同样也有人格尊严权。《儿童权利公约》要求缔约国对儿童的人格给予尊重，其中规定：“任何儿童不受酷刑或其他形式的残忍、不人道或有辱人格的待遇或处罚。”[37]无独有偶，2013年版的我国《未成年人保护法》也规定：“尊重未成年人的人格尊严，不得对未成年人学生和儿童实施体罚、变相体罚或者其他侮辱人格尊严的行为。”[38]

案例回顾 2

我的肖像谁做主？

森林幼儿园在制作招生宣传册时，将佐佐的照片进行了一定程度的艺术化加工。制作人员将佐佐脸上的痣去掉，脸型作了调整，并为他穿上小博士服。该加工后的照片被放在招生宣传册的封面上。

但是佐佐自从看到自己的照片被刊登后就被同伴冷嘲热讽，一直闷闷不乐，于是，佐佐的父亲来到幼儿园，要求森林幼儿园承担侵权责任，并赔偿佐佐3万元的精神伤害费。

森林幼儿园在与佐佐的父亲协商后，并没有说服佐佐的父亲同意幼儿园使用佐佐的肖像制作招生宣传册。此后，幼儿园使用佐佐的照片制作了海报，并以20元的单价出售。

图 2-2　孩子的肖像权被用于商业宣传

【案例分析 2】

森林幼儿园未征得佐佐监护人的同意，将佐佐脸上的痣去掉并调整了他的脸型，擅自改变佐佐的自然肖像，侵犯了佐佐的肖像权。然后，因为幼儿园侵犯佐佐的肖像权，导致他受到小伙伴的嘲讽，在心里形成一定程度的郁闷，受到了伤害，所以森林幼儿园应该承担民事责任。最后，由于佐佐的父亲没有许可幼儿园使用佐佐的肖像制作海报，因此，森林幼儿园构成侵权。

【法律知识一点通】

肖像权的基本内容包括：

①肖像制作专有权，即自己有权决定自我制作肖像或由他人制作自己的肖像，有权禁止他人未经自己的同意或授权而擅自制作自己的肖像；

②肖像使用专有权，即自己有权在不违反法律和公序良俗的前提下以任何方式使用自己的肖像，有权禁止他人非法使用自己的肖像；

③肖像利益维护权；即自己有权禁止他人未经自己允许制作自己的肖像，有权禁止他人未经允许使用自己的肖像，有权禁止他人对自己的肖像进行诋毁、玷污、丑化和歪曲。

认定侵害肖像权的民事责任应具备三个条件：

①有损害事实的发生，如使被侵害者的名誉、地位、身份受到不利的影响；

②侵权人主观上有过错（包括故意和过失），一般而言，只要行为对他人的肖像实施了法律规定禁止的行为，就可认定为其有过错；

③损害事实和侵权行为之间有因果关系，这种因果关系必须是内在的、本质的、必然的联系。

只要具备了这三个条件，被侵权人就可以要求侵权人承担停止侵害、恢复名誉、消除影响、赔礼道歉、赔偿损失的民事责任。

幼儿园在征得幼儿监护人同意使用幼儿肖像后，要在幼儿监护人许可使用的范围、区域、时限内使用幼儿的肖像；否则，无论是否给幼儿造成实际损害，都构成侵权[39]。

（二）幼儿的人格尊严权

幼儿的身份权

身份权是与人的地位、身份或资格不可分离的权利，如亲属权、监护权、继承权（图2-3）及著作权和发明权等。

图 2-3　幼儿有继承权

（三）幼儿的受教育权

受教育权是幼儿的基本人权。人从降生开始，其生存能力并不比动物优越，但人之所以为人，在于他具有区别于动物的潜能，其中一个重要的方面就是教育。

所谓受教育权，就是指儿童在国家政府提供的各类学校和机构中学习科学文化知识的权利。幼儿的受教育权包括三方面的内容，即受教育机会权、受教育条件权和公正评价权。其中，受教育机会权是指幼儿按照法律拥有规定的时间、规定的质量要求的教育的权利，这是儿童受教育的基本因素。受教育条件权是指幼儿及其监护人有权要求国家采取积极主动的措施保障自身受教育权的实现。最后，公正评价权是指在学习的过程中，幼儿享有获得公正评价的权利，其包括学习的智力状况、心理状况、品德状况等各个方面[36]。

《儿童权利公约》上明确提出："儿童有受教育的权利。"[37]《宪法》第四十六条规定："中华人民共和国公民有受教育的权利和义务。"在《教育法》中也写道："公民不分民族、种族、性别、职业、财产状况、宗教信仰等，依法享有平等的受教育机会。"[40]因此，所有的中国公民享有平等的受教育权利，其中也包括有残疾的儿童。残疾儿童作为一个特殊的群体，长期以来，该群体的平等受教育权无法得到保障，普遍存在"无学可上"的现象。近年来，国际社会及我国通过不断出台政策并修订现有法律法规，切实保障残疾儿童的合法权利。

残疾儿童的受教育权

- 《中华人民共和国宪法》

第十五条规定："国家和社会帮助安排盲、聋、哑和其他有残疾的公民的劳动、生活和教育。"

第四十六条规定："中华人民共和国公民有受教育的权利和义务。"

第九条规定："公民不分民族、种族、性别、职业、财产状况、宗教信仰等，依法享有平等的受教育机会。"

- 《中华人民共和国残疾人保障法》

第三条规定："残疾人的公民权利和人格尊严受法律保护。禁止基于残疾的歧视。禁止侮辱、侵害残疾人。"

第二十一条："国家保障残疾人享有平等接受教育的权利。"

第二十五条："普通幼儿教育机构应当接收能适应其生活的残疾幼儿。"

- 《残疾人教育条例》

第三条　"残疾人教育应当提高教育质量，积极推进融合教育，根据残疾人的残疾类别和接受能力，采取普通教育方式或者特殊教育方式，优先采取普通教育方式。"

第三十一条　"各级人民政府应当积极采取措施，逐步提高残疾幼儿接受学前教育的比例。县级人民政府及其教育行政部门、民政部门等有关部门应当支持普通幼儿园

创造条件招收残疾幼儿。”

第三十二条 “残疾幼儿的教育应当与保育、康复结合实施。招收残疾幼儿的学前教育机构应当根据自身条件配备必要的康复设施、设备和专业康复人员，或者与其他具有康复设施、设备和专业康复人员的特殊教育机构、康复机构合作对残疾幼儿实施康复训练。”

• 《儿童权利公约》

第二十三条:“鉴于残疾儿童的特殊需要，考虑到儿童的父母或其他照料人的经济情况，在可能时应免费提供按照本条第 2 款给予的援助，这些援助的目的应是确保残疾儿童能有效地获得和接受教育、培训、保健服务、康复服务，就业准备和娱乐机会，其方式应有助于该儿童尽可能充分地参与社会，实现个人发展，包括其文化和精神方面的发展。”

有人认为幼儿接受教育的唯一场所是幼儿园，其实不然。幼儿的教育可以来自家庭、幼儿园、社区及社会。我国目前虽未执行公共幼儿义务教育，但是倡导大力拓展幼儿教育资源，如现已在上海等地建立的儿童博物馆等；同时，举办多种形式的幼儿教育；逐步提高幼儿教育的普及率；让幼儿就近入园，使幼儿教育变得普遍和有质量；同时，让幼儿教育变得更加公平[41]51。

案例回顾 3

听课必须交钱

今年上幼儿园中班的萱萱近来比较奇怪，每到去幼儿园时，她都本能地抗拒:“妈妈，我今天不想去上幼儿园了。”萱萱母亲很是纳闷，心想：难道孩子在幼儿园受了什么委屈?

接下来，在与萱萱的交流中，她知道了缘由：原来幼儿园办了几个兴趣班，这学期有几门课她没有给孩子报，孩子便因此受到了不公正的待遇。例如，每次上表演课时，没交钱报名的孩子就被勒令将头转过去。孩子的自尊心因此受到了伤害，连幼儿园都不上了。而这件事情，引出了萱萱母亲这一年来的一肚子怨气。

事情要从一年多前萱萱刚上幼儿园时说起：那时候萱萱还小，幼儿园班级家长微信群里每学期前都有老师发的各种兴趣班的介绍和费用。老师说，家长如果有意向就可以在上面挑选。当时，萱萱母亲考虑到老师的热情推荐，就给孩子报书法和围棋班，一共交了 1 000 元的费用。

一学期很快就过去了，家长们特别想知道孩子们学到了什么。学期末，幼儿园为了展示成果，给家长们继续让孩子学下去的信心，上了一堂公开课。萱萱母亲说，她和几位家长观摩了这节书法公开课，但结果很不理想。孩子学了一学期的书法，但写的好多字家长都不认识，而且老师连书法必要的基本拿笔姿势都没有教。另外，幼儿园为报了围棋班的孩子举办了围棋比赛，但萱萱上了一学期的围棋课，连棋子往哪里摆都不知道，最后比赛结束的时候竟然还发了张证书。

经历了这些事情后，萱萱母亲决定不再给孩子报兴趣班了。之后萱萱的老师不断打电话游说，甚至还威胁说，如果不上特长班，孩子就会被请出教室。

大概是考虑到萱萱还要继续上学，这学期张女士象征性地给孩子报了美术课，但之后发生的情况出乎她的意料。一天，萱萱母亲往萱萱的书包里放了一张书法字帖，是上学期在幼儿园上课时买的，孩子立刻就把字帖扔了出来。后来她才知道，因为孩子这个学期没有报书法班，所以上课时老师不让孩子拿出字帖，即使自己在一旁练字也不行。

据萱萱母亲反映，幼儿园有两张课表，第一张上面的课程很正常，第二张上面全是兴趣班课程。从周一到周五排了很多兴趣班课程，有书法、美术、英语、舞蹈、表演、围棋。

【案例分析 3】

案例中的幼儿园开设兴趣班的行为是违法的，同时，把没有报班的幼儿排除在学习之外是一种侵权行为，侵犯了幼儿的受教育权和人身健康权。确切地说，幼儿园也有一定的教育任务，幼儿园必须按照教育部门的大纲与指导纲要（如《3~6 岁儿童学习与发展指南》《幼儿园教育指导纲要》《幼儿园工作规程》）完成相应的教育任务，但是该幼儿园在周一到周五的常规活动时间安排了兴趣班课程，这种行为直接导致了孩子们正常上课的时间减少，使得没有报班的幼儿不能平等地使用各种教育资源和设施，这直接侵犯了没有参加兴趣班的幼儿受教育的条件权。另外，该幼儿园把没有报班的孩子拒绝在教学活动之外，给孩子幼小的心灵留下了阴影，这直接侵犯了幼儿的人身健康权。

幼儿园开办并不符合幼儿身心发展特点和规律的兴趣班，是为了获取更高的利益，这反映出对幼儿受教育权的侵犯。因此，针对这种现象，相关部门应对该幼儿园开办兴趣班和乱收费的行为进行严肃处理，该幼儿园也应为侵犯幼儿受教育权的行为承担相应的法律责任。

【法律知识一点通】

幼儿的受教育权是指 3~6 岁儿童受教育的权利。幼儿的受教育权与其他年龄段儿童有相似之处，也有不同的地方。幼儿的身心发展特点决定了学前教育不是将系统的、以书面符号为载体的学科知识的学习作为主要内容，而应该是注重经验学习，包括在生活中学习、在活动中学习、在游戏中学习。幼儿园应该注重以符合幼儿身心发展特点的方式开展教和学，注重趣味性和综合性，并把幼儿身体的发展放在首位[36]。

（四）幼儿的隐私权

隐私权是一种基本人格权利，是指自然人享有的私人生活安宁与私人信息秘密依法受到保护，不被他人非法侵扰、知悉、收集和公开的一种人格权，而且权利主体对他人在何种程度上可以介入自己的私生活，对自己的隐私是否向他人公开以及公开的人群范围和程度等具有决定权。

根据 2013 年版的我国《未成年人保护法》规定：“任何组织或者任何个人不得披露未成年人的个人隐私。”[38] 凡是幼儿不愿让别人知道或不愿别人公开的生活秘密，就属于个人隐私。成人应该尊重和保护幼儿的隐私权。“幼儿年纪尚小就没有隐私”的想法是错误的；同时，也不能拿幼儿的隐私开玩笑，以致幼儿在精神和名誉上受到损伤。

案例回顾 4

谁侵犯了幼儿的隐私权

森林幼儿园安装了监控系统，通过摄像头可以将幼儿园情况直接转到幼儿园的网站上。只要注册了该园网站账号，就可以浏览网站上的任何内容，如可观看幼儿在园学习和生活的视频，查询“宝贝档案”等。

小淳的母亲没有具体的工作，闲来无事经常点播小淳所在班级的视频，在观察小淳的同时，发现小女孩糖糖不会穿衣服，每次都要老师的帮助，便对小淳说了。之后，小淳在班内对小伙伴们说，糖糖不会自己穿衣服，并号召班里小伙伴不要和糖糖一起玩。

跳跳的父亲收到了某医院缓解小儿先天近视的广告，该医院是从森林幼儿园网站上的“宝宝档案”版块里了解到跳跳有先天性近视，并查到了跳跳的家庭住址、父母姓名及联系电话。

森林幼儿园遭到了糖糖、跳跳等幼儿家长的投诉，认为幼儿园的监控系统和网站公开了孩子的隐私，应承担侵权责任。

森林幼儿园接到了上级主管部门要求拆除监控系统的通知，但森林幼儿园由于已为此支付了高昂费用，故不愿拆除。

【案例分析 4】

在第一个事件中，森林幼儿园的视频点播板块暴露了糖糖不会自己穿衣服的隐私，使其在小伙伴面前无地自容，因此，构成了对糖糖隐私权的侵犯。

在第二个事件中，森林幼儿园将“宝贝档案”上传到网站上时应设置权限，因为只有幼儿的监护人或经幼儿监护人许可的教师才有权浏览幼儿的档案。

森林幼儿园的“视频点播”和“宝贝档案”板块将幼儿不愿公开的隐私公开了，在主观上具有过失，正是由于这种过失才使糖糖遭受了小伙伴的排挤，备受孤独，精神上受到了伤害；这种过失也使得某医院肆无忌惮地将广告发到跳跳家里，使跳跳患有先天性近视的隐私被他人发现；同时，也干扰了跳跳及家人的正常生活，所以，幼儿园的做法构成了侵权，应承担停止侵害、恢复名誉、消除影响并赔礼道歉甚至承担精神赔偿的责任。

上级主管部门之所以要求森林幼儿园拆除监控系统是因为幼儿家长的投诉。对此，森林幼儿园需要做的包括以下 2 个方面：第一，和家长协商，如协商设置视频点播权

限以规避他人浏览幼儿的隐私，又如协商将家长同意监控的幼儿安排在一个班级或活动中进行监控等，从而取得家长们的支持。第二，向上级主管部门提出申辩事由，如安装监控系统可方便家长了解幼儿在园情况，可利于幼儿园对幼儿的管理，确保幼儿在安全状况下学习和生活等。

【法律知识一点通】

幼儿隐私权的基本内容主要包括以下几项：

①令幼儿感到丢人的事，如尿床、偷东西等；

②一些心理疾病，如孤独症、抑郁症等；

③生理缺陷，如矮小、过胖、患疝气等。

幼儿的某种疾病或不良习惯应当由家长以监护人的身份作为秘密保护起来。如果家长告诉了幼儿园，幼儿园就负有保密的责任，切不可将幼儿的这些隐私披露出来。如幼儿园将幼儿的秘密公之于众，则属于侵权行为。

行为人是否承担侵犯隐私权的民事责任主要看以下 4 点：

① 过错，如果行为人主观上具有故意或过失，就表明其违反了伦理义务，因而具有可责难性和不可原宥性；

②违法性，如果行为人的行为违反了法律的规定，就应受到法律的制裁；

③损害事实，行为人的行为确实给权利人造成了伤害；

④因果关系，行为人的行为和权利人受到的损害应有必然的本质的内在的联系[39]31-32。

（四）幼儿的参与权

参与权是指公民按照法律的规定参与国家公共生活的管理和决策，更多地在公民与公共实践和决策参与时有关系。幼儿的参与权是指幼儿享有参与家庭、文化和社会生活的权利。

《儿童权利公约》指出：“缔约国应确保能够形成自己看法的儿童有权对影响儿童的一切事项自由发表自己的意见，对儿童的意见应按照其年龄和成熟程度给以适当的重视。”[37]

案例回顾 5

为什么我不可以参加示范课？

森林幼儿园作为当地的一级幼儿园和示范幼儿园，每年都会举办多场大大小小的幼儿园教师赛课活动，而每次活动，幼儿园都会给每个班级分配幼儿参与的名额。大一班的甜甜老师每次都让班上比较乖的小朋友去参加优秀老师的示范课活动，而皮皮等一些平时比较调皮的小朋友则会留在教室里，只有保育员阿姨陪着他们。有时甜甜老师为了示范课活动更出彩，把孩子挑来挑去，一会儿要，一会儿又不要，甚至当着孩子的面说一些贬低孩子的话，大大伤害了孩子的自尊心和自信心。

后来经过家长的反映和投诉，该幼儿园开始反思其做法的不良后果。经过领导班子和老师们的共同讨论，该幼儿园决定实行幼儿轮流参与示范课，从而保证每个孩子都有参加示范课的机会。

【案例分析 5】

该案例中，森林幼儿园由剥夺幼儿的参与权到积极发挥幼儿的参与权的转变，很好地体现了参与权越来越受到幼儿园的重视。

保障幼儿参与权的实现，需要家庭、幼儿园和全社会共同努力。对幼儿园教师来说，不应该让幼儿依附于成人的意志参加活动，而应该做到对幼儿发表意见的权利给予充分的尊重和支持。综上所述，幼儿权利的实现，不仅需要社会的道德建设和法制建设，更加重要的是需要法治与民众意识。

第二节　幼儿权利保护的主体

根据联合国的《儿童权利公约》《儿童权利宣言》及我国的《未成年人保护法》等相关法律，我国幼儿权利保护的主体主要分为幼儿家庭、托幼机构、社会和司法四个方面。即幼儿权利的保护分为幼儿家庭保护、托幼机构保护、社会保护和司法保护四类。

一、监护人及家庭

《民法总则》第二十六条规定："父母对未成年子女负有抚养、教育和保护的义务。"第二十七条规定："父母是未成年子女的监护人。"未成年人的父母已经死亡或者没有监护能力的，由下列有监护能力的人按顺序担任监护人：

（一）祖父母、外祖父母；

（二）兄、姐；

（三）其他愿意担任监护人的个人或者组织，但是须经未成年人住所地的居民委员会、村民委员会或者民政部门同意。

《未成年人保护法》第 8 条规定："父母或其他监护人应当依法履行对未成年人的监护职责和抚养义务。总而言之，家庭保护是指父母或其他监护人对未成年人进行的保护。这种保护包括在生活上的关心照顾和思想上的教育培育。家庭保护是对未成年人保护的重要环节，家庭保护的好坏，直接影响未成年人的成长。"[38]

家庭保护主要包括以下 6 点。

（1）父母或监护人要依法履行对幼儿的监护职责和抚养义务。不得虐待、遗弃幼儿；不得歧视女性幼儿或者有残疾的幼儿；禁止溺婴、弃婴。

（2）父母或监护人尊重幼儿接受教育的权利。必须让适龄幼儿按照规定接受义务教育，不得使在园接受教育的幼儿辍学。

（3）父母或监护人不得为幼儿订立婚约。

（4）家庭保护中应采取积极措施。如父母或者其他监护人应当以健康的思想、品行和适当的方法教育幼儿，引导幼儿进行有益于身心健康的活动，预防和制止幼儿的恶性习惯。

（5）父母或监护人应当创造良好、和睦的家庭环境，依法履行对幼儿的监护职责和抚养义务。

（6）父母或其他监护人应该学习家庭教育知识，正确履行监护职责，抚养、教育幼儿[41]59。

二、托幼及学前教育机构

托幼机构在幼儿的生活中扮演着重要的角色，是保护幼儿安全与发展的主要主体之一。其保护措施应该贯彻国家方针政策，尊重幼儿人格，遵循幼儿身心发展规律，与家长和社会组织一起做好幼儿的安全、卫生和保健等工作。

托幼机构保护主要包括以下 4 点。

（一）依据国家层面

应该全力贯彻国家政治方针，实施素质教育，重视教育质量，促进幼儿身心的全面发展。

（二）依据教育工作者层面

（1）工作人员要平等对待每个幼儿，不得歧视或侮辱特殊幼儿和不幸幼儿，严禁体罚或变相体罚幼儿和不尊重幼儿人格的行为。

（2）应该建立相应的安全制度。

（三）依据家庭及监护人层面

（1）托幼机构应该与幼儿父母或其他监护人相互协作配合，保证幼儿的必要活动时间，如睡眠时间、体育锻炼时间和娱乐时间等，不得向幼儿施加学习压力。

（2）托幼机构对幼儿家长开展多种形式的安全教育活动。

（四）依据幼儿个体层面

（1）制订与幼儿生理特点相适应的体格锻炼计划，根据幼儿年龄特点开展游戏及体育活动，并保证幼儿户外活动时间，促进幼儿身心健康。

（2）安排幼儿参加集会、文化娱乐、社会实践等集体活动时，应当有利于幼儿的健康成长，防止发生人身安全事故。

（3）托幼机构应制订应对各种灾害、传染性疾病、食物中毒、意外伤害等突发事件的预案，配置相应的设施，进行必要的演练，增强幼儿的自我保护意识和能力。

（4）托幼机构应该尊重幼儿受教育的权利，做好保育和教育的工作，促进幼儿德智体美劳的发展。

案例回顾 6

安全从幼儿园抓起

武汉市洪山区教育局、洪山区交通大队开展了“安全进校园，护航保平安”校园交通安全宣传活动，并进行消防安全演练（图 2–4）。

活动开始时，洪山区交通大队副大队长胡连军给孩子们讲解交通安全知识。他说道，从以往的经验看，让大人改变交通习惯很难，但是由孩子和父母、长辈去讲，效果会很好。孩子们除了自己遵守交通规则，同时也会带动大人遵守交通规则。

随后，3 台校车缓缓驶入了操场。在校车公司负责人的讲解声中，几所幼儿园的学生代表排队登上校车。当校车行驶几圈后，操场中间突然升起了浓烟。车辆稳稳停住，司机打开车门迅速下车，在后方放置警示牌，并打开校车尾部的逃生门，将学生一个个接下来。随车老师则在前门疏散学生，指引下车的孩子往车后方走。接到“报警”后的民警也很快赶来，告诉孩子们不要慌张，捂住口鼻，排队离开现场。

最后，成丰实验学校校长总结说，安全是学校的生命线，只有常抓不懈、警钟长鸣，才能有备无患。这次活动也是对所有参与幼儿园、中小学安全工作的一次检验、挑战和提升。

图 2–4　武汉市洪山区幼儿园消防安全演练

【案例分析 6】

本案例中的武汉市洪山区幼儿园积极开展安全主题教育，与洪山区交通大队积极配合，园所及教师高度的安全教育意识值得推广和发扬。

安全教育是幼儿增强自我保护能力的重要途径，根据幼儿年龄特点与心理水平的差异，托幼机构对幼儿开展的安全教育要有所侧重。《3~6 岁儿童学习与发展指南》在健康领域中的目标为“具备基本的安全知识和自我保护能力”，提出了可供 3~6 岁幼儿发展的目标及教师指导建议。

1. 3~4 岁

①不跟陌生人走，不吃陌生人给的东西。

②在提醒下能注意安全，不做危险的事（如不动热水壶，不玩火柴或打火机，不摸电源插座，不攀爬窗户或阳台）。

③在公共场所走失时，能向警察或有关人员说出自己的名字、家庭住址、家长的

名字或电话号码。

2. 4~5 岁

①在公共场合不远离成人的视线单独活动。

②认识常见的安全标志（如小心触电、小心有毒、禁止下河游泳、紧急出口等），能遵守安全规则。

③运动时能主动躲避危险；知道简单的求助方式（如遇到火灾或其他紧急情况时，知道要拨打 110、120、119 等求救电话）。

3. 5~6 岁

①未经大人允许不给陌生人开门，能自觉遵守基本的安全规则和交通规则。

②运动时能避免给他人造成危险。

③知道一些基本的防灾知识。[42]

托幼机构在日常活动中，对幼儿进行安全教育的时候要结合生活实际，要教给幼儿简单的自救和求救方法，不要利用单一的语言方式，而应注重用多种方式对幼儿进行适当的安全教育，比如说利用图书、音像等材料对幼儿进行逃生和求救方面的教育，并运用游戏的方式模拟练习，在有关活动中渗透安全教育等。

三、社会各有关单位

社会各有关单位的保护是指各社会团体、企事业组织和其他组织及公民对幼儿实施的保护，其主要内容是：保护幼儿的安全与健康、保护幼儿的荣誉权、保护幼儿的智力成果权、保护有特殊天赋和突出成就的幼儿、公共场所优惠开放等。

社会各有关单位的保护主要包括以下 4 点。

（一）社会组织层面

各组织应当创造条件，建立和改善适合幼儿文化需要的活动场所和设施，并对幼儿优惠开放。

（二）社会个人层面

（1）全社会应当树立尊重、保护、教育幼儿的良好风尚，关心、爱护幼儿，任何组织或个人不得披露幼儿的个人隐私。

（2）幼儿园周边不得设置营业性歌舞娱乐场所、互联网上网服务营业场所等不适宜幼儿活动的场所。

（3）任何人不得在幼儿园、托儿所的教室、寝室、活动室和其他幼儿集中活动的场所吸烟、饮酒。

（4）幼儿园、托儿所和公共场所发生突发事件时，应优先救护幼儿。

（5）禁止拐卖、绑架、虐待幼儿，禁止对幼儿实施性侵害；禁止胁迫、诱骗、利用幼儿乞讨或者组织幼儿进行有害身心健康的表演等活动。

（三）国家层面

（1）国家鼓励社会团体、企事业组织及其他人和个人，开展多种形式的有利于幼儿健康成长的社会活动。

（2）各级人民政府应当保障幼儿受教育的权利，以社会为主导，广泛动员社会参与，保障幼儿接受多种形式的、高质量的教育与服务；地方各级人民政府应当积极发展托幼事业，办好托儿所和幼儿园，支持社会组织和个人依法兴办哺乳室、托儿所和幼儿园。

（3）各级人民政府和有关部门应当采取多种形式，培养和训练幼儿园、托儿所的保教人员，提高其职业道德素质和业务能力。

（4）卫生部门和幼儿园应当对幼儿进行卫生保健和营养指导，提供必要的卫生保健条件，做好疾病预防工作。卫生部门应当做好对儿童的预防接种工作，国家免疫规划项目的预防接种实行免费；积极防治儿童常见病、多发病，加强对传染病防治工作的监督管理，加强对幼儿园、托儿所卫生保健的业务指导和监督检查。

（5）公安机关应当采取有力的措施，依法维护幼儿园周边的治安和交通秩序，预防和制止侵害幼儿合法权利的违法行为；任何组织场所不得扰乱教学秩序，不得侵占、破坏托儿所和幼儿园的场地、房屋和设施。

（6）县级以上人民政府及其民政部门应当根据需要设立救助场所，对流浪乞讨等生活无着幼儿实施救助，承担临时监护责任；公安部门或者其他有关部门应当护送流浪乞讨幼儿到救护场所，由救助场所予以救助和妥善照顾，并及时通知父母或其他监护人领回。

（7）对孤儿、无法查明其父母或者其他监护人的及其他生活无着的幼儿，由民政部门设立的儿童福利机构收留抚养。幼儿救助机构、儿童福利机构及其工作人员应当依法履行职责，不得虐待、歧视幼儿；不得在办理收留抚养工作中谋取利益。

（四）基础建设层面

（1）爱国主义教育基地、图书馆、儿童活动中心应当对幼儿免费开放；博物馆、纪念馆、科技馆、美术馆、文化馆及影剧院、体育场馆、动物园、公园等场所，应当按照有关规定对幼儿免费或者优惠开放。

（2）国家鼓励新闻、出版、信息产业、广播、电影、电视、文艺等单位和作家、艺术家、科学家及其他公民，创作或者提供有利于幼儿健康成长的作品。出版、制作和传播专门以幼儿为对象的内容健康的图书、报刊、音像制品、电子出版物及网络信息等，国家给予扶持。

（3）生产、销售用于幼儿的食品、药品、玩具、用具和游乐设施等，应符合国家标准或者行业标准，不得有害于幼儿安全和健康；需要标明注意事项的，应在显著位置标明[41]61-63。

拓展阅读

美国康涅狄格州儿童博物馆

美国康涅狄格州儿童博物馆，即“想象”国家博物馆，是一座侧重于动手和互动的儿童博物馆，面向2~10岁儿童开放，是非营利机构。布里斯托家庭中心拥有所有权和经营权。布里斯托家庭中心隶属于布里斯托男女俱乐部。

该儿童博物馆具有强烈的互动性，其互动性具体表现为一系列互动性的展品，包括重力井、音叉台、钟琴、皮筋绘图、管道传音、气垫托球等设备。除此以外，该博物馆还设有儿童工地、想象空间、“ESPN我做主持人”、世界风情布偶、水世界、绿色房子、计算机实验室、丛林探险、活动教室和暗室等展区（图2-5），充分满足了儿童对世界的好奇心和探索欲望，促进了他们的身心发展。

图2-5　美国康涅狄格州儿童博物馆系列图

（a）滑索设备；（b）滑梯设备；（c）户外景象；（d）帆船设备；（e）角色扮演台

四、公安及司法机关

司法保护是指人民检察院、法院、公安机关及司法行政部门等国家专政机构通过依照法律履行职责，对幼儿所实施的一种专门保护措施。从特殊司法角度讲，其主要是指司法机关对因受违法犯罪行为侵害的幼儿采取的维护其合法权利的保护措施。在司法活动中对需要法律援助或司法救助的幼儿，法律援助机构或者人民法院应当给与帮助，依法为其提供法律或司法救助。公安机关、人民检察院、人民法院办理幼儿遭受性侵害的刑事案件，应当保护被害人的名誉。

公安及司法机关保护包括以下 5 个方面。

（1）公安机关、人民检察院、人民法院办理幼儿相关的犯罪案件，应当照顾幼儿的身心特点，并可以根据需要设立专门机构或指指定专人办理。

（2）对幼儿相关的案件，在判决前，新闻报道、影视节目、公开出版物不得披露该幼儿的姓名、住所、照片及可能推断出该幼儿的资料。

（3）幼儿合法权利受到侵害，依法提起诉讼的，法院应当依法及时审理，并适应幼儿生理、心理特点和健康成长的需要，保障未成年人的合法权利。对需要法律援助或者司法救助的，应当依法为其提供法律援助或者司法救助。

（4）法院审理继承案件，应当依法保护幼儿的继承权和受遗嘱权；审理离婚案件时，涉及幼儿抚养问题的，应当根据子女权利的原则依法处理。

（5）父母或其他监护人不履行监护职责或者侵害被监护人合法权利的，法院可以撤销其监护人资格，另行指定监护人。被撤销监护资格的父母应当依法继续负担抚养费用。

【概念区别】社会保护与司法保护的区别

社会保护是指在社会生活中对幼儿的保护。它归根到底是要为幼儿的健康成长提供一个良好的社会环境；司法保护是指国家执法机关和国家其他行政机关对幼儿实施的一种特殊保护措施。

二者最大的区别在于以下两点。

①社会保护的保护对象是不特定的，司法保护的保护对象是特定的。比如，关停黑网吧属于社会保护，它保护的不是某一个人，而是广大群体。

②司法保护的主体是公检法机构。比如，在案例中，主体是公安机关，那就属于司法保护；同时，如果案例中得到保护的是具体的一个幼儿，保护对象也是特定的。

第三节 幼儿权利保护的基本途径

《儿童权利公约》的第四条明文规定：“缔约国应采取一切适当的立法、行政和其他措施，以实现幼儿的权利。”[37] 我国通过政府和社会两个主体，采用多种手段保护幼儿权利（立法、行政、投入、监管、服务等）。此外，我国不仅注重在本国内对幼儿权利的保护，而且积极与其他国家进行友好交流，共同商讨对幼儿权利保护的经验与看法。

以下是具体的四项幼儿权利保护的基本途径。

一、国家立法保护

立法通常是指特定国家机关按照一定程序，制定或者认可反映统治阶级意志，并以国家强制力保证实施的行为规范的活动。

我国承认国际上的《世界人权宣言》《儿童权利公约》和《儿童权利宣言》等人权公约。同时，随着学前教育事业的逐渐发展，我国已经建立了比较丰富的幼儿权利保护法规，其中相关法律包括《宪法》《教育法》《未成年人保护法》《继承法》《中华人民共和国婚姻法》和《中华人民共和国母婴保护法》《新生儿死亡评审规范（试行）》《中国7岁以下儿童生长发育参照标准》《全国新生儿疾病筛查工作计划》《全国儿童保健工作规范（试行）》《托儿所幼儿园卫生保健管理办法》《新生儿疾病筛查技术规范》《新生儿访视等儿童保健技术规范》《儿童眼及视力保健等儿童保健相关技术规范》等。还有部分来自中华人民共和国教育部的法规文件，如关注幼儿园的保教活动及相应的管理工作和《幼儿园教育指导纲要（试行）》等[41]64–65。

二、政府行政管理

行政是指由国家行政机关对于不属于审判、检察工作及立法中的其他法律的具体应用问题，以及自己依法制定的法规进行的解释。我国各级政府及其职能部门针对幼儿所作的相关工作，包括以下5个方面。

1. 管理体系

其主要涉及单位为教育部门、卫生部门、司法部门等。

2. 制定规划

制定的规划包括《中国儿童发展纲要（2011—2020年）》《国家中长期教育改革和发展规划纲要（2010—2020年）》和《3~6岁儿童学习和发展指南》等。

3. 财政投入

我国的财政投入主要包括幼儿卫生保健、教育和福利三方面。

4. 行政督导

幼儿保教的行政督导已走向恒常化和专业化，由国家督导部门负责。

5. 提供服务

我国政府通过直接举办儿童卫生保健机构、教育机构和福利机构，动员社会力量参与、奖补民办机构等方式扩大儿童社会工作范围，为儿童提供优质服务[41]65。

三、社会公益服务

社会服务主要是指以提供劳务的形式来满足社会需求的社会活动[43]。狭义指直接为改善和发展社会成员生活福利而提供的服务，如衣、食、住、行、用等方面的生活福利服务。广义的社会服务包括生活福利性服务、生产性服务和社会服务。如前文所述，幼儿权利保护，除了来自家庭和政府的资源以外，还有大量资源来自社会，具体包括幼儿亲属、社会组织、社区、单位和市场等。随着社会对幼儿的不断重视，中国相关的社会组织也慢慢地发展起来，如红十字会、中国少年儿童基金会、宋庆龄基金会等。除此以外，中国还有大量的民间社会组织一起为幼儿提供相应的社会服务，保障幼儿的权利。

走进香格里拉

2019 年 5 月 6 日，一汽集团红旗轿车携手中国少年儿童文化艺术基金会“高举红旗，精准扶贫，走好新时代长征路”红旗梦想艺术课堂音乐公开课（图 2–6）第二期拉开序幕，覆盖全市的专职和兼职音乐教师。

在 8 天的交流过程中，中央音乐学院继续教育学院的几位培训专家针对香格里拉市的音乐课教育情况，将专业知识、理论知识以动静结合的方式传授给基层教师，引导教师们将音乐课活跃起来。音乐教育作为素质教育和开拓思维教育必不可少的环节，应该充分将其优势展示出来。

在最后的结业仪式环节，中央音乐学院继续教育学院院长还为参加香格里拉市基层音乐教师、独克宗小学教师、独克宗小学学生赠送了印有中央音乐学院 logo 的纪念品，鼓励引导基层教师和孩子们，给孩子们幼小的心灵点亮一盏明灯。

图 2–6　音乐公开课

国际合作是国际互动的一种基本形式，是指各国基于相互利益的基本一致或部分一致，而在儿童问题上所进行的政策协调行为。各国谋求儿童利益最大化和实现儿童权利保

护的公平与一致而采取的联合行动。国际合作的方式主要包括政府或民间组织与国际组织、其他国家和地区政府、国外其他民间组织的沟通与合作。

拓展阅读

儿童保护命运共同体

2018 年 3 月 18 日，A20 全球关爱儿童社会领导力峰会在北京举办（图 2-7）。该峰会由北京青少年法律援助与研究中心、阿里巴巴集团主办，中国民间组织国际交流促进会、中国宋庆龄青少年科技文化交流中心参与协办，会期从 3 月 18 日至 25 日，历时 8 天。

峰会期间，来自亚非欧 20 个国家的社会组织共同分享了关爱保护儿童的工作经验、困境及未来设想，并最终达成“搭建全球最有活力的儿童保护交流与合作平台”的共识。

2017 年 12 月初，北京青少年法律援助与研究中心与阿里巴巴集团分别通过各自的平台向全球发布了 A20 峰会的申请信息，信息发出后收到来自五大洲 64 家国外社会组织报名。工作人员结合申请人提交的材料和面试情况，综合考虑机构的地域分布和综合影响力等因素，筛选出其中的 20 家。最终包括印度、蒙古、菲律宾、肯尼亚、坦桑尼亚、埃塞俄比亚、苏丹、匈牙利、阿尔巴尼亚、阿塞拜疆等国在内的代表及一些国际组织代表获邀参加第一届 A20 全球关爱儿童社会领导力峰会。

以社会组织为核心成为 A20 的鲜明特色。佟丽华表示，这次参加峰会的来自 20 个国家的社会组织有着类似的成长经历，绝大多数来自发展中国家，有些面临着类似的困难和对未来的一些思考，不论是来自发展中国家还是来自发达国家，不论是大的国际儿童保护组织还是小规模的一个本土儿童保护组织，都希望有更多的合作。佟丽华说，“我们是伙伴，我们会互相尊重，我们会探讨合作分享信息，我们要互相激励。我们希望共同为推进全球儿童保护事业作出贡献。”

图 2-7　A20 全球关爱儿童社会领导力峰会在北京举办

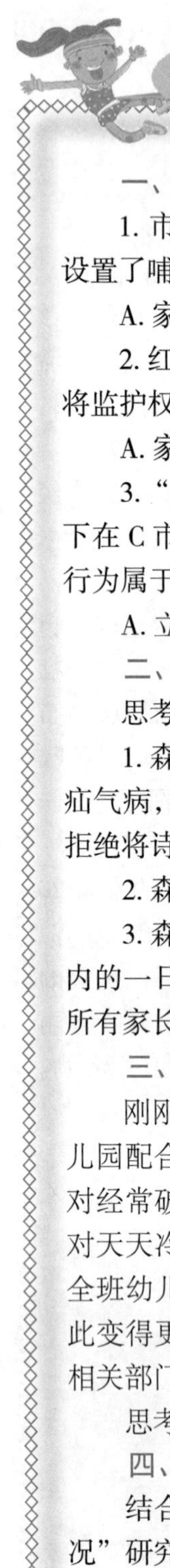

课后练习

一、选择题

1. 市政府在大型商场、飞机场、电影院、火车站等大型公共场合的卫生间旁设置了哺乳室。该种行为属于（　　）。

A. 家庭保护　　B. 托幼机构保护　　C. 社会保护　　D. 司法保护

2. 红红的父母因为去外地城市打工，暂时不能履行对红红的监护职责，所以将监护权交予有监护能力的红红姑姑。该种行为属于（　　）。

A. 家庭保护　　B. 托幼机构保护　　C. 社会保护　　D. 司法保护

3. “阳光”企业在C市设立了儿童保障基金会，近年来，该企业在政府的协助下在C市开办了多所希望小学，为贫困山区的孩子提供了宝贵的上学机会。该种行为属于儿童权利保护的基本途径中的（　　）。

A. 立法　　B. 行政　　C. 社会服务　　D. 国际合作

二、简答题

思考以下事例涉及幼儿的哪些权利?

1. 森林幼儿园招生办规定，患有疝气等病的幼儿一律拒收。诗诗小朋友患有疝气病，虽然其父母具有妇幼保健院出具的“可入学”的证明，但该幼儿园还是拒绝将诗诗纳入幼儿园。

2. 森林幼儿园的幼儿因幼儿园午餐四季豆未煮熟而中毒入院。

3. 森林幼儿园中一班有个家长群，老师一般都会在群里分享一些孩子在班级内的一日生活情况。这一天，主班老师将欣欣尿床的视频发到了班级群里，以致所有家长都看到了这个视频。

三、案例分析

刚刚上幼儿园的天天因为爸爸被捕，性格较同龄人有些怪异，妈妈为了让幼儿园配合家长教育好天天，就将爸爸入狱的事告诉了带班老师。谁料，带班老师对经常破坏班级秩序的天天十分厌倦，不仅不配合天天妈妈教育天天，反而经常对天天冷嘲热讽，并将天天爸爸入狱的事情当着天天的面告诉了全班幼儿，致使全班幼儿都排挤和疏远天天，常说天天跟他爸爸一样是个大坏蛋。天天的性格由此变得更加怪异，而且产生了严重的心理疾病。为此天天的妈妈非常气愤，她到相关部门寻求帮助。

思考：该案例中的李老师侵犯了天天的什么权利？请简要分析。

四、实践探索

结合本章学习内容，以小组为单位（4~6人）进行主题为“本地幼儿权利状况”研究和调查。

第三章 幼儿园的运行与管理

案例导入

一幢两层小楼，楼前有一个十多平方米的小院，四周用栏杆围了起来。

乍一看，就是安徽省合肥市一个小镇上的普通民居，然而，实际上这里却是一家有着90多名孩子的“幼儿园”——一家无证幼儿园。

《法制日报》记者连日来调查发现，类似的无证幼儿园并不鲜见。该报记者在北京调查时，也发现了无证幼儿园的影子。

这家无证幼儿园位于北京市朝阳区某小区的一套三室一厅房屋中。房屋面积大概90平方米，客厅铺着拼图泡沫地垫，客厅左侧是矮书架，上面摆放着一些识字卡片和书籍；客厅右侧是玩具区，魔方积木和一些小玩具摆在了架子上；墙边是一排矮桌凳，是小朋友吃饭的地方；客厅里还有几个可移动的小课桌，主要是孩子学习的地方。墙上有一块写字用的白板。这套房屋的主卧和次卧打通，摆着8张小架子床，形成孩子的休息区，另一间卧室则是3位老师和厨师休息的地方。

这家无证幼儿园的园长林女士告诉记者：“社区应该是睁一只眼闭一只眼，因为没出过什么差错，小规模办学也没危害到谁的利益。只要对孩子好，家长不闹事，是不会有人管的。”

问题聚焦：

1. 无证幼儿园的存在是否合理？为什么？幼儿园开办的条件与程序是什么？
2. 我国的幼儿园有哪些类型？它们的性质是什么？
3. 幼儿园拥有哪些权利？同时，又必须履行哪些义务？
4. 幼儿园的安全防护与卫生保健工作应怎样开展？
5. 幼儿园的内部运行与管理体制机制是怎样的？

学习目标

1. 明确我国幼儿园的类型及法律地位。
2. 了解幼儿园开办的条件与程序，明确幼儿园的权利与义务。
3. 熟悉幼儿园的安全防护与卫生保健工作。
4. 掌握幼儿园的内部管理。
5. 初步学会分析并处理与幼儿园运行与管理相关的法律问题。

本章结构

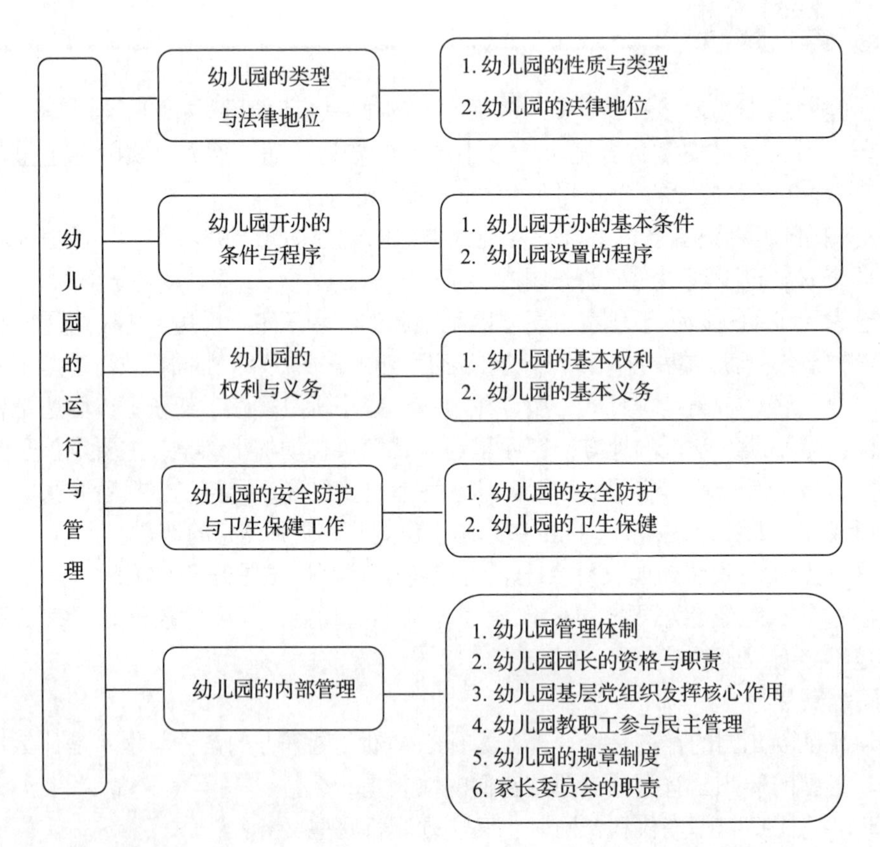

第一节　幼儿园的类型与法律地位

《幼儿园工作规程》中明确指出，幼儿园是对3周岁以上学龄前幼儿实施保育和教育的机构。幼儿园教育是基础教育的重要组成部分，是学校教育制度的基础阶段。

作为我国幼儿教育的主要形式，幼儿园的性质和法律地位决定了在运行和管理时必须严格遵循法定程序和相关要求。近年来，学期教育蓬勃发展，从“不入园”到“想入园”，从“能入园”到“入好园”，“幼有所育”大步向前。国家出台了《幼儿园建设标准》《幼儿园收费管理暂行办法》《托儿所幼儿园卫生保健管理办法》，教育部修订了《幼儿园工作规程》，下发了《幼儿园办园行为督导评估办法》《3~6岁儿童学习与发展指南》等一系列规范性文件，加强对幼儿园的准入、师资人员、卫生保健、安全防护、保育教育等的全方位监管和督导。

一、幼儿园的性质与类型

（一）幼儿园的性质

幼儿园具有基础性和公益性。我国政府先后出台的相关政策文件都对此予以了坚持。《幼儿园教育指导纲要（试行）》指出：“幼儿园教育是基础教育的重要组成部分，是我国学校教育和终身教育的奠基阶段。”《国务院关于当前发展学前教育的若干意见》提出：“学前教育是终身学习的开端，是国民教育体系的重要组成部分，是重要的社会公益事业。”《中共中央国务院关于学前教育深化改革规范发展的若干意见》（以下简称《若干意见》）强调：“学前教育是终身学习的开端，是国民教育体系的重要组成部分，是重要的社会公益事业。”

我国《教育法》明确规定：“教育活动必须符合国家和社会公共利益。”《幼儿园工作规程》第三条对幼儿园的任务作出了明确的规定：“贯彻国家的教育方针，按照保育与教育相结合的原则，遵循幼儿身心发展特点和规律，实施德、智、体、美等方面全面发展的教育，促进幼儿身心和谐发展。幼儿园同时面向幼儿家长提供科学育儿指导。”由此可知，一方面，幼儿园要促进幼儿身心的全面和谐发展；另一方面，幼儿园应为家长提供科学的育儿指导，为家长的工作和学习提供便利条件，即幼儿园是保教机构；同时，也具有社会福利机构的某些特征，具有很强的公益性。

（二）幼儿园的类型

相关法律法规文件对“幼儿园类型”的表述相对较少。一般来说，划分的维度不同，幼儿园的类型也不尽相同。从办园主体的性质看，幼儿园可以分为公办幼儿园和民办幼儿园。公办幼儿园又可以划分为教办幼儿园、集体幼儿园、部门幼儿园等。而民办幼儿园从投资主体的数量和相互关系来分，又可以分为独资幼儿园、合伙幼儿园、股份制幼儿园等不同类型。

随着社会的发展和教育的不断创新，幼儿教育类型和层级逐渐呈现出多样化的发展态

势，不同类型、不同层级的幼儿教育机构之间的界限越来越模糊，融合的趋势越来越明显。

1. 公办幼儿园和民办幼儿园

这是从办园主体这一维度进行划分，即将幼儿园分为公办幼儿园、公办性质幼儿园和民办幼儿园。按照《教育类民办非企业单位登记办法（试行）》《事业单位登记管理暂行条例》和各省市学前教育机构登记注册办法等相关文件，本书对公办幼儿园、民办幼儿园等概念作出如下界定。

（1）公办幼儿园和公办性质幼儿园。

公办幼儿园是指国家为了社会公益目的，由国家机关举办或者其他组织利用国家财政性经费举办的学前教育机构，应当按照有关规定进行事业单位法人登记。

公办性质幼儿园是指由村（居）民委员会、社区、学校和国有、集体企业及事业单位利用非国家财政性经费举办的学前教育机构。

公办和公办性质幼儿园均须依法实行学前教育机构登记注册制度。

（2）民办幼儿园。

民办幼儿园指除政府和国有企事业组织以外的，具有法人资格的企事业组织、社会团体及其他组织和公民个人，利用非国家财政性教育经费，依照规定设立的幼儿园和其他教育机构。

根据《民办学校分类登记实施细则》，民办幼儿园分为非营利性民办幼儿园和营利性民办幼儿园。正式批准设立的非营利性民办幼儿园，符合《民办非企业单位登记管理暂行条例》等民办非企业单位登记管理有关规定的，到民政部门登记为民办非企业单位；符合《事业单位登记管理暂行条例》等事业单位登记管理有关规定的，到事业单位登记管理机关登记为事业单位。正式批准设立的营利性民办幼儿园，依据法律法规规定的管辖权限到工商行政管理部门办理登记。

作为公办幼儿园，应充分发挥保基本、兜底线、引领方向、平抑收费的主渠道作用；作为民办幼儿园，则应回归教育的本质，遏制过度逐利行为。

2. 营利性幼儿园和普惠性幼儿园

（1）营利性幼儿园。

营利性幼儿园主要是指幼儿园的利润收益能够按照一定规则分配给幼儿园的举办者。俗话称“分红”。在我国现阶段，公办幼儿园或公办性质的幼儿园因为投入主体是国家财政性经费或者国有资产，与市场营利性质相冲突，所以不能成为营利性幼儿园。

营利性民办幼儿园[44]

2016 年 11 月 7 日，全国人民代表大会常务委员会通过了《全国人民代表大会常务委员会关于修改〈中华人民共和国民办教育促进法〉的决定》，规定对民办学校实行非营利性和营利性分类管理，并以国家主席习近平签署的中华人民共和国主席令（第五十五号）予以公布。为深入贯彻落实党中央、国务院的决策部署，确保分类管理改革

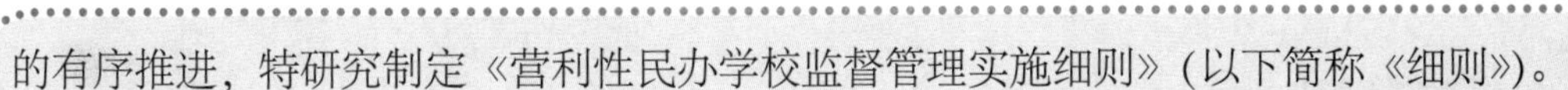

的有序推进，特研究制定《营利性民办学校监督管理实施细则》(以下简称《细则》)。

《细则》规定，社会组织或者个人可以举办营利性民办高等学校和其他高等教育机构、高中阶段教育学校和幼儿园，不得设立实施义务教育的营利性民办学校。

营利性民办学校应当遵守国家法律法规，全面贯彻党的教育方针，坚持党的领导，坚持社会主义办学方向，坚持立德树人，对受教育者加强社会主义核心价值观教育，培养德、智、体、美等方面全面发展的社会主义建设者和接班人。

营利性民办学校应当坚持教育的公益性，始终把培养高素质人才、服务经济社会发展放在首位，实现社会效益与经济效益相统一。

（2）普惠性幼儿园。

“普惠性幼儿园”是一个新生概念，它是政府为解决“入园难”“入园贵”等现实问题而提出来的，曾当选为2018年度民生专题十大流行语。普惠性幼儿园至少包括三个类型的幼儿园：一是公办幼儿园；二是集体或单位举办的公办性质幼儿园；三是提供普惠性服务的民办幼儿园。

拓展阅读

汉语盘点2018：“奋”“改革开放四十年”分列国内年度字词[45]

2018年度十大新词语：进博会、直播答题、信联、政治站位、限竞房、消费降级、中国农民丰收节、贸易霸凌、大数据杀熟、冰屏。

2018年度十大流行语：宪法修正案、命运共同体、进博会、贸易摩擦、锦鲤、板门店宣言、立德树人、“一箭双星”、幸福都是奋斗出来的、改革开放四十年。

2018年度十大网络用语：锦鲤、杠精、skr、佛系、确认过眼神、官宣、C位、土味情话、皮一下、燃烧我的卡路里。

2018年度民生专题十大流行语：抗癌药、取消流量和“漫游”、普惠性幼儿园、个税改革、实体书店、人才落户、三年棚改攻坚计划、“31条惠及台胞措施”、一网通办、提高基础养老金标准。

《若干意见》中提出，到2020年，普惠性幼儿园覆盖率（公办园和普惠性民办园在园幼儿占比）达80%；同时，《若干意见》对各地提出了进一步的要求，各地要把发展普惠性学前教育作为重点任务，结合本地实际，着力构建以普惠性资源为主体的办园体系，坚决扭转高收费民办幼儿园占比偏高的局面。积极扶持民办幼儿园提供普惠性服务，规范营利性民办幼儿园发展，满足家长不同选择性需求。

普惠性幼儿园最为群众期待。相关意见明确，我国将着力构建以普惠性资源为主体的办园体系，坚决扭转高收费民办幼儿园占比偏高的局面。

普惠幼儿园认定标准出台[46]

北京市教委发布《北京市普惠性幼儿园认定与管理办法（试行）》，明确幼儿园、社区办园点、中小学附设幼儿班均可参与普惠性幼儿园申报。普惠幼儿园认定有效期为3年。市级财政将向普惠性幼儿园提供生均定额补助、租金补助、扩学位补助。区教育行政部门将及时向社会公布普惠性幼儿园名单、财政扶持经费及收费情况等，并开通举报电话接受社会监督。

依据《北京市第三期学前教育行动计划》，本市将构建以公办幼儿园和普惠性民办幼儿园为主体、公办民办并举的多种形式的学前教育公共服务体系，推进学前教育普及普惠安全优质发展。据市教委负责人介绍，普惠性幼儿园是指“有质量，价格与公办幼儿园相当，百姓上得起的”幼儿园主体。

二、幼儿园的法律地位

（一）幼儿园的法律地位含义

幼儿园的法律地位是指幼儿园作为具有法人资格的社会组织，依法组织保育教育活动，在法律上享有权利并承担相应的义务。

幼儿园的法律地位不仅包括幼儿园在民事法律关系中的法律地位，还包括在教育行政法律关系中的法律地位。当幼儿园参与行政法律关系时，它是行政法律关系主体；当幼儿园参与民事法律关系时，它是民事法律关系主体。

（二）幼儿园在民事关系中的法律地位

民事关系是一种横向型的法律关系，是发生在不具有隶属关系的幼儿园与企事业组织、社会团体、个人等平等主体之间的有关财产和人身等方面的关系。《教育法》第三十二条规定：“学校及其他教育机构在民事活动中依法享有民事权利，承担民事责任。”

幼儿园作为民事法律关系主体时，具有法人资格，可以依法享有法律赋予的民事权利；同时，必须自觉承担自己的民事义务，并以法人的身份承担相应的民事责任。

案例回顾1

幼儿园是一个“人”[39]3

为解决职工子女入园问题，某有限公司拟投资开办幼儿园，为此，该公司专门召开董事会对此问题进行讨论。有的董事担心公司是以盈利为目的的企业法人，不一定能拿到批文。董事会就是否对幼儿园进行独立核算展开了激烈的讨论。有人认为应该独立核算以降低公司风险；有人认为不应独立核算，将幼儿园作为公司的一个部门，方便管理。

【案例分析 1】

1. 办园者可以是自然人，也可以是法人。自然人是指具有政治权利和完全民事行为能力的中国人。法人可以是机关、事业单位、社会团体、企业等营利法人、非营利法人和特别法人等；因此，该公司作为企业法人，可以申请开办幼儿园。

2. 法人是指依法成立的，独立享有民事权利和承担民事义务的组织。幼儿园成为法人，就代表着幼儿园具有了法人相应的民事权利能力和民事行为能力。该公司开办幼儿园时为保证幼儿园成为独立法人，应进行独立核算。

【法律知识一点通】

•《教育法》第三十二条规定："学校及其他教育机构具备法人条件的，自批准设立或者登记注册之日起取得法人资格。"根据《民法总则》第五十七条和第五十九条的规定，"法人是具有民事权利能力和民事行为能力，依法独立享有民事权利和承担民事义务的组织。"法人的民事权利能力和民事行为能力，从法人成立时产生，到法人终止时消灭。

•幼儿园成为法人需要具备如下条件：

(1) 依法成立；

(2) 有必要的财产或者经费；

(3) 有自己的名称、组织机构和场所；

(4) 能够独立承担民事责任。

（三）幼儿园在行政关系中的法律地位

教育行政关系是纵向型的法律关系，是教育行政机关在行使其教育行政过程中发生的关系，它以权力服从为基本原则，是一种领导与被领导、管理与被管理的行政关系。

在教育行政法律关系中，二者的地位是不对等的，双方的权利义务是由教育法律法规预先设定的，双方当事人没有自由选择的余地。教育行政机关是代表国家并以国家的名义来行使其行政管理权的，处于领导者和管理者的地位，依法对幼儿园进行行政管理、行政干预，施加行政影响。幼儿园则处于被领导和被管理的地位，必须服从行政管理；同时，对行政机关行使自己以批评和建议为中心的监督权。

当幼儿园与教育行政机关发生纠纷时，可由教育行政机关按照程序予以解决。幼儿园若不服行政裁决，可以申诉、复议或直接向人民法院提起诉讼。

案例回顾 2

行政处罚岂能说罚就罚[39]20-22

滨江幼儿园位于某市跨江大桥西侧，随着规模的不断扩大，扩建势在必行，但相关手续总是办不下来。为渡过难关，该园在临江的空地上建了一排临时办公房。经该市晚报报道，该幼儿园不久后收到了区教育局的处罚决定书，称该园的行为严重影响了本地教育行业的形象，责令其限期拆除违建，罚款500元，并在同一媒体上连续一周刊载致歉声明。该园不服教育局的处罚决定，向人民法院提起诉讼。在诉讼过程中，教育局主动改变了处罚决定，以“园舍、设施不符合国家安全标准，威胁幼儿生命安全”为由，责令幼儿园限期整改，幼儿园撤诉。

【案例分析 2】

1. 教育局对幼儿园具有行政处罚权，但其处罚的种类包括警告和罚款等，并不包括致歉声明。案例中，教育局虽有行政处罚权，但要求幼儿园在“同一媒体上连续一周刊载致歉声明”并不妥当。

2. 教育局对幼儿园的行政处罚权不是随心所欲，必须符合法律法规规定的情况才可以依法行使。案例中，幼儿园违建应由规划局等其他职能部门负责，而教育局对其进行处罚有越权之嫌，其改变的决定书重在纠正幼儿园的违法行为，属于其权力行使范围内，已不具备处罚性质。幼儿园撤诉是明智之举。

【法律知识一点通】教育行政部门的行政处罚权

• 教育行政部门对幼儿园的处罚权主要有两类：

1. 幼儿园在实施保育教学活动中具有下列情形之一的，由教育行政部门责令限期整顿，并视情节轻重给予停止招生、停止办园的处罚：

（1）未经注册登记，擅自招收幼儿的。

（2）园舍、设施不符合国家卫生标准、安全标准，妨害幼儿身体健康或威胁幼儿生命安全的。

（3）教育内容和方法违背幼儿教育规律，损害幼儿身心健康的。

2. 具有下列情形之一的单位或个人，由教育行政部门对直接责任人员给予警告、1 000元以下的罚款，或者由教育行政部门建议有关部门对责任人员给以行政处分：

（1）体罚或变相体罚幼儿的。

（2）使用有毒、有害物质制作教具、玩具的。

（3）克扣、挪用幼儿园经费的。

（4）侵占、破坏幼儿园园舍、设备的。

（5）干扰幼儿园正常工作秩序的。

（6）在幼儿园周围设置有危险、有污染或者影响幼儿园采光的建筑和设施的。

第二节　幼儿园开办的条件与程序

我国坚持“政府主导、社会参与、公办民办并举的办园体制”。国家鼓励企业事业组织、社会团体、其他社会组织及公民个人依法举办幼儿园。无论是哪种幼儿园，都必须依照相关法律法规的要求，取得办园许可。本节中将严格参照《教育法》《民办教育促进法》《幼儿园管理条例》和《幼儿园工作规程》中的相关规定，分析解读我国幼儿园开办的条件和程序。

一、幼儿园开办的基本条件

根据《教育法》*第二十七条的规定，在我国设立幼儿园，必须具备下列基本条件：

（一）有组织机构和章程

1. 幼儿园的组织机构

组织机构是把人力、物力和智力等按一定的形式和结构，为实现共同的目标、任务或利益有秩序、有成效地组合起来而开展活动的社会单位。幼儿园组织机构是按照幼儿教育目的和程序而组成的相互合作的层级、部门和个人构成的系统[47]。

幼儿园若想提升办园质量、实现可持续发展，首先应建立健全完善、分工合理的组织机构，这是幼儿园工作顺利开展、资源合理利用的前提。通常情况下，不同类型的幼儿园拥有不同的组织机构，但都应设置决策、执行及监督机构。

某幼儿园的组织机构图如图 3-1 所示。

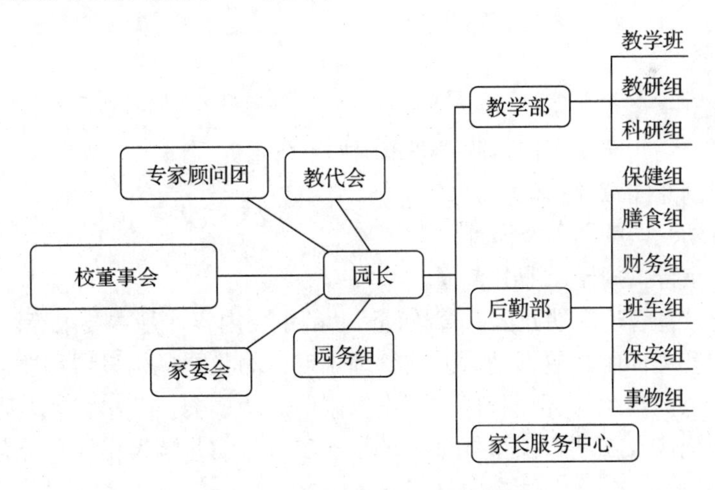

图 3-1　某幼儿园的组织机构图

*　1995 年 3 月 18 日，第八届全国人民代表大会第三次会议通过。

根据 2009 年 8 月 27 日，第十一届全国人民代表大会常务委员会第十次会议《关于修改部分法律的决定》第一次修正。

根据 2015 年 12 月 27 日，第十二届全国人民代表大会常务委员会第十八次会议《关于修改〈中华人民共和国教育法〉的决定》第二次修正。

2. 幼儿园章程

章程是组织内部为保证工作正常运行而制订的自律性文件，依据国家法律法规或规章制订，有明确的组织规程及办事规则。幼儿园章程作为园所运行与管理的基本规范，不仅要遵守相关的法律法规及规章制度，有一定的规范性与全面性，还应反应办园宗旨、组织机构、内部管理体制、卫生保健、教师权益、财务、监督等基本情况。

案例回顾 3

幼儿园是这样产生的

小章、小曹、小王是某师范大学的学生，毕业后，他们决定合伙开办一所幼儿园，以实现他们的专业理想。3 人通过各种途径了解到在当地开办一所幼儿园应走的程序和应提交的材料，其中最让他们头疼的是幼儿园章程的拟定。他们 3 人聚在一起一条一条比对，在小李的帮助下最终确定。在条件全部齐备的情况下，3 人委托律师代办相关手续。律师审查了他们的材料后，认为幼儿园的决策机构董事会的人数只有 4 人，这点不符合法律规定。

【案例分析 3】

董事会作为决策、参谋和咨询机构，普遍存在于大多数幼儿园中。多数情况下，尤其是在民办幼儿园中，董事会作为决策机构而存在；而在其他类型的幼儿园中，董事会有时会扮演顾问、参谋和咨询机构的角色。按照《民办教育促进法》等相关规定，董事会应由 5 人以上的单数构成，以利表决。案例中，小章等人必须补齐董事会人员构成方可获得办园许可。

【法律知识一点通】

一般来说，幼儿园章程规定的必要事项如下所示。

(1) 制定幼儿园章程的依据。

(2) 所办幼儿园的名称及园址。

(3) 办园宗旨、规模及业务范围。

(4) 保育教育管理。幼儿园保育教育活动的主要内容、基本要求等。

(5) 组织管理体制。包括幼儿园的管理制度；幼儿园机构设置和职能；法定代表人或主要负责人的产生和罢免程序、职责权限等；理事会、董事会或其他决策机构产生方法、人员构成及任期、议事规则等；教职工参与幼儿园民主管理监督的方式与途径等。

(6) 教职工和幼儿。包括教职工的来源、聘任或解聘、晋升、奖励、处分等；教职工的权利和义务；幼儿入园和编班；幼儿的权利和义务等。

(7) 资产管理。包括幼儿园资产的主要来源、数额、性质、管理和使用的程序、原则等；财产购置程序、使用管理；出资人是否要求取得合理回报，若有要求，须明确取得合理回报的比例和时限。

(8) 幼儿园分立、合并和终止。若所办幼儿园面临分立、合并或终止，需说明事由，明确终止程序和终止后资产的处理。

(9) 附则。办园者认为需要由章程规定的其他事项，例如名词和术语的定义、章程的修改程序、章程解释权的授权认定、制订规章制度的授权规定、章程生效时间的规定等。

（二）有合格的教职工

幼儿园教职工应当贯彻国家教育方针，具有良好品德，热爱教育事业，尊重和爱护幼儿，具有专业知识和技能，以及相应的文化和专业素养，为人师表，忠于职责，身心健康。

幼儿园教职工患传染病期间暂停在幼儿园的工作。有犯罪、吸毒记录和精神病史者不得在幼儿园工作。

《幼儿园教职工配备标准（暂行）》对幼儿园教职工的配备比例和数量作了更为细致的规定：“幼儿园教职工包括专任教师、保育员、卫生保健人员、行政人员、教辅人员、工勤人员。幼儿园保教人员包括专任教师和保育员。幼儿园应当按照服务类型、教职工与幼儿及保教人员与幼儿的一定比例配备教职工，以满足保教工作的基本需要。”

幼儿园应根据服务类型、幼儿年龄和班级规模配备数量适宜的专任教师和保育员，不同服务类型幼儿园教职工与幼儿的配备比例，见表 3–1；不同服务类型幼儿园各年龄班和混龄班班级规模、专任教师和保育员的配备标准，见表 3–2。

表 3–1　不同服务类型幼儿园教职工与幼儿的配备比例

服务类型	全园教职工与幼儿比	全园保教人员与幼儿比
全日制	1 : 5–1 : 7	1 : 7–1 : 9
半日制	1 : 8–1 : 10	1 : 11–1 : 13

表 3–2　幼儿园班级规模及专任教师和保育员配备标准

年龄班 / 岁	班级规模 / 人	全日制		半日制	
		专任教师	保育员	专任教师	保育员
小班（3~4）	20~25	2	1	2	有条件的应配备 1 名保育员
中班（4~5）	25~30	2	1	2	
大班（5~6）	30~35	2	1	2	
混龄班	<30	2	1	2~3	

6个班以下的幼儿园设园长1名，6~9个班的幼儿园的园长数量不超过2名，10个班及以上的幼儿园可设3名。其他人员如卫生保健、财会、安保等则根据国家和地方有关规定配备。幼儿园应根据实际需要配备数量适宜的教职工，积极实行一岗多责，提高用人效率。

（三）有符合规定标准的教学场所及设施、设备等

幼儿园的开办必须满足一定的场地、设施设备要求，应具有与保育、教育的要求相适应的园舍和设施。幼儿园的园舍和设施必须符合国家的卫生标准和安全标准。

案例回顾4

缺乏室外活动场地，幼儿园无法开办[48]

缺乏“室外活动场地”，不符合幼儿园办学条件，租赁合同被迫解除，责任究竟该由谁承担？近日，重庆市渝北区人民法院审结该起租赁合同纠纷案件，法官认为双方对合同的履行不能均有过错，判定双方对此各自承担一半的责任。

2011年5月，原告重庆某投资实业有限公司（以下简称“投资实业公司”）与被告重庆某幼儿教育有限公司（以下简称“幼儿教育公司”）签订了一份《幼儿园场地租赁合同书》，约定原告将重庆市某小区内一配套物业出租给被告开办幼儿园，该物业建筑面积为571平方米，租赁期限为20年，即从2011年5月15日起至2031年5月14日止。根据规划证附图，小区规划有配套幼儿园，而紧挨幼儿园用房的后面则是一块“室外活动场地”。合同签订后，原告按约将物业交付给被告，交付时该“室外活动场地”已种上植被，为一块绿化地。被告接房后便对房屋进行了装修，并购买了办园所需设备，安装了视频监控及背景音乐广播系统，购置了空调、厨房设备、玩具、座椅等。

根据我国1996年6月1日施行的《中华人民共和国国家教育委员会令》第25号第三十一条规定:“幼儿园应有与其规模相适应的户外活动场地”和2011年9月22日试行的《重庆市民办幼儿园设置标准（试行）》（渝教民办（2011）23号）第八条规定:“室外活动场地面积人均不低于1.2平方米”，开办幼儿园必须配备室外活动场地，否则无法取得办学许可，原告遂于2013年9~10月欲将幼儿园园舍前的绿化场地变更为幼儿园室外活动场地，但遭到小区业主阻止。其实，早在2015年2月5日，幼儿教育公司曾向渝北法院起诉要求投资实业公司交付“室外活动场地”，但就在投资实业公司组织施工过程中，业主向园林局投诉，投资实业公司为此被罚款30 000元。由于无法交付室外活动场地，被告幼儿教育公司自2013年12月3日之后便未再支付租金。另查明，原被告均同意双方已于2016年7月11日解除了租赁合同。

那么，缺乏“室外活动场地”，不符合幼儿园办学条件，租赁合同被迫解除，责任究竟该由谁承担？

【案例分析4】

法院审理认为：根据规划证附图可知，涉及幼儿园教学用地的规划是有相应的配套室外活动场地的，对此原告应清楚。另外，虽然租赁合同中没有关于交付室外活动场地的约定，但原告是知道幼儿教育公司租赁房屋用以开办幼儿园的，其有义务保证所交付的租赁物符合开办条件，现原告无法提供室外活动场地，导致幼儿园无法开办，在法律

上应视为未能提供符合约定用途的租赁物。另外，被告作为从事幼儿园的教育机构，知道开办幼儿园必须有相适应的户外场地，在签订合同时涉案场地已经成为绿化场地的情况下，其未尽到审慎义务，未审查原告是否具有该场地的所有权或者使用权，也未将场地租赁事宜约进合同中，对户外活动场地无法使用的结果也负有责任。

综上，法院酌情认定双方应各承担一半责任。

知识链接

中华人民共和国住房和城乡建设部批准《托儿所、幼儿园建筑设计规范》(以下简称《设计规范》) 为行业标准，编号为 JGJ 39–2016，自 2016 年 11 月 1 日起实施。《设计规范》在 1987 年版本 JGJ 39–87 的基础上修订而成，强调托儿所、幼儿园建筑设计应遵循的原则，保证托儿所、幼儿园建筑设计的质量，使建筑设计满足适用、安全、卫生、经济、美观等方面的基本要求，是托儿所、幼儿园建筑设计的依据。

中华人民共和国住房和城乡建设部、中华人民共和国国家发展和改革委员会于 2016 年 11 月批准发布《幼儿园建设标准》(以下简称《建设标准》)，该标准从 2017 年 1 月 1 日起施行，共分 6 章和 2 个附录，包括总则、建设规模与项目构成、选址与规划布局、面积指标、建筑与建筑设备、主要技术经济指标等。《建设标准》是为幼儿园建设项目决策服务和合理确定幼儿园建设水平的全国统一标准，是编制、评估和审批幼儿园建设项目建议书、可行性研究报告的依据，也是审查项目工程设计和监督检查工程项目建设全过程的尺度。

（四）有必备的办学资金和稳定的经费来源

《幼儿园工作规程》指出，幼儿园的经费由举办者依法筹措，保障有必需的办园资金和稳定的经费来源。幼儿园举办者筹措的经费，应当保证保育和教育的需要，有一定比例用于改善办园条件和开展教职工培训。

幼儿园开办之后，可以多管齐下，多渠道筹措经费。幼儿园的举办者、社会组织与个人、来自家长的收费等都是幼儿园经费的后续来源。

二、幼儿园设置的程序

《教育法》第二十八条规定：“学校及其他教育机构的设立、变更和终止，应当按照国家有关规定办理审核、批准、注册或者备案手续。”

《幼儿园管理条例》第十一条明确指出：“国家实行幼儿园登记注册制度，未经登记注册，任何单位和个人不得举办幼儿园。”

即，在我国，幼儿园的设置需严格遵循登记注册制度的要求，由举办者向审批机关提

交材料，主管部门对符合设置标准的幼儿园予以登记注册，使其取得合法地位。

登记注册是幼儿园取得合法地位，纳入规范管理的必要途径，未经登记注册，任何组织和个人不得开办幼儿园。

（一）登记注册的机关

《幼儿园管理条例》第十二条对登记注册的机关作出了具体说明："城市幼儿园的举办、停办，由所在区、不设区的市的人民政府教育行政部门登记注册。农村幼儿园的举办、停办，由所在乡、镇人民政府登记注册，并报县人民政府教育行政部门备案。"

对于民办幼儿园的审批，2018 年修订的《民办教育促进法》有新的规定："举办实施学历教育、学前教育、自学考试助学及其他文化教育的民办学校，由县级以上人民政府教育行政部门按照国家规定的权限审批。"

（二）登记注册的程序

按照我国政策文件的规定，幼儿园的登记注册，大致需要遵从申请筹设幼儿园、申请正式设立幼儿园和登记注册三个阶段。申请筹设和申请正式设立幼儿园，举办者向审批机关提交材料，由审批机关在规定的时限内做出批准或不批准的决定。

本章主要以民办幼儿园为例作出说明。

根据《民办学校分类登记实施细则》的规定，民办幼儿园的设立应当依据《民办教育促进法》等法律法规和国家有关规定进行审批。经批准正式设立的民办幼儿园，由审批机关发给办学许可证后，依法依规分类到登记管理机关办理登记证或者营业执照。

1. 申请筹设幼儿园

按照《民办教育促进法》和《民办教育促进法实施条例》的有关规定，举办者需先申请筹设。在获得筹设批准书之日起 3 年内完成筹设的，可以提出正式设立申请。

（1）申请材料。

①申办报告，内容应当主要包括：举办者、培养目标、办学规模、办学层次、办学形式、办学条件、内部管理体制、经费筹措与管理使用等。

②举办者的姓名、住址或者名称、地址。

③资产来源、资金数额及有效证明文件，并载明产权。

④属捐赠性质的资产须提交捐赠协议，载明捐赠人的姓名、所捐资产的数额、用途和管理方法及相关有效证明文件。

（2）审批。

机关应当自受理筹设民办幼儿园的申请之日起三十日内以书面形式作出是否同意的决定。同意筹设的，发给筹设批准书；不同意筹设的，应当说明理由。

筹设期不得超过三年。超过三年的，举办者应重新申报。

2. 申请正式设立幼儿园

（1）申请材料。

①筹设批准书。

②筹设情况报告。

③幼儿园章程、首届学校理事会、董事会或者其他决策机构组成人员名单。

④幼儿园资产的有效证明文件。

⑤园长、教师、财会人员的资格证明文件。

（2）审批。

申请正式设立民办幼儿园的，审批机关应当自受理之日起三个月内以书面形式作出是否批准的决定，并送达申请人。

审批机关对批准正式设立的民办学校发给办学许可证。

审批机关对不批准正式设立的，应说明理由。

3. 登记注册，正式成立幼儿园

幼儿园审批严格执行“先证后照”制度，由县级教育部门依法进行前置审批。取得办园许可证后，应在规定时限内到相关部门进行法人登记，非营利性幼儿园到民政部门办理法人登记，营利性幼儿园到市场监管部门办理法人登记。

民办幼儿园在依照有关法律、行政法规的规定申请登记时，应当向登记管理机关提交包括登记申请书、办学许可证、拟任法定代表人的身份证明、学校章程等在内的相关材料。

根据《民办学校分类登记实施细则》第十条的规定，相关登记管理机关对符合登记条件的民办学校，依法依规予以登记，并核发登记证或者营业执照；对不符合登记条件的，不予登记，并以书面形式向申请人说明理由。民办幼儿园登记注册程序如图 3-2 所示。

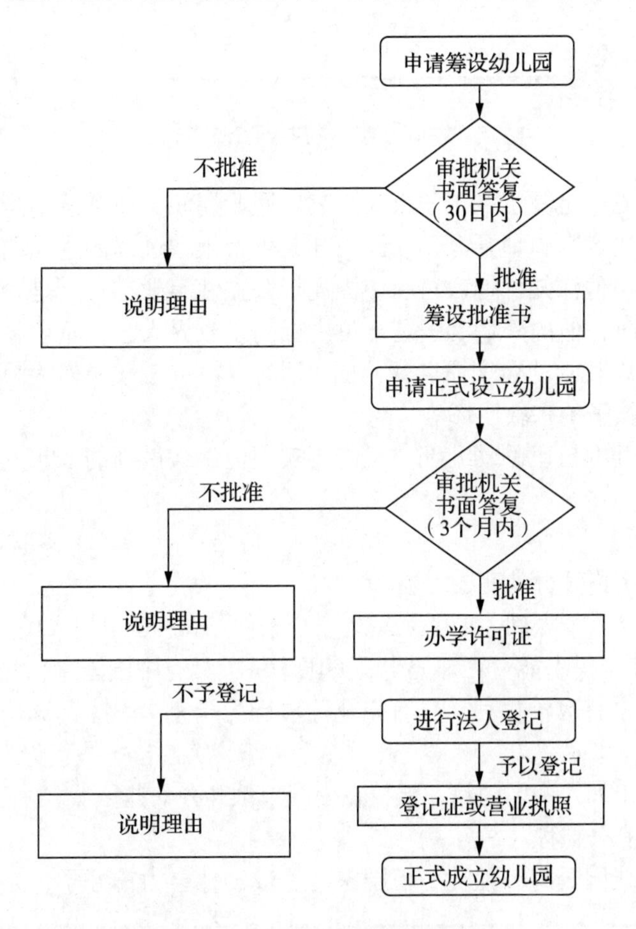

图 3-2　民办幼儿园登记注册程序

拓展阅读

按照《民办教育促进法》的规定，若幼儿园具备办园条件，达到设置标准，可以直接申请正式设立，需要提交如下材料：

①申办报告，内容应当主要包括：举办者、培养目标、办学规模、办学层次、办学形式、办学条件、内部管理体制、经费筹措与管理使用等；

②举办者的姓名、住址或者名称、地址；

③资产来源、资金数额及有效证明文件，并载明产权；

④属捐赠性质的校产须提交捐赠协议，载明捐赠人的姓名、所捐资产的数额、用途和管理方法及相关有效证明文件。

⑤幼儿园章程、首届学校理事会、董事会或者其他决策机构组成人员名单；

⑥幼儿园资产的有效证明文件；

⑦园长、教师、财会人员的资格证明文件；

⑧审批部门按法律法规要求提供的其他文件。

案例回顾 5

办园需依法[39] 4-5

归国华侨郑先生是其所在市的人大代表。履职期间，他了解到当地幼教行业资源有限，因此，便决定在当地开办幼儿园。郑先生希望通过以园生园的方式来做大做强自己的幼儿园，但他深知学期教育在中国属于公益性事业，对于是否能实现自己的构想有些茫然；同时，他的外籍妻子是一位虔诚的宗教界人士，希望将自己的信仰在幼儿园充分展现，以教堂的名字命名幼儿园；同时，将宗教教义作为教材在幼儿园中使用，以培养中国孩子的宗教情怀。

郑先生能否开办自己的幼儿园？又能否实现他做大做强的梦想？他妻子的想法是否合理？

【案例分析 5】

1. 郑先生有资格开办幼儿园

在中国，自然人开办幼儿园必须具备三个条件：本人是中华人民共和国公民；享有政治权利；具有完全民事能力。郑先生是归国华侨，具有中国国籍，且他可以当选人大代表，则说明他享有政治权利，具有完全民事行为能力，因此，郑先生有资格开办幼儿园。

但他的妻子未加入中国国籍，无权在中国单独开办幼儿园。

2. 幼儿园具有公益性

在我国，幼儿园具有公益性，但国家为了鼓励社会力量办学，允许民办幼儿园的投资者在一定程度上获得回报，因此，在扣除办园成本及国家规定的其他费用后，郑先生可以取得合理回报，并进行再投资。

3. 教育应与宗教分离

《教育法》中明确规定，国家实行教育与宗教分离的政策。任何组织和个人不得利用宗教进行妨碍国家教育制度的活动，因此，郑先生的幼儿园不能以教堂的名字命名；同时，他的妻子不能在幼儿园开设宣传宗教的课程或灌输宗教教义，但可以讲一些优秀的宗教故事。

【法律知识一点通】

• 我国目前没有法律位阶的统一立法，因此，办园者需在重点了解国家相关政策、法律法规的基础上，着重了解所在地办园相关的规章制度，以降低办园风险。

• 申请办园者提交的材料应保证客观真实，对材料实质内容的真实性负责。

• 若为合作办园，合作者之间需签订协议，明确各方的权利和义务，用以规范和约束彼此在办园过程中的行为。

• 以下组织和个人不具备举办幼儿园的主体资格。

(1) 不具有法人资格的社会组织。

(2) 以营利为办学目的，被主管教育行政部门施以停办处罚的。

(3) 限制民事行为能力或无民事行为能力者。

(4) 被剥夺政治权利或被判处徒刑以上刑罚正在服刑者。

• 幼儿园名称是幼儿园法人的标志之一。国家对幼儿园名称有如下要求：一是不能单独冠以市辖区的名称或地名，应当与所在市的行政区划名称或地名连用。二是应当由两个以上的汉字组成，民族自治地方的幼儿园可以同时使用本民族自治地方通用的民族文字，但均不得使用县以上（含县）行政区划名称作字号。三是不得含有下列文字和内容：(1) 冠以“中国”“全国”“中华”等字样；(2) 有损于国家、社会公共利益的，违背社会道德风尚带有封建迷信色彩的；(3) 可能对公众造成欺骗或者误解的；(4) 政党名称、党政军机关名称、人民团体名称、社会团体名称、事业单位名称、企业名称及宗教界的寺、观、教堂名称；(5) 已被撤销的幼儿园的名称；(6) 其他法律法规规定禁止的。此外，一般要求幼儿园的名称能够准确反映出学前教育的办学层次[39] 15。

第三节　幼儿园的权利与义务

《教育法》第三十二条规定："学校及其他教育机构具备法人条件的，自批准设立或者登记注册之日起取得法人资格。学校及其他教育机构在民事活动中依法享有民事权利，承担民事责任。学校及其他教育机构中的国有资产属于国家所有。学校及其他教育机构兴办的校办产业独立承担民事责任。"

因此，经过登记注册之后的合法幼儿园，不仅拥有受国家保护的诸多权利；同时，也必须履行作为国家教育机构应尽的义务。

一、幼儿园的基本权利

幼儿园的权利是指法律赋予幼儿园实现其利益的一种力量，是法律赋予幼儿园这一权利主体作为或不作为的许可、认定及保障，是幼儿园依法应享有的权利和利益。

根据《教育法》第二十九条的规定，幼儿园可以行使以下权利。

（一）按照章程自主管理的权利

组织机构和章程是我国设立幼儿园的首要条件。幼儿园章程是园所运行与管理的基本遵循，有一定的规范性与全面性。经过登记注册的幼儿园是合法的幼儿园，即，国家已经对幼儿园组织机构及章程等方面进行了全面认可，幼儿园必须依照章程进行自主规范管理。

（二）组织实施保育教育活动的权利

幼儿园是对3周岁以上学龄前幼儿实施保育和教育的机构。《幼儿园工作规程》中指出，幼儿园的任务是"贯彻国家的教育方针，按照保育与教育相结合的原则，遵循幼儿身心发展特点和规律，实施德、智、体、美等方面全面发展的教育，促进幼儿身心和谐发展"。

由此可见，保教结合不仅是幼儿园的一大特点，更是幼儿园必须遵循的根本原则。幼儿园必须牢固树立保教结合的理念，贯彻保教结合的原则，自主选择保育教育内容、自主安排幼儿园一日生活、自主决定教育模式、自主选择多样化的方式方法、自主进行教研科研活动等，扎实做到保教并重、保教合一，促进幼儿身心和谐发展。

（三）招收新生的权利

幼儿园按照教育行政部门的规定进行招生、编班，制订本园具体的招生办法。在法律法规允许的条件下，确定招生规模、招生范围和体检要求。幼儿园规模应当有利于幼儿身心健康，便于管理。幼儿园每年秋季招生。平时如有缺额，可随时补招。

（四）对幼儿进行学籍管理的权利

对幼儿的学籍管理主要包括两个方面：一方面，幼儿园应为幼儿建立健康卡或档案；另一方面，幼儿园应为幼儿建立学习与发展档案。

1. 健康卡或档案

《幼儿园工作规程》中指出，幼儿入园前，应当按照卫生部门制订的卫生保健制度进

行健康检查，合格者方可入园。幼儿园应当建立幼儿健康卡或档案。儿童入园（所）健康检查表如表 3-3 所示。

拓展阅读

《托儿所幼儿园卫生保健工作规范》中对幼儿的健康信息采集要求

(1) 托幼机构应当建立健康档案，包括：托幼机构工作人员健康合格证、儿童入园（所）健康检查表、儿童健康检查表或手册、儿童转园（所）健康证明。

(2) 托幼机构应当对卫生保健工作进行记录，内容包括：出勤、晨午检及全日健康观察、膳食管理、卫生消毒、营养性疾病、常见病、传染病、伤害和健康教育等记录。

(3) 工作记录和健康档案应当真实、完整、字迹清晰。工作记录应当及时归档，至少保存 3 年。

(4) 定期对儿童出勤、健康检查、膳食营养、常见病和传染病等进行统计分析，掌握儿童健康及营养状况。

(5) 有条件的托幼机构可应用计算机软件对儿童体格发育评价、膳食营养评估等卫生保健工作进行管理。

表 3-3　儿童入园（所）健康检查表

<table>
<tr><td colspan="2">姓名</td><td></td><td>性别</td><td></td><td>年龄</td><td></td><td>出生日期</td><td colspan="3">年 月 日</td></tr>
<tr><td colspan="2">既往病史</td><td colspan="9">1. 先天性心脏病　2. 癫痫　3. 高热惊厥　4. 哮喘　5. 其他</td></tr>
<tr><td colspan="2">过敏史</td><td colspan="5"></td><td>儿童家长
确认签名</td><td colspan="3"></td></tr>
<tr><td rowspan="5">体格检查</td><td>体重</td><td>kg</td><td>评价</td><td></td><td>身长（高）</td><td>cm</td><td>评价</td><td></td><td>皮肤</td><td></td></tr>
<tr><td rowspan="2">眼</td><td>左</td><td rowspan="2">视力</td><td>左</td><td rowspan="2">耳</td><td>左</td><td rowspan="2">口腔</td><td>牙齿数</td><td colspan="2"></td></tr>
<tr><td>右</td><td>右</td><td>右</td><td>龋齿数</td><td colspan="2"></td></tr>
<tr><td>头颅</td><td></td><td>胸廓</td><td colspan="2"></td><td>脊柱
四肢</td><td></td><td>咽部</td><td colspan="2"></td></tr>
<tr><td>心肺</td><td></td><td>肝脾</td><td></td><td>外生殖器</td><td colspan="2"></td><td>其他</td><td colspan="2"></td></tr>
<tr><td rowspan="2">辅助检查</td><td colspan="2">血红蛋白（Hb）</td><td colspan="3"></td><td colspan="2">丙氨酸氨基转移酶（ALT）</td><td colspan="3"></td></tr>
<tr><td colspan="2">其他</td><td colspan="8"></td></tr>
<tr><td colspan="2">检查结果</td><td colspan="3"></td><td>医生意见</td><td colspan="5"></td></tr>
<tr><td colspan="11">医生签名：　　　　　　　　检查单位：
体检日期：　　年　月　日　　　　　　（检查单位盖章）</td></tr>
</table>

2. 学习与发展档案

《3~6岁儿童学习与发展指南》的颁布，为家长和教师观察了解幼儿提供了科学的参照，它提出3~6岁各年龄段儿童学习与发展目标和相应的教育建议，帮助幼儿园教师和家长了解3~6岁幼儿学习与发展的基本规律和特点，建立对幼儿发展的合理期望，从而实施科学的保育和教育，让幼儿度过快乐而有意义的童年。

因此，幼儿园可以从幼儿的实际情况出发，根据每个幼儿的特点，确定适合其身心状况的合理发展目标，为其建立学习与发展档案。客观评价幼儿的学习与发展状况，及时调整保教活动，促进每个幼儿在原有水平上都有所发展。

（五）聘任管理教职工的权利

1. 幼儿园有权对教职工进行自主选聘或解聘

根据《幼儿园工作规程》《幼儿园管理条例》的相关规定，幼儿园园长由举办者任命或聘任，并报当地主管的教育行政部门备案。幼儿园的教师、医师、保健员、保育员和其他工作人员，由幼儿园园长聘任，也可由举办幼儿园的单位或个人聘任。

2. 幼儿园有权对教职工进行人事管理和考核

幼儿园依照法律法规对教职工进行人事管理和考核评价，对认真履行职责、成绩优良的幼儿园教职工，可按照有关规定给予奖励；对不履行职责的幼儿园教职工，应当视情节轻重，依法依规给予相应处分。

（六）管理、使用本单位设施和经费的权利

幼儿园可以在相关法律法规和幼儿园规章制度许可的范围内，自主管理和使用幼儿园园舍、设施设备、办园经费等有关资产；加强财务管理，合理开支，专款专用；定期检查维护公共财物等。

（七）拒绝任何组织和个人对保教活动非法干涉的权利

幼儿园有权拒绝任何组织和个人对幼儿园保教活动的非法干涉。《幼儿园管理条例》第二十八条中，对干扰幼儿园正常工作秩序的组织或个人，将“由教育行政部门对直接责任人员给予警告、罚款的行政处罚，或者由教育行政部门建议有关部门对责任人员给予行政处分。”“情节严重，构成犯罪的，由司法机关依法追究刑事责任”。

此外，幼儿园还享有国家法律法规规定的其他权利。国家保护幼儿园的合法权益不受侵犯。

案例回顾6

幼儿园之乱[39] 99-100

某幼儿园大班幼儿在教师的组织下进行自主游戏。教师多次提醒幼儿不要打闹和争抢玩具，但是，西西在争抢积木的过程中被辰辰推倒而骨折。教师及时将西西送至医院并垫付了医疗费用。西西住院期间，幼儿园每日都安排专人在医院照顾他，并买了很多营养品。西西出院之后，家长拿来许多票据让幼儿园报销。包括幼儿住院期间

家长开的营养品、保健药品等，家长还提出幼儿园需支付其误工费、营养费、陪床费及精神损失费用等。

幼儿园未能满足幼儿家长的全部要求，家长便多次纠集亲属到幼儿园中大吵大闹，向其他幼儿家长散播该园设施不好、管理不善、教师态度恶劣等言辞，不仅严重扰乱了幼儿园的正常秩序，还使一些幼儿和家长受到惊吓，造成该园生源的大量流失。

【案例分析 6】

1. 幼儿在园内的人身伤害，谁之责？

西西的伤害因辰辰推倒所致，但根据我国侵权责任法第三十八条规定："无民事行为能力人在幼儿园学习、生活期间受到人身损害的，幼儿园应当承担责任，但能够证明尽到教育、管理职责的，不承担责任。本案中，教师多次提醒幼儿不要争抢打闹，一定程度上履行了安全教育的职责，但其未能采取更加有效的防护措施防止事故的发生，有一定的过错，仍需承担一定的责任。"

因此，西西的损失应由辰辰的监护人承担主要赔偿责任，幼儿园承担与其过错相当的责任。案例中，幼儿园在事故发生后积极面对并支付了主要的医疗费用，可以说已经承担了相应的责任，对于西西父母要求支付的其他费用，有权拒绝。

2. 幼儿园的正常秩序不可扰乱

我国《未成年人保护法》第四十二条第二款规定："任何组织或者个人不得扰乱教学秩序，不得侵占、破坏学校、幼儿园、托儿所的场地、房屋和设施。"《教育法》第二十九条明确指出，幼儿园有"拒绝任何组织和个人对教育教学活动的非法干涉"的权利。

案例中西西家长的行为已对幼儿园的正常保教秩序造成干扰，损害到其他未成年人的合法权益，幼儿园可以向当地公安机关寻求法律保护。

西西家长多次向其他幼儿家长散播该园设施不好、管理不善、教师态度恶劣等言辞，并造成该园生源的不断流失，已构成对幼儿园名誉权的侵犯，幼儿园有权提起诉讼。

二、幼儿园的基本义务

在法律上，义务是"权利"的对称，它是主体应作出一定行为或不作一定行为的责任，具有法律强制性。根据《中华人民共和国教育法》第三十条的规定，学校及其他教育机构应当履行下列义务。

（一）遵守法律法规

幼儿园作为社会组织，必须遵从我国的宪法和各项法律法规，履行其作为社会组织应尽的义务。

幼儿园是对 3 周岁以上学龄前儿童进行保育和教育的机构，具有公益性，因此，必须遵从国家的教育法规及卫生保健部门、公共福利事业及其他相关部门的相关法律法规，履

行其作为保教机构和社会福利机构所必须履行的特定的义务。

（二）贯彻国家的教育方针，保证教育教学质量

幼儿园依法享有自主选择实施保教活动的权利，但同时必须履行其作为国家的保教机构所应履行的义务。严格遵守国家法律法规的有关规定，坚决贯彻国家的教育方针，坚持社会主义的办学方向，所开展的一切活动必须符合国家和社会公共利益；严格遵循《3~6岁儿童学习与发展指南》《幼儿园工作规程》等相关文件，遵循幼儿身心发展的特点和规律，坚决抵制“小学化”倾向，大力提高保教质量，坚持立德树人，保证为幼儿及家长提供高质量的保教服务。“小学化”的危害如图 3-3 所示。

图 3-3 “小学化”的危害

知识链接

《教育法》

第五条 教育必须为社会主义现代化建设服务、为人民服务，必须与生产劳动和社会实践相结合，培养德、智、体、美等方面全面发展的社会主义建设者和接班人。

第六条 教育应当坚持立德树人，对受教育者加强社会主义核心价值观教育，增强受教育者的社会责任感、创新精神和实践能力。

国家在受教育者中进行爱国主义、集体主义、中国特色社会主义的教育，进行理想、道德、纪律、法治、国防和民族团结的教育。

《幼儿园工作规程》

第三条 幼儿园的任务是：贯彻国家的教育方针，按照保育与教育相结合的原则，遵循幼儿身心发展特点和规律，实施德、智、体、美等方面全面发展的教育，促进幼儿身心和谐发展。

幼儿园同时面向幼儿家长提供科学育儿指导。

（三）维护幼儿、教职工的合法权益

一方面，幼儿园要做好自身内部的管理，建立良好的运行机制和管理体制，不得侵犯幼儿、教职工的合法权益；另一方面，在本园的幼儿或教职工的合法权益受到了外来社会组织或个人的侵害时，幼儿园应以合法方式积极协助有关部门进行调查，依法维护本园幼儿及教职工的合法权益。

（四）以适当方式为幼儿监护人了解幼儿的有关情况提供便利

幼儿监护人对幼儿的成长和发展享有知情权和参与权，幼儿园可通过“家长会”“开放日”“家访”“家园联系册”等多种形式为幼儿监护人了解幼儿的情况提供便利条件。

《幼儿园工作规程》第五十三条指出：“幼儿园应当建立幼儿园与家长联系的制度。幼儿园可采取多种形式，指导家长正确了解幼儿园保育和教育的内容、方法，定期召开家长会议，并接待家长的来访和咨询。”

（五）遵照国家有关规定收取费用并公开收费项目

为了促进学前教育事业科学发展、规范幼儿园收费行为、保障受教育者和幼儿园的合法权益，2011 年 12 月 31 日，国家发展改革委、教育部、财政部联合印发《幼儿园收费管理暂行办法》，并要求各省、自治区、直辖市人民政府价格、教育、财政部门据此制定具体的实施细则。

《幼儿园工作规程》第四十七条规定：“幼儿园收费按照国家和地方的有关规定执行。幼儿园实行收费公示制度，收费项目和标准向家长公示，接受社会监督，不得以任何名义收取与新生入园相挂钩的赞助费。”

拓展阅读

我市印发《天津市幼儿园收费管理暂行办法实施细则》[49]

为加强我市幼儿园收费管理工作，规范幼儿园收费行为，保障受教育者和幼儿园的合法权益，近日，市发展改革委、市财政局和市教委共同制定并印发了《天津市幼儿园收费管理暂行办法实施细则》（以下简称《实施细则》），对我市行政区域内所有经教育主管部门依法批准的公办和民办幼儿园的收费行为进行规范。《实施细则》对幼儿园的收费项目、收费性质、定价形式和程序、退费方式等作了具体规定。

幼儿园可按照国家和我市规定，向幼儿家长收取保育教育费和代办服务性收费，寄宿制幼儿园可收取住宿费。除上述费用外，不得再向幼儿家长收取其他任何费用。幼儿园不得以开办实验班、特色班、兴趣班、课后培训班和亲子班等特色教育为名，在保教费以外向幼儿家长另行收取费用，不得以任何名义向幼儿家长收取与入园挂钩的赞助费、捐资助学费、建校费、教育成本补偿费等费用。幼儿园不得收取书本费。

根据《实施细则》，公办幼儿园保育教育费和住宿费实行政府指导价。保育教育费按照非义务教育阶段家庭合理分担教育成本的原则，在统筹考虑政府投入、经济社会发展水平、办园成本和群众承受能力等基础上，按等级核定。住宿费标准按照实际成

本确定，不得以营利为目的。

幼儿园代办服务性收费应遵循“确有必要，家长自愿；据实收取，不得盈利；及时结算，定期公布”的原则，不得与保育教育费一并统一收取。

《实施细则》还对“退费”作出了详细规定。此外，根据要求，幼儿园应当严格执行《教育收费公示制度》的规定，通过设立公示栏、公示牌、公示墙等形式，向社会公示经价格主管部门批准或备案的收费项目、收费标准、收费依据等相关内容。幼儿园招生简章应写明幼儿园办园性质、收费项目、收费标准等内容。

（六）依法接受监督

《幼儿园工作规程》第六十一条规定：“幼儿园应当接受上级教育、卫生、公安、消防等部门的检查、监督和指导，如实报告工作和反映情况。幼儿园应当依法接受教育督导部门的督导。”

2019年6月，教育部根据《教育督导条例》和《幼儿园工作规程》研究制定了《幼儿园责任督学挂牌督导办法》，要求各地结合实际制定本地幼儿园责任督学挂牌督导实施办法，于2019年年底前实现本行政区域内所有经审批注册的幼儿园（含民办）责任督学挂牌督导全覆盖，并及时将有关实施情况报教育部。

第四节　幼儿园的安全防护与卫生保健

作为幼儿学习与生活的重要场所，幼儿园的安全防护与卫生保健关系每个幼儿的健康成长，影响幼儿家庭的幸福美满，甚至影响社会的和谐稳定。《幼儿园教育指导纲要（试行）》明确指出：“幼儿园必须把保护幼儿的生命和促进幼儿的健康放在工作的首位。”

一、幼儿园的安全防护

安全是幼儿园各项工作的基础和前提，全面保障幼儿在园安全是幼儿园工作的重中之重。国家为保证幼儿在园安全，出台了《中小学幼儿园安全管理办法》，对幼儿园的安全防护提出了具体明确的要求。2017年4月，国务院办公厅发布了《关于加强中小学幼儿园安全风险防控体系建设的意见》，就加强中小学幼儿园安全工作作出安排部署。2019年，教育部等五部门联合出台了《关于完善安全事故处理机制维护学校教育教学秩序的意见》，对完善学校安全事故预防与处理机制等方面提出了相关意见。

（一）安全制度

根据《中小学幼儿园安全管理办法》《关于加强中小学幼儿园安全风险防控体系建设

的意见》及《关于完善安全事故处理机制维护学校教育教学秩序的意见》，幼儿园必须构建安全工作保障体系，全面落实安全防护长效机制，建立健全安全工作责任制、事故预防与处置机制、安全预警机制等各项安全规章制度，认真做好风险预防、掌控、事故处理和风险化解等工作，进一步健全完善工作机制和防控体系，依法处理安全事故纠纷，多部门协调配合，切实做到安全防护工作常态化、规范化、制度化。

《幼儿园工作规程》第十二条规定："幼儿园应当严格执行国家和地方幼儿园安全管理的相关规定，建立健全门卫、房屋、设备、消防、交通、食品、药物、幼儿接送交接、活动组织和幼儿就寝值守等安全防护和检查制度，建立安全责任制和应急预案。"

一般来说，幼儿园的安全制度体系包括以下13个方面。

① 安全工作制度。

② 安全奖惩制度。

③ 安全培训制度。

④ 安全防护和检查制度。

⑤ 事故预防与处置制度。

⑥ 晨检制度。

⑦ 卫生消毒制度。

⑧ 幼儿接送制度。

⑨ 教师职务制度。

⑩ 食品安全制度。

⑪ 消防安全制度。

⑫ 传染病预防和管理制度。

⑬ 用水用电用气及易燃易爆物品。

幼儿园在安全防护的过程中，务必使幼儿园成员都能深刻了解制度制定的背景及其内涵，保证安全制度在管理过程中规范性和约束力的有效发挥。

拓展阅读

教育部等五部门关于完善安全事故处理机制维护学校教育教学秩序的意见*

一、健全学校安全事故预防与处置机制

1. 着重学校安全事故预防与处置机制

2. 规范学校安全事故处置程序

3. 健全学校安全事故处理的法律服务机制

4. 形成多元化的学校安全事故损害赔偿机制

* 摘自《教育部等五部门关于完善安全事故处理机制维护学校教育教学秩序的意见》. 教政法［2019］11号.

二、依法处理学校安全事故纠纷

1. 健全学校安全事故纠纷协商机制

2. 建立学校安全事故纠纷调解制度

3. 依法裁判学校安全事故侵权责任

4. 杜绝不顾法律原则的“花钱买平安”

三、及时处置、依法打击“校闹”行为

四、建立多部门协调配合工作机制

（二）环境安全

幼儿的一日生活都在园内进行，因此，幼儿园必须提供安全健康的环境来保证幼儿的生命安全。这里的环境安全，不仅包括了幼儿园的园内环境，也包括了幼儿园的园外环境；不仅指幼儿园的物质环境，也包括了幼儿园的精神环境。

案例回顾 7

幼儿园内的隐藏“杀手”

某民办幼儿园趁暑期对幼儿园的教室重新进行了装修。某年 9 月开学以来，家长发现，越来越多的幼儿患上了咽炎和哮喘等呼吸系统疾病。了解情况之后，家长认为幼儿的疾病频发与幼儿园的环境污染有关，要求幼儿园对环境进行检测并着力改善，但遭到了幼儿园的拒绝。家长向卫生监督部门举报了该幼儿园。卫生监督部门在检查中发现，教室内的空气中甲醛含量超标，而该幼儿园在装修后未经审核就投入使用，致使幼儿患上了呼吸系统疾病。

【案例分析 7】

《幼儿园工作规程》第十三条规定:“幼儿园的设备设施、装修装饰材料、用品用具和玩教具材料等，应当符合国家相关的安全质量标准和环保要求。”《幼儿园管理条例》第八条规定:“幼儿园的园舍和设施必须符合国家的卫生标准和安全标准。《民用建筑工程室内环境污染控制规范》中也要求民用建筑工程在验收时，必须检测室内环境污染程度。对于室内环境检测质量验收不合格的工程严禁投入使用。”

该幼儿园装修教室的行为违背了上述规定，在教室环境仍存在污染的情况下就投入使用，致使多名幼儿受到伤害，因此，幼儿园应承担相应的法律责任。教育行政部门应视其情节轻重给予限期整改、停止办园等相应的行政处罚。

【法律知识一点通】

《幼儿园工作规程》第十三条指出:“幼儿园的园舍应当符合国家和地方的建设标准，以及相关安全、卫生等方面的规范，定期检查维护，保障安全。幼儿园不得设置在污染区和危险区，不得使用危房。幼儿园的设备设施、装修装饰材料、用品用具和玩教具材料等，应当符合国家相关的安全质量标准和环保要求。”

《幼儿园管理条例》第七条、第八条和第九条明确指出：“举办幼儿园必须将幼儿园设置在安全区域内。严禁在污染区和危险区内设置幼儿园。”“举办幼儿园必须具有与保育、教育的要求相适应的园舍和设施。幼儿园的园舍和设施必须符合国家的卫生标准和安全标准。”“慢性传染病、精神病患者，不得在幼儿园工作。”

（三）活动安全

活动是幼儿发展的基础和源泉，幼儿园的一日活动安全必须得到相应的保障。幼儿的身心发展尚处在未成熟的状态，因此，需要成人予以恰当的照料和养护。

根据幼儿园一日生活的活动类型，一般将活动安全分为6个方面，教师应按照相关规定，在完成一日生活任务的同时，也注意保障幼儿的活动安全。

1. 晨间接待

（1）准备工作。相关人员应在规定时间内准时到岗，在幼儿入园前开窗通风、清洁桌面、备好饮用水等，认真检查活动场地及游戏器械安全，用配比好的消毒水擦拭室内玩具器械，做好晨间接待的相关准备工作。

（2）来园接待。以主动、亲切、热情的态度接待幼儿及家长，与家长做好交接工作，个别情绪波动的幼儿应进行安抚。

（3）晨检工作。晨检的重点在于一个“检”字，要做好幼儿身心状况的检查工作。

（4）晨间活动。可组织幼儿进行晨诵、谈话、讲述、手指游戏等多种类型的晨间活动，注意观察和倾听，关注幼儿在活动时的安全。

（5）出勤记录。及时清点幼儿出勤并作好记录；及时与未到园幼儿家长取得联系，了解原因并作好缺勤幼儿跟踪记录。

2. 生活活动

根据幼儿园一日生活的基本流程，生活活动主要包括盥洗、如厕、餐点、午睡、饮水等环节，教师需注意细节，切实保证幼儿生活活动的安全。

（1）饮水环节。应每天对保温桶清洗、消毒、上锁，幼儿个人专用饮水杯每天清洗消毒。水温视季节合理调整，符合幼儿的安全需要。直饮用水设备注意调节好水温和电源开关。

指导幼儿安全有序地接水喝水，不追逐打闹。喝完及时将水杯冲洗干净，倒净水渍，放入消毒柜消毒，消毒完毕及时取出放入水杯架，以保证幼儿随时饮水及饭后漱口。消毒完毕后，注意防止水杯高温烫伤幼儿。

（2）盥洗环节。组织幼儿有序盥洗，指导幼儿正确洗手，不推挤、不打闹，有序等候。密切关注幼儿，进行适时指导，发现异常情况及时处理。幼儿离开后及时将地面擦干，防止幼儿因地滑摔倒。使用热水盥洗时，调节好水温，避免幼儿烫伤。

（3）餐点环节。做好餐前准备及餐前消毒工作。所有餐具应放在备餐桌上或饭架上，注意离墙离地。送到班级的饭菜、点心必须密闭运输。分餐点前注意检查餐点外观是否正常，有无不安全异物。送到班级的点心应先去除外包装袋和防腐剂。

注意观察餐点的冷热、软硬及卫生程度。引导幼儿在座位上安静进餐，细嚼慢咽。纠正幼儿不良姿势，培养幼儿用餐的文明卫生习惯。保持愉快的就餐环境，不催促、不逼迫幼儿进食。

（4）午睡环节。值班教师提前检查并消除午睡室的不安全因素，根据季节掌握通风及寝室气温，做到空气清新、温度适宜。引导幼儿如厕后再入睡，睡前检查幼儿口中、手中有无食物，检查并收放好幼儿携带的不安全物品。提醒幼儿不带玩具上床。帮助幼儿自己穿脱衣物，帮助体弱和年龄较小的幼儿穿脱衣物，提醒多尿的幼儿是否需要排尿。

巡回观察幼儿睡眠情况，纠正幼儿不良睡眠姿势。如发现异常，及时处理并上报保健医和园长。

3. 区域活动

创设适宜的游戏区角，投放安全、环保和卫生的游戏材料；活动前要让幼儿明确游戏的注意事项和规则；游戏中要注意培养幼儿良好的行为习惯，能遵守规则，与同伴合作、谦让，分享、感受游戏的快乐，提醒幼儿注意安全；游戏后指导幼儿分类收拾玩具，整理场地，培养幼儿初步的秩序感和责任感。

4. 教育活动

教师应认真制定详细的五大领域活动方案，并作好充分准备。活动前必须投放安全的活动材料，并结合幼儿的年龄特点和操作材料的特性，采取多种形式对幼儿进行安全教育，防止意外事故的发生。在集体活动中，如有个别幼儿有特殊需求或出现特殊状况，带班教师应请配班教师或保育员跟随照看并协助处理。

组织大型活动，要报请园领导或上级主管部门审批后方能组织进行。组织幼儿外出活动时，要选择安全保障设施齐备的地方或场所，应先派相关人员进行实地考察，确认无安全隐患后，方可活动。

5. 户外活动

在幼儿入园之前，要认真检查活动场地及体育设施设备安全，排除各种安全隐患。根据活动安排准备足够数量的活动器材。活动前，清点幼儿人数，检查幼儿衣物、鞋子的安全，并对幼儿进行必要的安全和自我保护教育。活动中，教师合理分散站位，全方位密切观察幼儿，注意儿童面色、精神状态、呼吸、出汗量和儿童对锻炼的反应，适时调整活动内容。加强运动中的保护，避免运动伤害。运动中若有不良反应要及时采取措施或停止锻炼。活动后，再次清点核对幼儿人数，帮助幼儿整理衣物，组织幼儿喝水，注意观察儿童的精神、食欲、睡眠等状况。

6. 离园

在离园前注意调节幼儿的情绪，可适当组织有序的活动，帮助幼儿做好离园准备。严格确认家长，防止幼儿擅自离园和被冒领、误领。未能按时接回的幼儿，教师必须联系家长，陪伴幼儿一起等待家长，或者交给晚接班的教师统一照看。乘坐园车的幼儿需要提前组织，由教师统一带领，清点人数并完成交接手续。

（四）饮食安全

“民以食为天”，健康饮食对幼儿的成长发展来说至关重要。《托儿所幼儿园卫生保健

管理办法》第六条规定："托幼机构设有食堂提供餐饮服务的，应当按照《食品安全法》《食品安全法实施条例》及有关规章的要求，认真落实各项食品安全要求。"《幼儿园工作规程》第十四条规定："幼儿园应当严格执行国家有关食品药品安全的法律法规，保障饮食饮水卫生安全。"

根据《学校食堂与学生集体用餐卫生管理规定》，幼儿园的饮食安全主要考虑食堂环境设备安全、食品安全、食堂从业人员资质及管理与监督四个方面。

1. 食堂环境设备

食堂应保持内外环境干净、整洁，设施设备齐全，布局合理；应有相对独立的食品原料存放间、食品加工操作间等场所；配备足够的照明、通风、排烟装置和有效的防蝇、防尘、防鼠、污水排放和符合卫生要求的存放废弃物的设施设备；清洗设施设备应采用耐磨损、易清洗的无毒材料制成的专用设备；使用符合国家有关卫生标准的餐饮具，且使用前必须用符合卫生标准的洗涤剂、消毒剂进行清洗消毒，消毒后必须储存在专用保洁柜内的。

2. 食品安全

（1）食品采购。《学校食堂与学生集体用餐卫生管理规定》第十一条规定："食堂采购员必须到持有卫生许可证的经营单位采购食品，并按照国家有关规定进行索证；应相对固定食品采购的场所，以保证其质量。"

禁止采购腐败变质、油脂酸败、霉变、生虫、污秽不洁、混有异物或其他感官性状异常，含有毒有害物质或被有毒有害物质污染、可能对人体健康有害的食品；未经兽医卫生检验或者检验不合格的肉类及其制品；超过保质期限或不符合食品标签规定的定型包装食品等不符合食品卫生标准和要求的食品。

（2）食品贮存。《学校食堂与学生集体用餐卫生管理规定》第十三条规定："食品贮存应当分类、分架、隔墙、离地存放，定期检查、及时处理变质或超过保质期限的食品。食品贮存场所禁止存放有毒、有害物品及个人生活物品。用于保存食品的冷藏设备，必须贴有标志，生食品、半成品和熟食品应分柜存放。"

（3）食品加工。《学校食堂与学生集体用餐卫生管理规定》第十五条和第十六条规定："食堂炊事员必须采用新鲜洁净的原料制作食品，不得加工或使用腐败变质和感官性状异常的食品及其原料。""加工食品必须做到熟透，需要熟制加工的大块食品，其中心温度不低于70℃。加工后的熟制品应与食品原料或半成品分开存放。半成品应当与食品原料分开存放，防止交叉污染。食品不得接触有毒物，不洁物。"

按照《学校食堂与学生集体用餐卫生管理规定》第十七条的规定："幼儿园的食堂不得制售冷荤凉菜。"

（4）食品留样。为保证幼儿园发生食物中毒事件之后有据可查，幼儿园应建立食品留样制度。《托儿所幼儿园卫生保健工作规范》规定："留样食品应当按品种分别盛放于清洗消毒后的密闭专用容器内，在冷藏条件下存放48小时以上；每样品种不少于100克以满足检验需要，并作好记录。"

案例回顾 8

都是食物惹的祸

某市某幼儿园中，某日午餐后，有个孩子大喊“肚子疼”，接着很多幼儿也出现了腹痛、恶心、呕吐的症状，幼儿园及时将中毒幼儿送往医院救治，但并未通知家长。家长来接孩子时才得知孩子食物中毒，向本市卫生局投诉了该园。市卫生局在接到投诉后立即展开了调查，对现场采取了临时控制措施。经检验，该起食物中毒事故是由幼儿食用了未经熟透处理的四季豆引起。

【案例分析 8】

1. 根据《食物中毒事故处理办法》的相关规定，在发生食物中毒后，幼儿园应及时向所在地人民政府卫生行政部门报告幼儿园的名称、地址、中毒时间、中毒人数及可疑食物等有关内容。另外，幼儿园应及时通知家长，以使家长了解幼儿情况，争取家长的理解和支持。

案例中幼儿园未能及时上报，违背了《食物中毒事故处理办法》的相关规定，对此，市卫生行政部门应依法给予行政处罚。

2. 幼儿园给幼儿食用了未熟透的四季豆，造成幼儿食物中毒，没有把好食品安全关，因而负有不可推卸的法律责任。

（五）消防安全

根据《中华人民共和国消防法》《消防安全责任制实施办法》及《建筑设计防火规范》等相关规定，幼儿园应落实消防安全主体责任，履行以下职责。

（1）建立常态化消防安全制度、消防安全操作规程、灭火和应急疏散预案，明确各岗位消防安全责任人及其职责，保证各项规章制度的落实。

（2）加强安全教育，增强教职工、幼儿的防火意识，开展经常性的防火宣传。

（3）幼儿园的建筑材料和防火设计应符合国家和行业标准，保证疏散通道、安全出口、消防车通道畅通，保证防火防烟分区、防火间距符合消防技术标准。

（4）注意用电安全。定期检查电线、开关、插座等器材，严禁使用不合格的保险装置，禁止超负荷用电，各种电器使用完毕及时关闭电源。

（5）注意用火安全。食堂应谨慎用火，每天下班前应检查煤气开关是否关好。定期检查煤气开关、管道等相关设施并作好记录。

（6）按照相关标准配备消防设施、器材，设置消防安全标志，安排专人负责，定期检查、及时更新消防器材。

（7）定期组织开展消防培训工作并组织消防疏散演练活动。

（8）开展定期防火巡查检查工作，若发现安全隐患，应立即采取措施，及时予以消除。

案例回顾 9

被火吞噬的花朵[39] 35

2010 年 5 月 22 日 13 点 40 分，新华幼儿园中三班幼儿寝室里突起大火。教师张某发现起火后，立即打开消火栓进行灭火，但消火栓因长久不用而损坏，致使火势没有得到有效控制。火势迅速蔓延，将中三班幼儿困在火焰之中。大火被扑灭之后，发现有 14 名幼儿死亡，7 名幼儿被烧成重伤。经调查发现，保育员王某在午休时从火柴盒里取出一根火柴掏耳朵。这时手机响了，她顺手放下火柴，边接电话边走出了寝室。幼儿佩佩玩弄火柴，不小心擦出了火花，引燃了床单。

【案例分析 9】

1. 保育员王某消防意识淡薄，在寝室内留下火柴，擅自离开工作岗位，造成了安全隐患，并最终酿成了火灾。显然，王某在该事故中应负主要法律责任。由于王某是新华幼儿园的员工，幼儿园应对其行为负责，因此，新华幼儿园应承担因该火灾事故所引发的损害赔偿责任，但在承担赔偿责任后可向王某追偿。

2. 新华幼儿园的消防栓不能有效使用，导致火势得不到有效控制，从而造成了更大的伤亡和损失。按照相关法律规定，幼儿园因安全保卫、消防、设施设备管理等安全管理制度存在明显疏漏，或者管理混乱，存在重大安全隐患而未能及时采取措施，由此造成幼儿伤害事故的，应承担相应的法律责任。

【案例启示】

1. 幼儿园应加强安全教育，增强教职员工和幼儿的安全意识。一方面，幼儿园应定期开展消防培训和消防演练，提高教师的防火意识及引导疏散能力；另一方面，幼儿园应开展消防教育，引导幼儿提高防火意识及自救能力。

2. 幼儿园应按照国家有关规定配置消防设施和器材、设置消防安全标志，并定期组织检查、维修，确保消防设施和器材完好、有效，否则，公安消防部门有权责令其限期改正，逾期不改的，可责令停止经营，并处罚款。

（六）接送安全

幼儿年龄小，自我保护的意识和能力不强，因此，需要成年人的看护和接送。根据接送方式不同，在此将接送分为家长接送和校车接送两类。

1. 家长接送

《幼儿园工作规程》中明确指出：“入园幼儿应当由监护人或者其委托的成年人接送。”《中小学幼儿园安全管理办法》第三十一条规定：“小学、幼儿园应当建立低年级、幼儿上下学时接送的交接制度，不得将晚离学校的低年级学生、幼儿交与无关人员”。

因此，家长在接送的过程中务必注意按时有序接送。若是非指定的接送人接送幼儿，家长应提前与教师取得联系并作出详细说明，接送者在接送时需持本人有效证件与相关接送凭证及家长委托书。教师应严格审查接送卡等接送凭证，防止幼儿被冒领、误领，若家长未能及时接送，应及时与家长取得联系，采取有效措施。

2. 校车接送

根据《校车安全管理条例》的有关规定，校车原则上是用于接送义务教育学生的，而幼儿园教育属于非义务教育阶段，因此，不鼓励幼儿乘坐校车。鼓励幼儿就近入园，一方面，规避安全风险，另一方面，给幼儿与家人更多交流的机会，增进亲子关系。

但仍有幼儿无法就近入园，根据《校车安全管理条例》第六十条的规定："对确因特殊情况不能由监护人或其委托的成年人接送，需要使用车辆集中接送的，应当使用按照专用校车国家标准设计和制造的幼儿专用校车，遵守本条例校车安全管理的规定。"

因此，幼儿园校车的配备，必须是符合国家相关安全标准的幼儿专用校车。在使用之前，幼儿园需要在上级教育部门、交通管理部门登记注册与备案，并取得校车使用许可。

《校车安全管理条例》第三十八条规定："配备校车的学校、校车服务提供者应当指派照管人员随校车全程照管乘车学生。"幼儿尚未成年，更需如此，因此，校车上应配备专人随车全程照管幼儿，在上下车时负责清点与核实幼儿人数，确认幼儿已全部离开后方可离开，全面保证幼儿上下车和行车过程中的安全。

此外，校车的安检、维护与保险，司机的聘请及校车的行驶等方面的问题，《中小学幼儿园安全管理办法》《校车安全管理条例》都有详细说明，在此不再赘述。

案例回顾 10

校车不笑了

某民办幼儿园为吸引幼儿和家长，打出了"车接车送"的广告，收效良好，很多没时间接送幼儿的家长都选择了该园。该园的校车其实是低价购买的报废的公共汽车，买回后进行简单的洗刷，在车厢外层喷上了"幼儿园专用校车"字样，就摇身一变成了该园的校车。一天，在送幼儿回家的途中，校车的油箱突然爆炸，造成多名幼儿受伤。

经查，该车起初只是漏油，司机的违规操作导致油箱爆炸。张某本人仅开过半年出租车，后因酒后驾车被辞退。

【案例分析 10】

1. 必须使用符合国家相关标准的幼儿专用校车。

该园的校车是简单改造之后的报废公共汽车，完全不符合国家标准，也违背了教育部"严禁购买或租用故障车、拼装车、报废车等作为校车使用"的规定。而该园作为校车的所有人和使用人，其违法违规行为具有主观上的过错，必须承担起该事故引发后果形成的一切法律责任。

2. 校车司机必须是符合要求的驾驶人员

根据《中小学幼儿园安全管理办法》等有关规定，幼儿园在聘请校车司机时，应严格按照相关规定，审核驾驶员资质，坚决拒绝不合格的驾驶员。该园未对司机张某进行严格审查，在管理上存在重大疏漏。因此，聘请张某的直接责任人及幼儿园本身都必须承担相应的法律责任。

【法律知识一点通】

1. 校车的标准

(1) GB7258—2004《机动车运行安全技术条件》国家标准第二号修改单。

专用校车不得核定站立人数，应喷涂有符合规定的外观标识，每一个儿童座位均应装置安全带；幼儿校车、小学生校车的侧窗下边缘距其下方座椅上表面的高度应不小于250mm，否则应加装防护装置；校车所有车窗玻璃的可见光透射比均应不小于50%，且不应张贴有不透明和带任何镜面反光材料之色纸或隔热纸；等等。

(2)《中小学幼儿园安全管理办法》第二十六条。

学校购买或者租用机动车专门用于接送学生的，应当建立车辆管理制度，并及时到公安机关交通管理部门备案。接送学生的车辆必须检验合格，并定期维护和检测。接送学生专用校车应当粘贴统一标识。标识样式由省级公安机关交通管理部门和教育行政部门制定。学校不得租用拼装车、报废车和个人机动车接送学生。

2. 校车司机的资质

《中小学幼儿园安全管理办法》第二十六条规定："接送学生的机动车驾驶员应当身体健康，具备相应准驾车型3年以上安全驾驶经历，最近3年内任一记分周期没有记满12分记录，无致人伤亡的交通责任事故。"

（七）安全教育

幼儿园安全教育是指"根据学前儿童动作发展、认知发展及已有生活经验等方面的特点，加强学前儿童对周围环境中潜在危险的认识，提高其预见性和保护技能，减少意外伤害发生，提高生命质量的教育"[36]51–52。

《幼儿园工作规程》第十五条对安全教育作出了明确的指示："幼儿园教职工必须具有安全意识，掌握基本急救常识和防范、避险、逃生、自救的基本方法，在紧急情况下应当优先保护幼儿的人身安全。幼儿园应当把安全教育融入一日生活，并定期组织开展多种形式的安全教育和事故预防演练。幼儿园应当结合幼儿年龄特点和接受能力开展反家庭暴力教育，发现幼儿遭受或者疑似遭受家庭暴力的，应当依法及时向公安机关报案。"

因此，幼儿园的教职员工首先要加强自己的安全意识，树立"安全第一"和"防范危机"的理念，掌握基本的急救常识和危机处理方法，在紧急情况下优先保证幼儿的安全。其次，教师在一日生活中，应利用游戏、图片等多种形式结合实际对幼儿进行安全教育，教会幼儿树立自我保护意识，掌握简单的自救和求救方法，增强其自我保护的意识和能力。幼儿园可以定期进行火灾、地震等灾害的逃生练习，以提高教师和幼儿危机处理的意识和能力。

二、幼儿园的卫生保健

根据《托儿所幼儿园卫生保健工作规范》的有关规定，幼儿园卫生保健工作的主要任务是“贯彻预防为主、保教结合的工作方针，为集体儿童创造良好的生活环境，预防控制传染病，降低常见病的发病率，培养健康的生活习惯，保障儿童的身心健康”。

《幼儿园工作规程》第十七条指出：“幼儿园必须切实做好幼儿生理和心理卫生保健工作。幼儿园应当严格执行《托儿所幼儿园卫生保健管理办法》及其他有关卫生保健的法规、规章和制度。”

由此可见，幼儿园必须积极作好卫生保健工作，保护幼儿的身心健康。

本书将根据《幼儿园工作规程》及《托儿所幼儿园卫生保健工作规范》中卫生保健工作的内容与要求，从以下 8 个方面来进行说明。

（一）一日生活安排

《幼儿园工作规程》第十八条指出：“幼儿园应当制定合理的幼儿一日生活作息制度。正餐间隔时间为 3.5~4 小时。在正常情况下，幼儿户外活动时间（包括户外体育活动时间）每天不得少于 2 小时，寄宿制幼儿园不得少于 3 小时；高寒、高温地区可酌情增减。”

（1）幼儿园应当根据各年龄段儿童的生理、心理特点，结合本地区的季节变化和本幼儿园的实际情况，制订合理的生活制度。注意动静结合，集体活动与小组活动、个别活动相结合，室内活动与室外活动相结合，不同形式的活动交替进行。保证儿童每日充足的户外活动时间。

（2）根据儿童年龄特点和幼儿园服务形式合理安排每日进餐和睡眠时间。儿童正餐间隔时间 3.5~4 小时，进餐时间 20~30 分钟 / 餐，餐后安静活动或散步时间 10~15 分钟。3~6 岁儿童午睡时间根据季节以 2~2.5 小时 / 日为宜，3 岁以下幼儿日间睡眠时间可适当延长。

（3）严格执行一日生活制度，卫生保健人员应当每日巡视，观察班级执行情况，发现问题及时予以纠正，以保证儿童在幼儿园内生活的规律性和稳定性。

（二）儿童膳食

《幼儿园工作规程》第二十一条指出：“供给膳食的幼儿园应当为幼儿提供安全卫生的食品，编制营养平衡的幼儿食谱，定期计算和分析幼儿的进食量和营养素摄取量，保证幼儿合理膳食。幼儿园应当每周向家长公示幼儿食谱，并按照相关规定进行食品留样。”

因此，将儿童膳食分为膳食管理和膳食营养两大部分。膳食管理中关于食品安全的内容在安全防护部分有所说明，这里便不再赘述。

1. 膳食管理

（1）幼儿园食堂应当按照《食品安全法》《餐饮服务许可管理办法》《餐饮服务食品安全监督管理办法》《学校食堂与学生集体用餐卫生管理规定》等有关法律法规和规章的要求，取得《餐饮服务许可证》，建立健全各项食品安全管理制度。

（2）幼儿园应当为儿童提供符合国家《生活饮用水卫生标准》的生活饮用水。保证儿童按需饮水。每日上、下午各 1~2 次集中饮水，1~3 岁婴儿饮水量 50~100ml/ 次，3~6 岁幼儿饮水量为 100~150ml/ 次，并根据季节变化酌情调整饮水量。

（3）幼儿膳食应当安排专人负责，建立有家长代表参加的膳食委员会并定期召开会议，进行民主管理。幼儿膳食费专款专用，账目每月公布，每学期膳食收支盈亏不超过 2%。

2. 膳食营养

（1）幼儿园应当根据幼儿生理需求，以《中国居民膳食指南》为指导，参考“中国居民膳食营养素参考摄入量（DRIs）”和各类食物每日参考摄入量（表 3–4）（图 3–4），制订幼儿膳食计划。

表 3-4　婴幼儿各类食物每日参考摄入量

食物种类	1~3 岁摄入量（g）	3~6 岁摄入量（g）
谷类	100~150	180~260
蔬菜类	150~200	200~250
水果类	150~200	150~300
鱼虾类	100	40~50
禽畜肉类		30~40
蛋类		60
液态奶	350~500ml	300~400ml
大豆及豆制品	—	25
烹调油	20~25	25~30

（2）根据膳食计划制订带量食谱并定期更换。食物品种应种类多样且合理搭配。在主副食的选料、洗涤、切配、烹调的过程中，方法应当科学合理，减少营养素的损失，符合幼儿清淡口味，达到营养膳食的要求。烹调食物应注意色、香、味、形，提高幼儿的进食兴趣。

（3）幼儿园至少每季度进行 1 次膳食调查和营养评估。幼儿热量和蛋白质平均摄入量全日制幼儿园应当达到“DRIs”的 80% 以上，寄宿制幼儿园应当达到“DRIs”的 90% 以上。维生素 A、B_1、B_2、C 及矿物质钙、铁、锌等应当达到“DRIs”的 80% 以上。三大营养素热量占总热量的百分比是蛋白质 12%~15%，脂肪 30%~35%，碳水化合物 50%~60%。每日早餐、午餐、晚餐热量分配比例为 30%、40% 和 30%。优质蛋白质占蛋白质总量的 50% 以上。

（4）有条件的幼儿园可为贫血、营养不良、食物过敏等幼儿提供特殊膳食。不提供正餐的幼儿园，每日应至少提供 1 次点心。

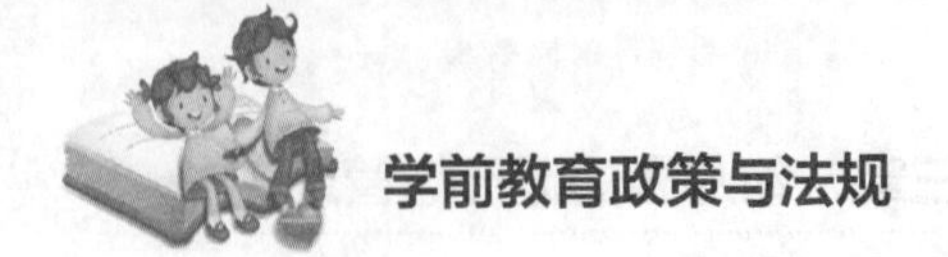

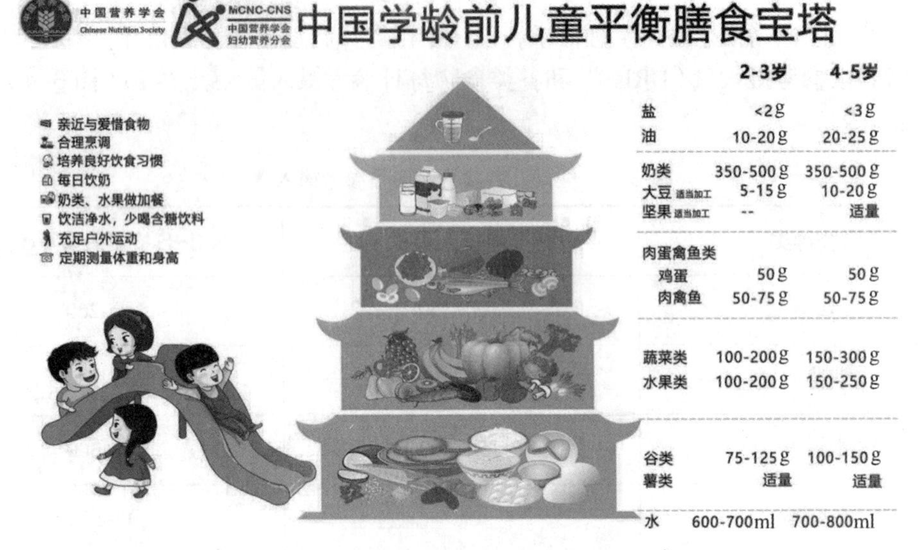

图 3-4　中国学龄前儿童平衡膳食宝塔*

（三）体格锻炼

幼儿园应当根据幼儿的年龄及生理特点，充分利用日光、空气、水和器械，每日有组织地开展各种形式的体格锻炼，掌握适宜的运动强度，保证运动量，提高幼儿身体素质。

全面了解幼儿健康状况，患病幼儿停止锻炼；病愈恢复期的幼儿运动量要根据身体状况予以调整；体弱幼儿的体格锻炼进程应当较健康幼儿缓慢，时间缩短，并要对幼儿运动反应进行仔细的观察。

（四）健康检查

《托儿所幼儿园卫生保健管理办法》第十五条第四款规定："建立健康检查制度，开展儿童定期健康检查工作，建立健康档案。坚持晨检及全日健康观察，做好常见病的预防，发现问题及时处理。"

健康检查有助于教师和家长及时了解幼儿的身体状况，针对性地进行养护。健康检查包括儿童健康检查及教职工健康检查两部分。教职工健康检查又分为入职健康检查和定期健康检查两部分，详情可参看《托儿所幼儿园卫生保健工作规范》。应重点关注儿童健康检查，即入园健康检查、定期健康检查、晨午检及全日健康观察。

1. 入园健康检查

儿童入园前应当经医疗卫生机构进行健康检查，合格后方可入园。入园时，幼儿园应当查验"儿童入园健康检查表""0~6 岁儿童保健手册""预防接种证"。发现没有预防接种证或未依照国家免疫规划受种的儿童，应当在 30 日内向幼儿园所在地的接种单位或县级疾病预防控制机构报告，督促监护人带儿童到当地规定的接种单位补证或补种。幼儿园应当在儿童补证或补种后复验预防接种证。儿童入园体检中发现疑似传染病者应当"暂缓

* 中国学龄前儿童平衡膳食宝塔．中国营养学会．https://www.cnsoc.org/tool/

入园”，及时确诊治疗。

2. 定期健康检查

儿童定期健康检查项目包括：身高、体重，口腔、皮肤、心肺、肝脾、脊柱、四肢等，测查视力、听力，检测血红蛋白或血常规。体检后应当及时向家长反馈健康检查结果。

所有儿童每年进行 1 次血红蛋白或血常规检测。1~3 岁儿童每年健康检查 2 次，每次间隔 6 个月；每年进行 1 次听力筛查。3 岁以上儿童每年健康检查 1 次；每半年测身高、视力一次；每季度量体重一次。4 岁以上儿童每年检查 1 次视力。

儿童离园 3 个月以上需重新按照入园检查项目进行健康检查。转园儿童持原幼儿园提供的“儿童转园健康证明”“0~6 岁儿童保健手册”可直接转园。“儿童转园健康证明”有效期 3 个月。

3. 晨午检及全日健康观察

《托儿所幼儿园卫生保健工作规范》指出，幼儿园应“坚持晨午检及全日健康观察工作，卫生保健人员应当深入各班巡视”。幼儿园中，晨午检及全日健康观察是教师了解幼儿每日身体、精神状态的重要途径。

（1）作好晨午检。检查内容包括询问儿童在家有无异常情况，观察精神状况、有无发热和皮肤异常，检查有无携带不安全物品等，发现问题及时处理。

（2）作好全日健康观察。观察内容包括饮食、睡眠、大小便、精神状况、情绪、行为等，并作好观察记录。

（3）作好深入巡视。卫生保健人员每日深入班级巡视 2 次，发现患病、疑似传染病儿童应当尽快隔离并与家长联系，及时到医院诊治，并追访诊治结果。

（4）特殊情况处理。患病儿童应当离园休息治疗。如果接受家长委托喂药时，应当作好药品交接和登记，并请家长签字确认。

（五）卫生消毒

卫生消毒主要包括环境卫生、个人卫生和预防性消毒。

1. 环境卫生

幼儿园应当建立室内外环境卫生清扫和检查制度，每周全面检查 1 次并记录，保持室内空气清新、阳光充足，为幼儿提供整洁、安全、舒适的环境。室内应当有防蚊、蝇、鼠、虫及防暑和防寒设备，并放置在幼儿接触不到的地方。采取湿式清扫方式清洁地面。卫生洁具各班专用专放并有标记。保持玩具、图书表面的清洁卫生。集中消毒应在幼儿离园后进行。

2. 个人卫生

个人卫生包括儿童个人卫生和教职工个人卫生。教职工注意保持个人卫生，培养儿童良好的卫生习惯。儿童日常生活用品专人专用，保持清洁。要求每人 1 巾 1 杯专用，每人 1 床 1 被专用。

3. 预防性消毒

使用符合国家标准或规定的消毒器械和消毒剂。环境和物品的预防性消毒方法应当符合要求。

活动室、卧室每日至少开窗通风 2 次，每次至少 10~15 分钟。在不适宜开窗通风时，每日应当采取其他方法对室内空气消毒 2 次。餐桌每餐使用前消毒。水杯每日清洗消毒，擦手毛巾每日消毒 1 次。门把手等儿童易触摸的物体表面每日消毒 1 次。坐便器每次使用后及时冲洗，接触皮肤部位及时消毒。

（六）传染病防治

传染病是由病原体侵入人体所引发的一类能在人群中引起局部或广泛流行的疾病，流行性感冒、乙型肝炎等，都属于传染病。

1. 建立传染病管理制度

教师应每日登记本班幼儿的出勤情况，及时了解幼儿的身体状况。发现传染病疫情或疑似病例后，应当立即向属地疾病预防控制机构报告。在幼儿园内发现疑似传染病例时，应当及时对患儿采取有效的隔离控制措施，并配合当地疾病预防控制机构对被传染病病原体污染（或可疑污染）的物品和环境实施随时性消毒与终末消毒。发生传染病期间，幼儿园应作好预防措施，保护易感幼儿。

2. 督促家长按免疫程序和要求完成幼儿预防接种

定期对幼儿及其家长开展预防接种和传染病防治知识的健康教育，提高其防护能力和意识。

3. 做好检验检疫工作

患传染病的幼儿隔离期满后，凭医疗卫生机构出具的痊愈证明方可返回园。根据需要，来自疫区或有传染病接触史的幼儿，检疫期过后方可入园。

（七）伤害预防

幼儿园的各项活动应当以幼儿安全为前提，“防患于未然”，建立定期全园安全排查制度，落实预防幼儿伤害的各项措施，最大限度地降低幼儿受到伤害的风险。

建立重大自然灾害、食物中毒、踩踏、火灾、暴力等突发事件的应急预案，如果发生重大伤害时应当立即采取有效措施，并及时向上级部门报告。

加强对教职工及幼儿安全教育、突发事件应急处理、幼儿伤害相关知识和急救技能的培训，定期进行安全演练，普及安全知识，作好幼儿安全工作，消除安全隐患。

案例回顾 11

救命的知识

一日午饭时，苏老师发现一幼儿趴在桌上。她发觉不对，来到该幼儿身边，这才发现该幼儿发着高热，身体不时抽搐，口吐白沫。她连忙和同班的荆老师运用所学的急救知识，将该幼儿平放在床上，掐人中、推拿相关穴位，随后打车去医院。路上，苏老师不断按揉相关穴位。送到医院后，该幼儿经抢救最终脱离危险。医生表示，是两位老师的急救措施为患儿赢得了进一步抢救的时间。

据悉，该幼儿园自创办以来，就一直通过多种形式，定期向每位老师普及安全防护与救助的相关知识，开展相关的培训和演练。

案例中，面对幼儿出现的突发状况，两名老师冷静果断，及时采取有效措施，为幼儿的生命赢得了挽回的时间。这得益于幼儿园定期的知识普及与培训，这一做法增强了教师的安全救护能力，有效规避了因救治不当而引发的危机。

【法律知识一点通】

• 《托儿所幼儿园卫生保健工作规范》中关于伤害预防的规范要求如下。

(1) 托幼机构的各项活动应当以儿童安全为前提，建立定期全园（所）安全排查制度，落实预防儿童伤害的各项措施。

(2) 托幼机构的房屋、场地、家具、玩教具、生活设施等应当符合国家相关安全标准和规定。

(3) 托幼机构应当建立重大自然灾害、食物中毒、踩踏、火灾、暴力等突发事件的应急预案，如果发生重大伤害时应当立即采取有效措施，并及时向上级有关部门报告。

(4) 托幼机构应当加强对工作人员、儿童及监护人的安全教育和突发事件应急处理能力的培训，定期进行安全演练，普及安全知识，提高自我保护和自救的能力。

(5) 保教人员应当定期接受预防儿童伤害相关知识和急救技能的培训，做好儿童安全工作，消除安全隐患，预防跌落、溺水、交通事故、烧（烫）伤、中毒、动物致伤等伤害的发生。

• 儿童伤害事故的判断

幼儿在园可能发生的事故有轻有重，教师应熟知常见的事故起因及处理办法，了解易发生事故的环节并提前做好预防措施。在事故发生之后，应在第一时间做出准确判断并采取必要的急救措施。一般来说，教师可从幼儿的呼吸、脉搏等生命体征来判断伤势状况。

触电、雷击、溺水、气管异物等事故会危及幼儿生命，必须争分夺秒地进行抢救。烧烫伤、骨折等事故虽不会危及生命，但也需要以正确的方式进行紧急处理，以避免伤势进一步恶化。还有一些诸如被同伴咬伤、擦伤等常见外伤，教师也应及时将幼儿送往医务室进行消毒、包扎处理，防止进一步感染。

（八）健康教育

幼儿园应当根据不同季节、疾病流行等情况制订全年健康教育工作计划，并组织实施。

幼儿园可以采取网络课堂、案例研讨、家长学校、家长开放日等多种形式面向幼儿园教职工和幼儿家长开展健康教育，内容包括膳食营养、心理卫生、疾病预防、儿童安全及良好行为习惯的培养等。此外，还应组织儿童开展有效的健康教育活动，引导儿童学会自我保护。幼儿园应做好健康教育记录并进行定期评估。

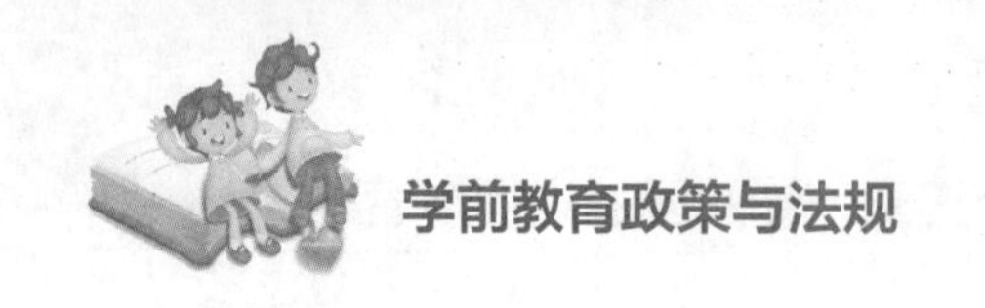

第五节 幼儿园的内部管理

作为一个社会组织，幼儿园必然有其内在的组织结构和运行方式，其内部管理效率的高低直接影响幼儿园运行的效率，并最终影响幼儿园的长远发展。

一、幼儿园管理体制

幼儿园管理体制即幼儿园内部设立的主要管理机构及其职能的总称。《幼儿园工作规程》规定："幼儿园实行园长负责制"，"幼儿园园长负责幼儿园的全面工作"。社会力量办园可以实行董事会领导下的园长负责制。

园长负责制，即园长在举办者和教育行政部门的领导下，对幼儿园的工作负全面的责任。作为幼儿园的行政负责人和法人代表，园长可依法行使决策指挥权、人事财务权、奖惩权等权利，对内全面领导和主持幼儿园的保教工作、安全保卫工作、卫生保健工作及行政工作，对全体教职工和幼儿负责；对外代表幼儿园，与各方进行协调和沟通，对举办者、幼儿家长和社区负责。

二、幼儿园园长的资格与职责

（一）幼儿园园长的资格

1996 年，国家教育委员会颁布了《全国幼儿园园长任职资格、职责和岗位要求（试行）》，2015 年 1 月，教育部印发了《幼儿园园长专业标准》并将其作为制定幼儿园园长任职资格标准及评价考核标准的重要依据。各级教育行政部门应充分发挥本标准的引领和导向作用，严格幼儿园园长任职资格标准，完善幼儿园园长选拔任用制度。

案例回顾 12

聘或不聘，这是个问题

某幼儿园在网站上发布了招聘园长的启示，符合下列条件的人员可以应聘：(1) 具有正规学前教育专业本科学历；(2) 具有 3 年以上幼儿园管理经验；(3) 有一定的教育科研能力和组织管理能力。小风向该园提交了求职简历，面试合格后，该园与其签订了三年的合同，但是，在为小风办理人事关系的过程中，该园发现小风的学历是自考专科，且仅有一年的幼儿园教师经历。

【案例分析 12】

在我国，违反法律法规或采取欺诈、威胁等不正当手段建立的劳动合同都是无效合同。无效合同在签订的时候就不具备法律效力。

小风向幼儿园提供虚假学历和工作信息，是对幼儿园的欺诈行为。幼儿园可与小风协商解除合同并依法追究其法律责任，若小风不同意解除劳动合同，幼儿园可依法向劳动争议仲裁委员会或人民法院提请裁决。

【法律知识一点通】

《幼儿园工作规程》规定：“幼儿园园长由举办者任命或者聘任，并报当地主管的教育行政部门备案。”

根据《幼儿园工作规程》第三十九条和四十条的规定，幼儿园园长应满足以下条件。

1. 贯彻国家教育方针，具有良好品德，热爱教育事业，尊重和爱护幼儿，具有专业知识和技能以及相应的文化和专业素养，为人师表，忠于职责，身心健康。

2. 无犯罪、吸毒记录和精神病史。

3. 具有《教师资格条例》规定的教师资格、具备大专以上学历、有三年以上幼儿园工作经历和一定的组织管理能力，并取得幼儿园园长岗位培训合格证书。

（二）幼儿园园长的职责

幼儿园园长负责幼儿园的全面工作，其主要职责如下：

（1）贯彻执行国家的有关法律法规、方针政策和地方的相关规定，负责建立并组织执行幼儿园的各项规章制度。

（2）负责保育教育、卫生保健、安全保卫工作。

（3）负责按照有关规定聘任、调配教职工，指导、检查和评估教师及其他工作人员的工作，并给予奖惩。

（4）负责教职工的思想工作，组织业务学习，并为他们的学习、进修、教育研究创造必要的条件。

（5）关心教职工的身心健康，维护他们的合法权益，改善他们的工作条件。

（6）组织管理园舍、设备和经费。

（7）组织和指导家长工作。

（8）负责与社区的联系和合作。

三、幼儿园基层党组织发挥政治核心作用

按照《幼儿园工作规程》第五十七条的规定：“幼儿园应不断加强基层党组织建设，

充分发挥党组织的政治核心作用和战斗堡垒作用。幼儿园应当为工会、共青团等其他组织开展工作创造有利条件，充分发挥其在幼儿园工作中的作用。”

四、幼儿园教职工参与民主管理

《教育法》第三十一条第三款规定：“学校及其他教育机构应当按照国家有关规定，通过以教师为主体的教职工代表大会等组织形式，保障教职工参与民主管理和监督。”

《教师法》第七条第五款明确指出：“对学校教育教学、管理工作和教育行政部门的工作提出意见和建议，通过教职工代表大会或者其他形式，参与学校的民主管理。”

由此可以看出，园长负责制下的幼儿园管理，必须坚持民主集中制原则，幼儿园教职工可通过多种途径依法合理参与幼儿园的民主管理，培养教职工的主人翁意识，提高其对幼儿园工作的积极性和主动性，从而提高幼儿园管理的效率，促进幼儿园良性发展。

（一）建立园务委员会

《幼儿园工作规程》中明确指出：

“幼儿园应当建立园务委员会。园务委员会由园长、副园长、党组织负责人和保教、卫生保健、财会等方面工作人员的代表以及幼儿家长代表组成。园长任园务委员会主任。

园长定期召开园务委员会会议，遇重大问题可临时召集，对规章制度的建立、修改、废除，全园工作计划，工作总结，人员奖惩，财务预算和决算方案，以及其他涉及全园工作的重要问题进行审议。”

（二）建立教职工大会制度或者教职工代表大会制度

《幼儿园工作规程》第五十八条提出“幼儿园应当建立教职工大会制度或者教职工代表大会制度，依法加强民主”。

2011 年 11 月，教育部审议通过了《学校教职工代表大会规定》（以下简称《规定》），并经中华全国总工会同意，予以发布，自 2012 年 1 月 1 日起施行。

《规定》中指出：“教职工代表大会是教职工依法参与学校民主管理和监督的基本形式。它在中国共产党幼儿园基层组织的领导下开展工作，其组织原则是民主集中制。

有教职工 80 人以上的幼儿园，应当建立教职工代表大会制度；不足 80 人的，建立由全体教职工直接参加的教职工大会制度。二者的性质、领导关系、组织制度、运行规则等完全相同。幼儿园应当遵守教职工代表大会的组织规则，定期召开教职工代表大会，支持教职工代表大会的活动。

教职工（代表）大会的职责主要有以下 6项。

（1）听取幼儿园年度工作、财务工作、工会工作报告及其他专项工作报告，提出意见和建议。

（2）关心教职工切身问题，讨论通过学校提出的与教职工利益直接相关的福利、考核、奖惩办法等重要事项。

（3）审议上一届（次）教职工代表大会提案的办理情况报告。

（4）按照有关工作规定和安排评议幼儿园园长及其他领导干部。

（5）通过多种方式对幼儿园工作提出意见和建议，监督幼儿园章程、规章制度和决策的落实，提出整改意见和建议。

（6）讨论法律法规规章规定的以及幼儿园与工会商定的其他事项。

此外，幼儿园应允许教职工个人通过合理的方式发表自己的意见和建议，园长和其他领导干部应珍惜教职工对幼儿园的热忱，尊重他们的意见和建议并及时给予反馈。”

案例回顾 13

我有我说话的权利 [36] 221-222

市直属幼儿园园长无视国家禁止“小学化”的规定，强行要求幼儿报名本园自己开办的英语早教班。园长的强制要求引起了家长的强烈不满。幼儿园教师——朱老师认为园长的做法有悖于幼儿教育的规律和幼儿身心发展的特点，因此，多次向园长请求取消该强制规定。在一次朱老师苦口婆心的劝说结束之后，园长当即免除了她的教师职务，让她打包走人。

朱老师不服园长的决定，找到市教育局解决问题。教育局在问清楚事实后，作出以下决定：朱老师有权对幼儿园的管理提出意见和建议，园长不能因为朱老师的建言献策单方面解除劳动合同；对于该园长私自强行要求幼儿报班的行为，教育局认为属于违规办学，给予其警告处分。

【案例分析 13】

案例中园长侵犯了朱老师参与幼儿园民主管理的权利。实际上，幼儿园教师享有如教育教学权、培训进修权、报酬待遇权等诸多权利，这些权利都受到国家法律法规的保护。一旦教师的这些合法权益受到侵害，幼儿园教师都有权提出申诉，并要求相关部门做出适当的处理。

《教师法》第三十九条规定：“教师对学校或者其他教育机构侵犯其合法权益的，或者对学校或者其他教育机构作出的处理不服的，可以向教育行政部门提出申诉，教育行政部门应当在接到申诉的三十日内，作出处理。”案例中，朱老师适当地运用了法律的武器，向当地的教育部门提出申诉。相关部门在经过充分的调查了解之后，对幼儿园园长的做法进行了相应的处罚，维护了教师的合法权益。

五、幼儿园的规章制度

幼儿园的规章制度是幼儿园管理条理化、系统化的结果，是具有约束力和一定强制性的准则和规范。加强规章制度的建设，有助于幼儿园管理的程序化、规范化、科学化，保证幼儿园工作任务保质保量的完成。

《幼儿园工作规程》第五十九条至六十三条对幼儿园运行与管理过程中需要制定的

规章制度作了概括性的说明，包括教研制度，家园联系制度，幼小衔接、带薪休假制度等。

幼儿园的规章制度从大的维度上说一般包含如下几个方面：行政管理制度、党群工作制度、办公室管理制度、保教工作制度、财务管理制度、卫生保健制度、安全管理制度等。

六、家长委员会的职责

家长委员会，顾名思义，就是由多名在园幼儿的家长代表组成的，为实现家、园之间良好互动、促进幼儿健康和谐成长而成立的组织。

《幼儿园工作规程》第五十四条规定："幼儿园应当成立家长委员会。家长委员会在幼儿园园长指导下工作。"

从教育部2012年下发的《关于建立中小学幼儿园家长委员会的指导意见》中可以看出，家长委员是建设依法办学、自主管理、民主监督、社会参与的现代学校制度的重要内容，是家长在教育改革发展中发挥积极作用的有效途径，是构建学校、家庭、社会密切配合的育人体系的重大举措。

案例回顾14

"家委会"不是摆设

某公办幼儿园开办几年来，幼儿数量逐年增加，但教职工的素质、教学设施的配套甚至幼儿园的管理方面未见改观，家长意见很大，建议组织"家长委员会"（以下简称"家委会"），但被幼儿园以"没必要"为理由拒绝，他们认为幼儿园家、园联系的方式有很多，没必要设立家长委员会。后在教育部门的过问下，幼儿园怕受到处罚匆匆成立了家委会，成员均是和幼儿园关系较为密切的幼儿家长，成员中幼儿已从该园毕业多年。家委会成立一年来，并未有任何作为，甚至连委员会成员也不清楚自己该做什么，能做什么，家委会被家长们戏称为"花瓶"。

【案例分析14】

1. 幼儿园应建立家委会

案例中的幼儿园认为幼儿园家、园联系的方式有很多，没必要设立家委会。这一说法违背了《幼儿园工作规程》等相关法律法规。

2. 家委会的组成

案例中，幼儿园为避免处罚匆匆建立家委会，但家委会的成员组成方式及成员构成是值得商榷的。作为代表家长群体和幼儿园进行沟通的桥梁，家委会的成员应具备一定的条件，其组成程序应该是民主公开的。案例中的家委会由于其构成存在先天缺陷，幼儿园不重视家委会的作用，家委会成员亦不明确家长委员会的职责，因此，根本发挥不了民主参与管理的作用，被戏称为"花瓶"。

【法律知识一点通】

• 家委会的组成

作为参与幼儿园民主管理的组织，家委会的产生应体现民主特色，一般采取教师推荐和家长推选相结合的方式，有条件的可以组织家长开展竞选。

家委会的成员应从在园幼儿的家长中推选产生，成员应热心幼儿园事业，愿意为大家服务；同时，具备良好的沟通能力、组织能力和社会活动能力。

• 家委会的职责

结合《关于建立中小学幼儿园家长委员会的指导意见》和《幼儿园工作规程》的相关要求，家长委员会主要职责如下。

1. 参与学校管理

对学校工作计划和重要决策，特别是事关学生和家长切身利益的事项提出意见和建议。对幼儿园保育教育和管理工作予以支持，积极配合。对幼儿园开展的保育教育活动进行监督，帮助其改进工作。

2. 参与保育工作

发挥家长的专业和资源优势，支持幼儿园保育教育工作。发挥家长自我教育的优势，交流宣传正确的教育理念和科学的教育方法。

3. 沟通学校与家庭

帮助家长了解幼儿园工作计划和要求，听取并转达家长对幼儿园工作的意见和建议。向幼儿园及时反映家长的意愿，听取并转达幼儿园对家长的希望和要求，协助幼儿园开展家庭教育指导和交流，促进幼儿园和家庭的相互理解。

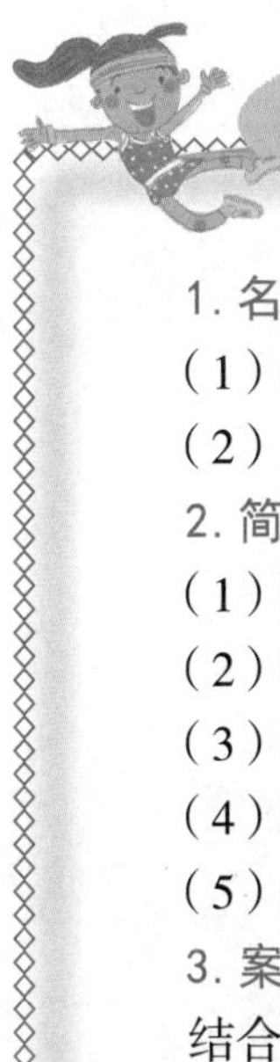

课后练习

1. 名词解释

（1）幼儿园的法律地位。

（2）园长负责制。

2. 简答题

（1）我国幼儿园开办的基本条件是什么？

（2）我国幼儿园的权利和义务分别有哪些？

（3）幼儿园成为法人的基本条件有哪些？

（4）家长委员会的职责有哪些？

（5）幼儿园卫生保健工作围绕哪几方面展开？

3. 案例分析

结合所学知识，查阅《学生伤害事故处理办法》，分析以下案例。

某5岁幼儿在幼儿园午睡时，不慎从幼儿园的寝室近1.1米高的上铺摔下，后被送往医院治疗。经司法鉴定，该幼儿的伤残程度为十级。在其住院期间，园方先行支付了大部分医药费。

其父母认为，幼儿尚未成年，午睡时因园方的设施存在严重的安全隐患而受伤，且午睡时寝室内仅一名教师在场，园方未尽到相应的管理和保护义务，致使幼儿受到巨大伤害，园方应负责赔偿。园方则表示“该幼儿受伤是由于其调皮造成的”，纯属意外。园方只负责对幼儿进行教育管理，不履行监护义务，也不应承担因幼儿受伤引发的赔偿责任。

幼儿父母在遭到园方拒绝后，将幼儿园告上法庭。法院经审理认为，幼儿园未尽到管理职责，应赔偿该幼儿包括医疗费、住院伙食补助费、护理费、营养费、精神损害抚慰金在内的各项损失[50]。

4. 实践探索

以小组为单位，围绕普惠性幼儿园在当地开展的状况，开展调查研究，成果以研究报告的方式呈现。

第四章 幼儿园的教师

案例导入

小张幼师毕业后应聘到某市一家幼儿园，并与该幼儿园正式签订了为期3年的劳动合同。小张因该幼儿园距离自己的住处较远，工作不方便，在3年劳动合同到期前的一个月以书面形式通知幼儿园解除劳动合同，幼儿园人事部人员表示同意。一个月后，该幼儿园人事部人员告诉小张：按照本幼儿园最新制订的《员工须知》第十二条“凡到本幼儿园工作的教师至少在本单位工作5年”的规定，小张要么继续在本幼儿园工作2年，要么赔偿幼儿园教师培训费2 560元。小张为尽快办好离职手续，只好向该幼儿园赔偿了2 560元培训费。

问题聚焦：

1. 小张老师离职时应该不应该向该幼儿园赔偿教师培训费？

2. 该幼儿园制订的“凡到本幼儿园工作的教师至少在本单位工作5年”的规定是否合理？

3. 幼儿园教师具有怎样的权利与义务？谁来保障？

按照《中华人民共和国劳动合同法》（以下简称《劳动合同法》）第四十四条规定，劳动合同期满的可以终止劳动合同，但劳动者解除劳动合同应当提前30日以书面形式通知用人单位。该幼儿园所制订的“凡到本幼儿园工作的教师至少在本单位工作5年”的规定与《劳动合同法》“双方商定的劳动合同期限”相违背，因而是无效的。小张可以向本市劳动争议仲裁委员会申请仲裁。

1. 了解幼儿园教师的岗位要求和相关的职务制度。
2. 掌握幼儿园教师的职业道德和个人修养。
3. 了解幼儿园教师的权利和义务。
4. 掌握幼儿园教师的专业知识和专业能力。

本章结构

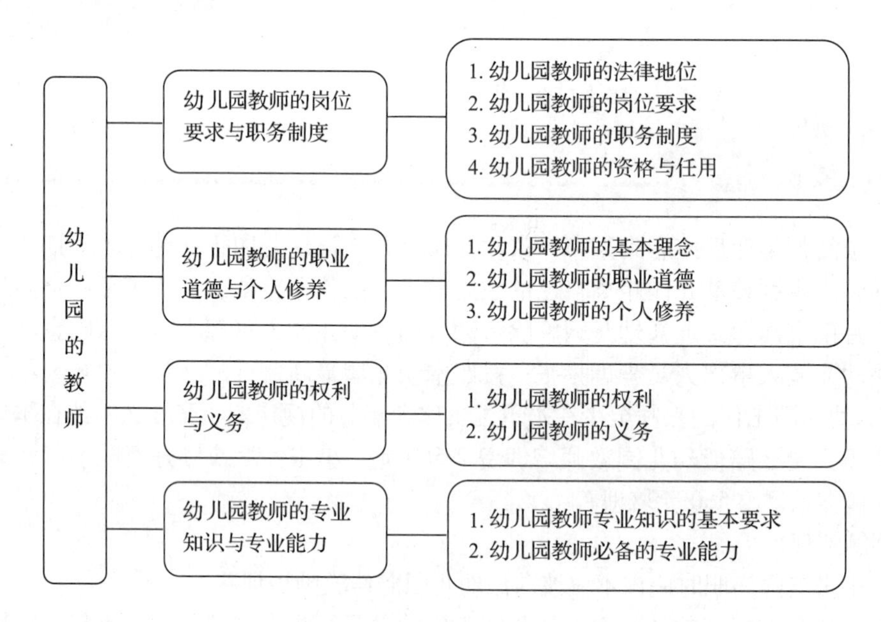

第一节　幼儿园教师的岗位要求与职务制度

一、幼儿园教师的法律地位

根据《教育法》和《教师法》的规定，教师是指履行教育教学职责的专业人员，承担着教书育人、培养社会主义事业建设者和接班人、提高民族素质的使命[40]。对幼儿园教师的法律地位可以理解为：幼儿园教师是履行幼儿园教育工作职责的专业人员，如图 4–1 所示。

图 4-1　幼儿园教师是履行幼儿园教育工作职责的专业人员

履行幼儿园教育工作职责是幼儿园教师地位的本质特征，这一特征包含如下含义：第一，履行教育、教书育人职责是幼儿园教师的职业特征。只有直接承担教育工作职责的人，才具备幼儿园教师的最基本条件。学前教育机构中，不直接从事教育工作、未履行教育职责的行政管理人员、校办产业公司人员、教育辅助人员，都不能认为是教师，而分属于教育职员或其他相应的专业技术职务系列；第二，专业人员是教师的身份特征。同医生、律师一样，教师是一种从事专门职业活动的专业技术人员，即教师必须具备专门规定的从事教育教学活动的资格，符合特定的要求。“专业人员”包括三层含义：一是教师要达到符合规定的相应学历；二是教师要具备相应专业知识；三是教师要符合与其职业相称的其他有关规定[51]。

二、幼儿园教师的岗位要求

幼儿园教师职业活动的对象是一群幼稚而又天真活泼的幼儿，这就决定了幼儿园教师必须承担多重教师角色，即幼儿身心健康的护理者、认知发展的促进者、思想文化的启蒙者、科学知识的传授者、幼儿游戏的参与者、健康人格的塑造者、儿童教育的研究者。

（一）政治思想要求

幼儿园教师是一种特殊教育行业，按照《教师法》和《幼儿园教师专业标准》等法律法规，对幼儿园教师有如下政治思想要求。

（1）坚持马克思主义信仰，热爱中国共产党、热爱祖国、热爱社会主义。

（2）热爱幼儿教育事业。

（3）具有高尚的职业道德。

（4）具有高度的工作责任心、奉献精神。

（5）具有创新精神。

《教育法》（节选）

第三条　国家坚持以马克思列宁主义、毛泽东思想和建设有中国特色社会主义理论为指导，遵循宪法确定的基本原则，发展社会主义的教育事业。

第四条　教育是社会主义现代化建设的基础，国家保障教育事业优先发展。全社会应当关心和支持教育事业的发展。全社会应当尊重教师。

第五条　教育必须为社会主义现代化建设服务、为人民服务，必须与生产劳动和社会实践相结合，培养德、智、体、美等方面全面发展的社会主义建设者和接班人[40]。

（二）教育教学工作要求

按照《幼儿园教育指导纲要（试行）》的精神，幼儿园教师应有如下教育教学要求。

（1）掌握幼儿卫生学、心理学和教育学的系统理论知识。

（2）掌握幼儿教学的基本知识和教学方法。

（3）掌握必要的自然科学和人文科学知识。

（4）用规范的普通话进行教学。

（5）具有综合的才艺。

（6）爱护、尊重、信任幼儿。

（7）遵守幼儿园各种规章制度和工作纪律。

（8）严禁体罚和变相体罚幼儿。

（9）做好家、园联系工作[52]。

拓展阅读

幼儿教学的“弹、唱、画、跳、做、说”

弹：重点掌握钢琴或其他伴奏乐器的即兴伴奏技能，重点掌握 2/4 拍活泼欢快、3/4 拍优美舒展的伴奏特点。

唱：重点掌握一些儿歌、民歌的基本知识和歌唱技巧。

画：重点掌握一些剪笔画、蜡笔画的基本知识和绘画技巧。

跳：重点掌握一些民族舞、儿童舞的基本知识和舞蹈技巧。

做：重点掌握一些儿童玩具的基本知识和玩具制作技巧。

说：重点掌握儿童故事讲解、诗歌朗诵的基本知识和讲诵技巧。

案例回顾 1

禁止体罚或变相体罚幼儿

某幼儿园幼儿毛毛常与同伴说话、打闹，幼儿园教师张老师对此非常生气。为了教训毛毛，张老师没有耐心向毛毛讲道理，而是让毛毛当着全班同学的面站在小凳子上高举胳膊长达十几分钟，受到全班同学的嘲笑。

【案例分析 1】

张老师的做法实际上是对幼儿的一种变相体罚，损害了幼儿的人格尊严。为此，张老师受到幼儿园的通报批评，并被扣发了当月奖金。

【法律知识一点通】

《宪法》第三十八条规定:“中华人民共和国公民的人格尊严不受侵犯。禁止用任何方法对公民进行侮辱、诽谤和诬告陷害。”人格尊严是指与人身有密切联系的名誉、姓名、肖像权不容侵犯的权利。

法律保障公民最基本的人格尊严权，幼儿也有人格尊严，不能纵容某些机构或个人对未成年儿童进行无理的伤害。

（三）日常行为要求

根据《幼儿园管理条例》和《幼儿园工作规程》等的相关要求，对幼儿园教师有如下日常行为要求。

1. 注重教师仪表

幼儿园教师在园时，仪表仪容要端庄，衣着服饰要整洁大方，语言动作要文明礼貌，不化浓妆，不穿吊带衣、超短裙等过分暴露的衣物，不赤脚、不穿拖鞋进园。

2. 严禁向幼儿家长索要财物

幼儿园教师向家长索要财物，情节较轻者，受学校相关纪律处分；情节较重者，受司法刑事处分。收受家长礼物，过后会招致家长及幼儿看不起，失去对教师应有的尊重；对于家长所送的礼物，教师要以委婉的语气和坚决的态度加以拒绝。

3. 团结同事

同事之间要友好相处、互相尊重、互相关心、互相帮助，共同提高。尊重园长，服从园长的领导。团结保育员等幼儿园其他工作人员，共同做好幼儿教育工作。

4. 遵守公共秩序和社会公德

幼儿园教师应模范遵守公共秩序和社会公德，不论在园内还是园外，自觉遵守社会公共秩序和社会公德，不做任何有损于人民教师形象的事情。

5. 遵守国家有关的法律法规

幼儿园教师在从教前应学习《教育法》《教师法》《未成年人保护法》等法律知识及

《幼儿园管理条例》[53]《幼儿园工作规程》[31]《幼儿园卫生保健管理办法》等相关法规知识。

三、幼儿园教师的职务制度

（一）幼儿园教师聘任制度

幼儿园教师聘任制度是指聘任双方在平等自愿基础上，由幼儿园或者教育行政部门根据幼儿教育教学岗位设置的工作岗位，聘请具有幼儿园教师资格的公民担任幼师职务的一项制度。根据《劳动法》和《劳动合同法》的规定，这种聘任关系属于劳动合同关系。双方签订的聘任合同具有法律效力，对双方均有约束力。幼儿园教师与学前教育机构均要按照聘任合同履行义务。聘任制度包括招聘、续聘、解聘、辞聘等形式。实行聘任制有助于提高教师的责任感并淘汰不具备任教能力者，可以充分利用社会人力资源，减少人力资源的浪费，打破传统教师任用制度界限，增进各地区教学经验的传播，增加就业岗位。

拓展阅读

《劳动法》部分“劳动合同”规定

《劳动法》第十六条规定:“劳动合同是劳动者与用人单位之间确立劳动关系、明确双方权利和义务的协议。订立和变更劳动合同，应当遵循平等自愿、协商一致的原则，不得违反法律、行政法规的规定。劳动合同依法订立即具有法律约束力，当事人必须履行劳动合同规定的义务。”

《劳动法》第二十五条规定:“劳动者有下列情形之一的，用人单位可以解除劳动合同：在试用期间被证明不符合录用条件的；严重违反劳动纪律或者用人单位规章制度的；严重失职、营私舞弊，对用人单位利益造成重大损害的；依法被追究刑事责任的。”第二十六条规定:“有下列情景之一的，用人单位可以解除劳动合同，但是应当提前三十日以书面形式通知劳动者本人：劳动者患病或者非因工负伤，医疗期满后，不能从事原工作也不能从事由用人单位另行安排的工作的；劳动者不能胜任工作，经过培训或者调整工作岗位，仍不能胜任工作的；劳动合同订立时所依据的客观情况发生重大变化，致使原劳动合同无法履行，经当事人协商不能就变更劳动合同达成协议的。”[54]

（二）幼儿园教师岗位考核制度

按照《幼儿园管理条例》和《幼儿园工作规程》，幼儿园教师应履行幼儿园教师岗位考核制度。

幼儿园教师岗位考核制度是各幼儿园为保障幼儿教育教学质量而制订的教师岗位工作奖惩考核制度。一般包括如下4个部分。

1. 师德方面的考核

主要考核是否有违反师德师风建设的行为，体现在政治思想是否正确坚定，能否廉洁从教等，以及不遵守师德规范时应受到的相应处罚，模范遵守师德应得到的相应奖励。

2. 工作能力方面的考核

在工作中是否能够按时完成教育教学科研等工作任务，能够创新性的开展工作。能力不足的要加强培训，不愿意培训学习的，要调整工作岗位或辞退。

3. 工作纪律态度方面的考核

主要考查是否有触犯国家法律法规、学校规章制度，有没有认真履行教师本人工作职责，有没有不服从学校人事分配和工作安排、上班时间做与工作无关的事情、政治业务学习缺席等行为，有没有迟到早退、不按时签到、病假事假、无故旷课、临时请假等行为；不遵守工作纪律和工作态度不端正的应受到相应的处罚，遵守工作纪律和工作态度端正的应受到相应的奖励。

4. 工作成绩方面的考核

主要考核是否认真备课、作好上下午交接工作、作好晨检记录、遵守一日常规活动、与家长沟通并作好家访记录、参加教研活动等，是否有造成安全事故、教学事故等行为，成绩较差的应受到相应的处罚，较好的应受到相应的奖励。

案例回顾 2

幼儿园教师违反法定义务，可予以解聘

鸿兴幼儿园在一次幼儿家长和社会各界人士对教师综合考评时，发现一些问题并对相关教师进行了处理。肖老师经常无故缺课、迟到、早退，并且在幼儿园组织的多次考评中成绩不合格。在多次劝导无效后，鸿兴幼儿园决定将其正式解聘。肖老师认为自己的行为并没有造成重大过错，幼儿园对自己的处理结果过重。

【案例分析 2】

根据《幼儿园教师专业标准》，幼儿园教师必须“遵守规章制度，执行幼儿园的保教计划，履行教师聘约，完成教育教学工作任务”。如果教师不遵守学校规章制度并对学校产生较大的负面影响，幼儿园有权首先对其进行警告、诫勉教育，劝导无效后，可予以处分和解聘。肖老师在任职期间没有恪守教师应尽职责，多次违反幼儿园工作纪律，幼儿园对其解聘处理是合法的。

（三）幼儿园教师职称评审制度

根据《教师法》《幼儿园教育纲要》和教育部《关于深化中小学教师职称制度改革扩大试点的指导意见》，幼儿园教师实行职称评审制度。

幼儿园教师职称评审制度是指幼儿园教师专业技术职务的一种评审制度。幼儿园教师聘任制度是指幼儿园教师评上一定专业技术职务之后由幼儿园园长再次聘任相应专业技术职务的一种制度。目前，我国幼儿园教师职称评审一般与小学同步进行，有正高级教师、高级教师、一级教师、二级教师、三级教师 5 个等级。幼儿园教师评上某一级别专业技术职务后，幼儿园园长对该职称予以确认并签订聘任证书，幼儿园教师方可享受该级别专业技术职务。各地幼儿园职称评审标准和评审细则不一，但大都重视以下 5 个条件。

1. 申报幼教正高级职称条件

具有崇高的职业理想和坚定的职业信念（师德不合格者一票否决）；应具有大学本科以上学历，并在高级教师岗位任教 5 年以上；须完成规定的保教工作量，且平均每学年保教工作量不少于 200 个工作日（半天为一个工作日）；系统地掌握所教学科课程体系和专业知识，教育教学业绩卓著，教学艺术精湛，形成独到的教学风格；具有主持和指导教育教学研究的能力，在教育思想、课程改革、教学方法等方面取得论文、著作、项目、成果奖等相应的教研成果；近 5 年内年度考核优秀至少二次。

2. 申报幼教高级教师职称条件

具有良好的幼儿教育职业道德和坚定的职业信念（师德不合格者一票否决）；应具有大学本科以上学历，并在一级教师岗位任教 5 年以上；须完成规定的保教工作量，且平均每学年保教工作量不少于 200 个工作日（半天为一个工作日）；具有所教学科坚实的理论基础、专业知识和专业技能，教学经验丰富，教学业绩显著，形成一定的教学特色；具有主持和指导教育教学研究的能力，在教育思想、课程改革、教学方法等方面取得论文、著作、项目、成果奖等相应的教研成果；近 5 年内年度考核优秀至少一次。

3. 申报幼教一级教师职称条件

具有良好的幼儿教育职业道德和坚定的职业信念（师德不合格者一票否决）；应具有专科以上学历，并在二级教师岗位任教 5 年以上；须完成规定的保教工作量，且平均每学年保教工作量不少于 200 个工作日（半天为一个工作日）；具有所教学科坚实的理论基础、专业知识和专业技能，教学经验丰富，教学业绩显著，形成一定的教学特色；具有主持和指导教育教学研究的能力，在教育思想、课程改革、教学方法等方面取得一定的教研成果；近 5 年内年度考核优秀至少一次。

4. 申报二级教师职称

具有良好的幼儿教育职业道德和坚定的职业信念（师德不合格者一票否决）；应具有专科以上学历，并在三级教师岗位任教 5 年以上；须完成规定的保教工作量，且平均每学年保教工作量不少于 200 个工作日（半天为一个工作日）；具有所教学科坚实的理论基础、专业知识和专业技能，教学经验丰富，教学业绩显著，形成一定的教学特色；具有主持和指导教育教学研究的能力，在教育思想、课程改革、教学方法等方面取得一定的教研成果；近 5 年内年度考核优秀至少一次。

5. 申报三级教师职称条件

具有良好的幼儿教育职业道德和坚定的职业信念（师德不合格者一票否决）；应具有专科以上学历；须完成规定的保教工作量；具有所教学科坚实的理论基础、专业知识和专业技能，教学业绩显著；具有一定的教研能力和教研成果；在幼教岗位见习 1 年期满并考核合格。

（四）幼儿园教师其他岗位制度

根据《幼儿园教育纲要》《幼儿园管理条例》和《幼儿园工作规程》，幼儿园教师还有其他岗位制度。

1. 晨检制度

为加强幼儿人身安全和疾病预防，幼儿园制订有晨检制度。幼儿园教师应坚持每天进行晨检工作，该制度要求幼儿园教师做到：一摸（摸摸幼儿额头看有无发热）、二看（看幼儿精神状态好不好、看皮肤有无皮疹等病状）、三问（问幼儿在家中有无疾病情况、问幼儿在家中睡眠情况、问幼儿在家中饮食情况）、四查（对疑似患病的幼儿进行体格检查、检查有无携带易对他人造成伤害的器械物品入园、检查幼儿是否自带食品入园、检查幼儿是否自带其他违禁物品入园）。

2. 幼儿健康管理制度

幼儿园教师应对入园幼儿进行全日观察，处理在园幼儿的健康相关问题，并作好相应的记录，主要包括以下 7 个方面：第一，对在园幼儿应观察其有无健康问题；第二，对精神状态不好的幼儿测量体温；第三，观察幼儿的情绪、食欲情况，注意有无异常情况；第四，注意防范意外事故的发生，在园中如果发生摔、碰、划破皮肤等事故应及时处理，离园时必须告知家长，并做记录；第五，对带药入园的患儿，应检查其服药情况、在园活动情况及病情变化情况，并做好观察记录；第六，幼儿自带的药物要分类、妥善保管，放置到其他幼儿够不到的地方，按照医生吩咐做好幼儿服药工作；第七，对患病幼儿的情况，在幼儿接送时要及时告知幼儿家长。

3. 幼儿园公共活动场所安全管理制度

《中小学幼儿园安全管理办法》第四条规定："完善事故预防措施，及时排除安全隐患。幼儿园多功能室、游戏场等均为公共活动场所，实行'谁组织活动谁负责安全工作'原则，幼儿园教师在带领幼儿参与公共活动时，应遵守以下 5 点：①开展活动时应认真检查电路安全和场地安全；②没有电工在场不要私拉乱接电源；③开展活动要保持所有通道畅通无阻，开关灵活，便于随时打开；④开展活动要适当控制人员，不要过分拥挤；⑤大型活动要指定专人负责安全工作，突发事件有专人负责指挥疏散撤离。"

4. 幼儿园班级教育活动教学安全制度

幼儿园班级教育活动一般实行"谁组织谁负责"原则，幼儿园教师在组织班级教学活动时应遵循以下 4 点：①必须按照"幼儿园一日工作规范"要求来操作，长期、经常性地对幼儿进行常规安全教育，活动前后清点人数，以防幼儿走失；②教师不得指导幼儿开展有危险性的活动；③在户外活动中教师有组织指导的责任，因组织指导的过错造成幼儿身体伤害事故幼儿园教师要负责任；④凡出现受伤情况，应及时送往医院，并及时向园长汇报和通知幼儿家长。

5. 事假、病假管理制度

幼儿园实行"有事请假、有病请假"管理制度，幼儿园教师应遵守事假、病假管理制度：①因事、因病外出、休息、住院等，需交事由、病休证明，急事、急诊者除外；②有事、有病者先交事假条、病假条，急事、急病可捎假条或打电话请假；③事假、病假超过

6个月按国家规定执行劳保待遇；④事假、病假结束要按时、按程序销假。

6. 寒假、暑假、产假、婚假、丧假、工伤事故假、探亲假等管理制度

寒假、暑假、产假、婚假、丧假、工伤事故假、探亲假等属于幼儿园教师应享受的基本权利，幼儿园教师可以按照国家最新相关管理规定依法享有寒假、暑假、产假、婚假、丧假、工伤事故假、探亲假等。

案例回顾 3

幼儿园教师工作期间应严格遵守工作纪律

吉林省永吉县幼儿颖颖（化名）在某幼儿园学习期间，因发热到附近某诊所就诊输液，随后被送回幼儿园。据园内监控视频显示：颖颖回园后出现呕吐现象，此时幼儿园教师坐在炕上、倚靠在墙边摆弄手机，未及时处理。2个小时后，颖颖才被抱起送医院抢救，但为时已晚。法院一审判诊所“医疗事故”，二审改判幼儿园承担30%的赔偿责任。

【案例分析 3】

颖颖的教师在颖颖病危期间摆弄手机，致使颖颖错过最佳抢救时间，法院二审判罚是合理合法的。

四、幼儿园教师的资格与任用

（一）幼儿园教师的资格

1. 幼儿园教师资格条件

《教师法》规定教师资格基本条件包括以下几个方面：必须是中国公民；遵守《宪法》和法律；热爱教育事业；具有良好的思想政治素质；具备规定的学历或者经国家教师资格考试合格；具有幼儿教育教学能力。

2. 幼儿园教师资格认定的程序

依据《教师资格条例》第五章规定，申请认定幼儿园教师资格的主要步骤为：①申请人应当在规定的受理期限内提出申请，递交身份证明、学历证书或者教师资格考试合格证明，教育行政部门或者受委托的高等学校指定的医院出具的体格检查证明，户籍所在地的街道办事处、乡人民政府或者工作单位、所毕业的学校对其思想品德、有无犯罪记录等方面情况的鉴定及证明材料；②教育行政部门或者受委托的高等学校对申请人的条件进行审查；③非师范院校毕业或教师资格考试合格的公民申请认定幼儿园、小学或者其他教师资格的应当进行面试和试讲，考察其教育教学能力，根据实际情况和需要，教育行政部门或者受委托的高等学校可以要求申请人补修教育学、心理学等课程；④应当在受理期限终止之日起30日内作出是否颁发相应的教师资格证书的决定，并通知申请人认定结果[55]。

3. 幼儿园教师资格的丧失

根据《教育法》《教师资格条例》规定，有弄虚作假、骗取教师资格的，品行不良、侮辱学生、影响恶劣的，由县级以上人民政府教育行政部门撤销其教师资格。被撤销教师资格的，自撤销之日起5年内不得重新申请教师资格，其教师资格证书由县级以上人民政府教育部门收缴。参加教师资格考试有作弊行为的，其考试成绩作废，3年内不得再次参加教师资格考试。受到剥夺政治权利或者故意犯罪受到有期徒刑以上刑事处罚的，不得取得教师资格；已经取得教师资格的，丧失教师资格。

（二）幼儿园教师的任用

《教师法》第十七条规定："学校和其他教育机构应当逐步实行教师聘任制。教师的聘任应当遵循双方地位平等的原则，由学校和教师签订聘任合同，明确规定双方的权利、义务和责任。"《幼儿园管理条例》和《幼儿园工作规程》也明确规定：幼儿园实行聘任制，幼儿园教师由幼儿园园长聘任，也可以由举办幼儿园的单位或个人聘任。

案例回顾4

幼儿园与教师的聘任合同要合法

王某大学毕业后应聘到一家幼儿园工作，双方签订了为期5年的聘用劳动合同，试用期为4个月。双方还约定：除非发生不可抗拒力或意外事件，合同期满前任何一方不得解除合同，否则要承担违约责任。

王某在该幼儿园工作一年后，发现在该幼儿园工作前景不好且工资相对较低，于是提出辞职申请，该幼儿园以缺少教师为由，要求王某承担违约责任。

【案例分析4】

辞职权是法律赋予劳动者的一种权利。按照《劳动合同法》第三十七条规定，劳动者只要履行提前30日以书面形式通知用人单位即可。王某与该幼儿园双方约定的"合同期满前任何一方不得解除合同"违反了法律规定，是无效的约定，因此，王某只要提前30日以书面形式递交辞职报告，就无须承担违约责任。

第二节 幼儿园教师的职业道德与个人修养

一、幼儿园教师的基本理念

教学理念决定教学行为，一名教师有什么样的教学理念就会有什么样的教学行为。作为一名幼儿园教师，应根据《幼儿园教师专业标准》，具备如下基本理念[56]。

（一）师德为先

热爱学前教育事业，具有职业理想，践行社会主义核心价值体系，履行教师职业道德规范，依法执教。关爱幼儿，尊重幼儿人格，富有爱心、责任心、耐心和细心；为人师表，教书育人，自尊自律，做幼儿健康成长的启蒙者和引路人。

（二）幼儿为本

尊重幼儿权益，以幼儿为主体，充分调动和发挥幼儿的主动性；遵循幼儿身心发展特点和保教活动规律，提供适合的教育，保障幼儿快乐健康成长。

（三）能力为重

把学前教育理论与保教实践相结合，突出保教实践能力；研究幼儿，遵循幼儿成长规律，提升保教工作专业化水平；坚持实践、反思、再实践、再反思，不断提高专业能力。

（四）终身学习

树立终身学习理念，不断掌握现代科学文化知识；学习先进学前教育理论，了解国内外学前教育改革与发展的经验和做法；优化学前教育知识结构，提高文化素养；具有终身学习与持续发展的意识和能力，作终身学习的典范。

二、幼儿园教师的职业道德

根据《幼儿园教师专业标准》，幼儿园教师应具有如下职业道德。

（一）职业理解与认识

1. 贯彻党和国家教育方针政策，遵守教育法律法规

学法守法、依法执教是做好幼儿园教师的先决条件，幼儿园教师应认真学习《教师法》《未成年人保护法》《幼儿园管理条例》及《幼儿园教育指导纲要（试行）》《幼儿园教师违反职业道德行为处理办法》等法律法规，深刻认识法律法规的强制性。拥护党的领导，贯彻党的教育方针，明确教师的权利、义务和责任，规范自己的教育教学行为，做一名幼儿喜欢、家长满意的好教师。

2. 理解幼儿保教工作的意义，热爱学前教育事业，具有职业理想和敬业精神

幼儿教育是教育和保育并重的教育，这是幼儿教育的特殊性。这种特殊性决定了幼儿园教师必须热爱学前教育事业，具有良好的职业理想和爱岗敬业精神。

3. 认同幼儿园教师的专业性和独特性，注重自身专业发展

幼儿园教师的教育对象是幼儿，是一种保教结合的特殊教育，这就决定幼儿教育具有极强的专业性和独特性，因此，与其他教师不同，幼儿园教师更需要经常性地提高自己的专业化水平，注重自身的专业发展。

4. 具有良好职业道德修养，为人师表

幼儿园教师应具有良好的职业道德修养，应具有朝气蓬勃的精神、真诚正直的品质、自尊自信的心态、活泼开朗的性格、豁达开朗的心胸，应成为举止文明、作风正派、以身

作则、为人师表的楷模。

5. 具有团队合作精神，积极开展协作与交流

幼儿园教师在一个集体单位工作，同事之间难免会产生一些工作上的矛盾，面对矛盾，要坦诚相待，及时解决；遇到不利于教师团结、有损幼儿园形象的问题，不随波逐流，自觉抵制不正之风；严格要求自己，规范自己的言行，不搬弄是非；向优秀教师看齐，多与优秀教师交往。具有集体主义和团队合作精神，在教学、科研、生活中应与同事之间友好相处，积极开展协作与交流，互相帮助，共同提高，共同进步。

拓展阅读

《幼儿园教师违反职业道德行为处理办法》第三条

本办法所称处理包括处分和其他处理。处分包括警告、记过、降低岗位等级或撤职、开除。警告期限为6个月，记过期限为12个月，降低岗位等级或撤职期限为24个月。是中共党员的，同时给予党纪处分。其他处理包括给予批评教育、诫勉谈话、责令检查、通报批评，以及取消在评奖评优、职务晋升、职称评定、岗位聘用、工资晋级、申报人才计划等方面的资格。取消相关资格的处理执行期限不得少于24个月。教师涉嫌违法犯罪的，及时移送司法机关依法处理[57]。

（二）对幼儿的态度与行为

1. 关爱幼儿，重视幼儿身心健康，将保护幼儿生命安全放在首位

关爱幼儿是幼儿园教师的首要任务。幼儿园教师应处理好“爱与严”的辩证关系，师爱不等于母爱，严格不等于严厉，严在当严时，爱在细微中；应重视幼儿身体和心理健康教育，鼓励与称赞是教育幼儿的两大法宝。不论是平时教学还是出现危险状况，幼儿园教师必须把保护幼儿生命安全放在首位。

2. 尊重幼儿人格，维护幼儿合法权益，平等对待每一位幼儿。不讽刺、挖苦、歧视幼儿，不体罚或变相体罚幼儿

《幼儿园工作规程》第六条规定：“幼儿园教职工应当尊重、爱护幼儿，严禁虐待、歧视、体罚和变相体罚、侮辱幼儿人格等损害幼儿身心健康的行为。”每个幼儿都是独立的个体，幼儿与幼儿之间具有差异性。对待幼儿，教师应用放大镜发现每一位幼儿的优点；允许幼儿犯错，不讽刺、挖苦、打击、歧视幼儿的幼稚行为或生理缺陷，禁用“你这个孩子令人讨厌”“你这个孩子怎么那么笨”等负面定性评价语言。坚持对幼儿正面教育，多表扬少批评，多鼓励少挖苦，批评幼儿应慎重，保护幼儿的自尊心。

案例回顾 5

恐吓有损幼儿身心健康

郭老师是某幼儿园的一名幼儿园教师，平时脾气不好，经常用恐吓、威胁、责骂的形式训斥不听话的幼儿。辉辉是该班的一名幼儿，因孤僻、不听话而经常受到郭老师的责骂、恐吓，致使辉辉郁郁寡欢，夜间经常做噩梦。

郭老师的行为属于一种典型的“变相体罚幼儿”。幼儿园教师应当用爱和微笑面对幼儿，用摆事实、讲道理形式教育幼儿，经常地责骂、恐吓会使幼儿的心理受到伤害。

【案例分析 5】

辉辉家长向幼儿园反映问题后，幼儿园根据《幼儿园工作规程》，要求郭老师改正教育方法、向辉辉家长当面道歉，并作出书面检查。

3. 信任幼儿，尊重个体差异，主动了解和满足有益于幼儿身心发展的不同需求

幼儿园教师应掌握不同年龄阶段的幼儿心理特点，与幼儿谈话时应态度和蔼可亲，让幼儿易于接受；应时刻有“换位思考”意识，站在幼儿角度，体察各个幼儿的不同需求；尊重幼儿的个体差异，根据幼儿的不同需求采用不同的教育方式和教育内容，满足幼儿的身心需求。

4. 重视生活对幼儿健康成长的重要价值，积极创造条件，让幼儿拥有快乐的幼儿园生活

了解生活常识、熟悉生活方式、培养良好的生活行为是幼儿教育的重要内容，基于此，幼儿园教师要重视生活对幼儿健康成长的重要价值，保教结合，生活游戏与生活教育相结合，让幼儿拥有快乐的幼儿园生活。

拓展阅读

《幼儿园教师违反职业道德行为处理办法》（节选）

《幼儿园教师违反职业道德行为处理办法》第四条规定，应予处理的教师违反职业道德行为有如下十一个[57]。

（一）在保教活动中及其他场合有损害党中央权威和违背党的路线方针政策的言行。

（二）损害国家利益、社会公共利益，或违背社会公序良俗。

（三）通过保教活动、论坛、讲座、信息网络及其他渠道发表、转发错误观点，或编造散布虚假信息、不良信息。

（四）在工作期间玩忽职守、消极怠工，或空岗、未经批准找人替班，利用职务之便兼职兼薪。

（五）在保教活动中遇突发事件、面临危险时，不顾幼儿安危，擅离职守，自行逃离。

(六) 体罚和变相体罚幼儿，歧视、侮辱幼儿，猥亵、虐待、伤害幼儿。

(七) 采用学校教育方式提前教授小学内容，组织有碍幼儿身心健康的活动。

(八) 在入园招生、绩效考核、岗位聘用、职称评聘、评优评奖等工作中徇私舞弊、弄虚作假。

(九) 索要、收受幼儿家长财物或参加由家长付费的宴请、旅游、娱乐休闲等活动，推销幼儿读物、社会保险或利用家长资源谋取私利。

(十) 组织幼儿参加以营利为目的的表演、竞赛活动，或泄露幼儿与家长的信息。

(十一) 其他违反职业道德的行为。

（三）幼儿保育和教育的态度与行为

1. 注重保教结合，培育幼儿良好的意志品质，帮助幼儿养成良好的行为习惯

注重幼儿良好的意志品质培养，通过伟人故事、传统文化和生活细节等，培养幼儿坚强的意志、吃苦的精神、正直的品德、无私的品格等；同时保教结合，通过摆事实讲道理方式，及时纠正幼儿的不良行为习惯，注重培养幼儿良好的就餐习惯、洗手方法、读书习惯等。

2. 注重保护幼儿的好奇心，培养幼儿的想象力，发掘幼儿的兴趣爱好

幼儿对这个世界充满好奇，对什么事都喜欢刨根问底，希望通过自己的探究寻找想要的答案，这是幼儿的天性。作为幼儿园教师，应注重保护幼儿的好奇心，耐心解答幼儿提出的问题，并通过师幼问答互动，培养幼儿的想象力，发掘幼儿的兴趣爱好，引导幼儿的健康发展。

3. 重视环境和游戏对幼儿发展的独特作用，创设富有教育意义的环境氛围，将游戏作为幼儿的主要活动

幼儿园教师应作为幼儿的游戏伙伴，尽可能多地创设丰富多彩的游戏节目，与幼儿一起参加游戏，并通过游戏使幼儿获得更多的社会和生活知识。

4. 重视丰富幼儿多方面的直接经验，将探索、交往等实践活动作为幼儿最重要的学习方式

幼儿园教师应加强幼儿自我保护意识和能力的教育，如认识安全标志、了解交通规则、学习安全逃生方法、不跟陌生人走等。

5. 重视自身日常态度言行对幼儿发展的重要影响与作用

幼儿园教师应规范自己的一言一行，一举一动，给幼儿做出榜样；日常言谈举止应表现热情、乐观、积极向上，日常为人处世应体现公平、正义、处事公道，以自己的模范行为影响、教育幼儿。

6. 重视幼儿园、家庭和社区的合作，综合利用各种资源

1981 年，联合国教科文组织指出：“幼儿教育必须从学校封闭的范围里解放出来，扩展到家庭和社区，这一精神已成为世界幼儿教育的发展趋势。幼儿园教师应重视幼儿园与家庭和社区合作开展幼儿教育，充分利用家庭和社区各种社会资源，丰富幼儿教育内容，提高幼儿教育质量。”

拓展阅读

刚入园幼儿哭闹不止的解决办法

幼儿离开家人，猛然来到一个陌生的地方，面对陌生的成年人和其他幼儿，会产生恐慌感，因而哭闹不止，该现象属于幼儿入园的正常反应。

作为幼儿园教师，一是应提前家访，提前与幼儿接触，增加熟悉感；二是叫幼儿的小名或宝宝名，增加亲切感；三是开展丰富多彩的幼儿活动，分散幼儿的注意力；四是找幼儿喜欢的玩具，把幼儿的注意力转移到玩具上；五是多用肢体语言，抱一抱，亲一亲，就像幼儿的妈妈一样；六是对于哭闹比较严重的幼儿，暂时带离教室，避免影响其他幼儿；同时，与其家长联系，让家长常来幼儿园陪伴一段时间。待幼儿在幼儿园待上一段时间，与老师和小朋友熟悉了，哭闹不止的现象自然就消失了。

三、幼儿园教师的个人修养

根据《幼儿园教师专业标准》，幼儿园教师应具有如下个人修养。

（一）富有爱心、责任心、耐心和细心

良好师幼关系的核心是：平等。师幼之间不能是控制与被控制的关系，而是知心朋友的关系。著名教育家陶行知先生曾说："我们必须变成小孩子，才配做小孩子的先生。"幼儿园教师应拥有一颗爱心、诚心、童心、耐心和细心，只有建立良好的师幼关系，幼儿才会在幼儿园获得快乐的童年。

（二）乐观向上、热情开朗，有亲和力

幼儿园教师应注意加强自身修养，应培养自己性格开朗、热情奔放、乐观向上的性格及真诚、宽容、负责、公平、公正的品质；尽量做到遇事不乱、沉着冷静；严于律己，宽以待人；应有奉献精神、大局意识和集体观念。

（三）善于自我调节情绪，保持平和心态

幼儿园教师有自己的家庭和工作，难免会有不愉快的时候。幼儿园教师应努力创造良好的人际关系，多与同事、领导沟通与交流；遇到问题，多向领导汇报；应设身处地多为他人着想，主动赢得同事、领导的尊重；学会宣泄自己的负面情绪，不开心时，或写日记，或唱歌，或找人倾诉等，及时调节自己的情绪，经常保持一颗平和的心态；学会自我激励，遇到困难、挫折、痛苦时，一定用伟人的榜样和坚定的信念安慰和鼓励自己；学会创造快乐，忧愁也是一天，快乐也是一天，比上不足比下有余，创造快乐，酝酿微笑；学会向他人求助。培根曾说过："如果你把忧愁向一个朋友倾吐，你将被分掉一半忧愁。"当自己的情绪受到压抑时，尽早向亲人和朋友倾诉，以得到及时的帮助和指点。

（四）勤于学习，不断进取

幼儿园教师应勤于学习、善于思考，以丰富的知识提高自己的幼儿教研能力；应努力打造自己的幼儿教研特长，应在工作中尽快形成自己的幼儿教研特色，做到在幼儿园中其他人不可替代，进而取得工作的自豪感；通过知识学习和经验总结，尽快精通自己工作的每一个环节，只有精通工作环节，才能对自己的工作产生胜任感、轻松感、获得感和幸福感。

（五）衣着整洁得体，语言规范健康，举止文明礼貌

幼儿园教师的仪容仪表：幼儿园教师要衣着整洁得体，选择“流行中略带保守”的服装，不宜穿太时髦或太暴露的服装，最好穿工装。幼儿园教师的语言规范：幼儿园教师必须讲标准的普通话，语言合乎语法规范，内容健康正派。幼儿园教师的行为举止：优雅端庄、文明礼貌，为幼儿树立正确的榜样。

第三节　幼儿园教师的权利与义务

一、幼儿园教师的权利

权利，从一般意义上来说，由几层相关的含义组成。它与自由相关，因为权利在定义上表述为一种法律规定的作为或不作为的自由；权利也包括利益的获取和保障，也就是权益，即法律所保护的利益，故又称“法益”。基于以上对权利的理解，幼儿园教师的权利指幼儿园教师依法享有的自由与权益。一般来讲，幼儿园教师的权益包括两类，一类是其作为公民享有《宪法》规定的公民的基本权利，如宗教信仰自由、人身与人格权、监督权、社会经济权利、社会文化权利等；另一类主要是对教师这一职业群体，除了作为公民应享有的权利以外的权利所做的特殊规定，教师所享有的特殊权利是与其职业特点相联系的，是从事其他职业的人员所不能享有的。依据《教育法》[40]和《教师法》[51]，我国幼儿园教师具有以下基本权利。

（一）进行保育教育活动、开展教育教学改革和实验的权利

该项权利简称“教育教学权”，是幼儿园教师的核心权利。其主要含义包括如下3点：①幼儿园教师有权依据本园课程的计划、工作量等具体要求，并结合本班的情况，因地制宜地开展本班的教育活动；②有权从本班幼儿实际情况出发，按照课程大纲的要求，确定其教育内容和进度，并灵活地执行，不断完善教学内容；③幼儿园教师可以通过教学改革和试验去探索教学规律，寻找符合幼儿身心发展规律的教学形式、方法和内容等，从而提高教学质量。幼儿园教师进行教育教学活动，开展教育教学改革和实验的权利不得被侵犯和非法剥夺；与此同时，为了保证教师享有这一权利，《教师法》还相应规定了各级人民政府、教育行政部门及有关部门、学校和其他教育机构应“提供符合国家安全标准的教育

教学设施和设备”“提供必需的图书、资料及其他教育教学用品”“为教师在教育教学、科学研究中的创造性工作给以鼓励和帮助”。此外还须说明的是：不具备教师资格的人不得行使该权利，或具有教师资格尚未受聘或辞聘，这一权利处于停顿状态，一旦受聘担任教师工作时，其权利才恢复正常状态。合法的解聘或待聘不等于侵犯教师的这一权利。

（二）从事科学研究、学术交流，参加专业的学术团体，在学术活动中发表意见的权利

该项权利简称“学术研究权”。学术研究权是教师作为专业技术人员所享有的一项基本权利，其基本含义包括如下3点：①教师在完成保教工作任务的前提下，有权从事科学研究、论文撰写、著书立说等创造性活动。教师可以依据幼儿教育的研究方法及已有的研究结果确立自己的研究课题、研究方法；②为了交流知识、经验、成果，共同分析讨论解决问题的办法，教师有参加相关的学术交流及参加专业的学术团队并在其中担任工作的权利；③教师有权在学术活动中发表自己的观点，开展学术争鸣。需要强调的是，在教育教学活动中，教师要严格按照国家规定的教学大纲来开展活动，不得发表不利于幼儿身心健康发展且与教学内容无关的观点和意见。

（三）指导学生的学习和发展，评定学生的品行和学业成绩

该项权利是教师在教育过程中居于主导地位的基本权利。其基本含义包括如下3点：①在保教过程中，教师有权依据幼儿的身心发展特点对幼儿进行适宜的指导从而协助幼儿主动、有效地学习；②教师有权依据幼儿的行为表现及所积累的作品对幼儿进行科学的、适当的评价，避免用划一的标准评价不同的幼儿；③教师有权运用正确的指导思想和科学的教育方法，促进幼儿的个性和能力得到充分发展。

（四）按时获取工资报酬，享受国家规定的福利待遇及寒暑假期的带薪休假

该项权利简称“报酬待遇权”，是教师应当享有的一项维持自身和家庭生存和发展的基本的物质权益。其基本含义包括如下两点：①教师有权要求与之形成劳动关系的学前教育机构根据国家法律的规定和教师聘用合同的规定，按时、足额地支付工资报酬。所在学前教育机构及其主管部门根据法律的、教师聘用合同的规定，按时、足额支付教师基础工资、职务工资、课时报酬、奖金、教龄津贴、班主任津贴及其他各种津贴在内的工资报酬。教师的工资不得非法拖欠、克扣；②教师有享受国家规定的医疗、住房、退休等各种福利待遇及寒暑假带薪休假的权利。

案例回顾 6

支付教师工资是幼儿园法定义务

某幼儿园为整顿学校工作作风，制订了严格的奖惩办法。其中有一条规定：只要有家长投诉且情况属实，则扣发当事教师1个月工资的40%，并取消当年该教师的评优资格。一日，王老师没留意给一位“插队”的幼儿先做了检查，一位家长不满并向幼儿园投诉，幼儿园扣除王老师当月工资的40%。

【案例分析 6】

我国《工资支付暂行规定》第十六条规定，扣工资时，每月扣除的部分不得超过劳动者当月工资的 20%。幼儿园为提高教师保教水平，制订相应的校内规章制度法律上是允许的，但所制订的规章制度一定要合法、合理、合情、适度，不能侵害教师的合法权益。

（五）对幼儿园教育、管理工作和教育行政部门的工作提出意见和建议的权利

通过教职工代表大会或者其他形式，参与学校的民主管理，这项权利简称“民主管理权”。其基本含义包括如下两点：①教师有对幼儿园及教育行政部门的工作提出意见和建议的权利，这是公民的一项基本权利，《宪法》规定“公民对任何国家机关和国家工作人员，有提出批评和建议的权利”；②教师可以通过教职工代表大会、工会组织等多种形式参与幼儿园的民主管理，讨论幼儿园发展、改革等方面的重大事项。

（六）参与进修或者其他方式培训的权利

该项权利简称“进修培训权”，进修培训权是教师不断接受教育、获得自我充实和提高的基本权利和必要手段。主要内容包括如下两点：①教师有权参加进修和接受其他多种形式的培训，以提高教育理念和专业素养，从而保障教育教学质量；②教师有权参加达到法定学历标准和达到高一级学历水平的进修或以拓宽知识为主的继续教育培训等权利。

案例回顾 7

进修培训是教师的基本权利

杨老师是某市一家幼儿园的教师，经幼儿园同意批准后到某一师范大学进修。进修一年结束后她发现，幼儿园将她进修期间的工资扣发一半；同时，还扣发了进修期间节假日的全部福利。

【案例分析 7】

《教师法》有明确规定，教师进修培训是一项基本权利和义务，教师进修期间，享有国家规定的工资福利待遇，而且还应按当地规定向进修教师支付学费和车旅费。幼儿园扣发工资和福利的行为，侵犯了杨老师的合法权利。

二、幼儿园教师的义务

权利与义务之间是一种相互联系、不可或缺的关系。权利人在行使自己权利的同时必须承担一定的义务，而义务人在履行义务时也同时享有一定的权利。仅就教师的特定义务而言，教师的义务是指依照《教育法》《教师法》及相关法律法规规定的，教师从事教育

教学而必须承担的责任，表现为教师在教育教学活动中必须做出一定行为或不得做出一定行为的约束。要理解这一概念，同样必须明确两点：①教师的身份是一个普通的公民，应该承担《宪法》所规定的基本义务，例如维护国家统一与团结，遵守《宪法》和法律，保守国家秘密，爱护公共财产，遵守劳动纪律，遵守公共秩序，尊重社会公德，维护国家的安全、荣誉和利益，保卫祖国，抵抗侵略，依照法律服兵役和参加民兵组织，依照法律纳税等义务；②教师是一种特殊的职业，从事教师这一职业应该承担不同于其他职业的义务。我国《义务教育法》规定："教师应当热爱社会主义教育事业，努力提高自己的思想、文化、业务水平，爱护学生，忠于职责"。《教师法》更为详尽地规定了我国教师应该承担以下具体义务。

（一）遵守《宪法》、法律和职业道德，为人师表

该项义务主要包括以下 3 个基本含义：①每一位教师在自己的工作中，必须以《宪法》和其他法律法规为准则，正确行使《宪法》和其他法律法规赋予的公民的权利并履行相应的义务。在保教过程中，培养幼儿初步的法律意识，使每个幼儿都成为遵法守法的好公民；②除了遵守法律的相关规定，教师还应该遵守职业道德。我国教师职业道德的基本要求是：爱国守法、爱岗敬业、关爱幼儿、严谨治学、团结协作、尊重家长、廉洁从教、为人师表、终身学习；③为人师表是对教师的特别要求。因为教师的一言一行都对幼儿产生潜移默化的影响，所以教师本人必须做出表率。为人师表对教师提出了多方面的要求，主要包括思想品质、政治素质、工作态度、钻研业务、生活作风、服饰打扮、言谈举止等方面，它要求教师时时、处处严格要求自己，言行一致、表里如一，堪当幼儿和社会一切人的楷模和表率。

（二）贯彻国家的教育方针，遵守规章制度，执行幼儿园的教学计划，履行教师聘约，完成教育教学工作任务

该项义务主要包含以下 3 个含义：①幼儿园教师在工作中，必须贯彻《教育法》所规定的教育必须为社会主义现代化建设服务，必须与生产劳动相结合，培养德、智、体、美等方面全面发展的社会主义教育事业的建设者和接班人的教育方针；②幼儿园教师要遵守各级政府、教育行政部门及学前教育机构制定的各项规章制度并执行保教工作计划，完成保教任务；③教师应依法履行教师聘约中约定的教育教学工作职责和完成规定的教育教学任务，否则将依法对其追究责任。

（三）对幼儿进行国家法律法规所确定的基本原则的教育和爱国主义、民族团结的教育、法制教育及思想品德、文化、科学技术教育，组织、带领幼儿开展有益的社会活动

该项义务主要包括以下 3 个方面的含义：①教师应对幼儿进行爱国主义、民族团结的教育，激发幼儿爱集体、爱家乡、爱祖国的情感，培养幼儿良好的思想品德的行为习惯；②对幼儿进行文化、科学技术的启蒙教育，使幼儿感受到祖国文化的博大精深，激发幼儿好奇心和求知欲望；③带领幼儿参加有益的社会活动，培养幼儿学习互助、合作和分享、有同情心的良好品质。

（四）关心、爱护全体幼儿，尊重幼儿人格，促进幼儿在品德、智力、体质等方面全面发展

该项义务主要包括以下 3 个方面：①关心、爱护全体幼儿是每一位幼儿园教师的天职和美德，严禁虐待、歧视和变相体罚、侮辱幼儿人格等损害幼儿身心健康的行为。幼儿年龄小，缺乏自我保护能力，更需要教师的关心和爱护，教师要把保护幼儿的生命健康 放在保教工作的首位；②幼儿有自身的独立人格，他们像成人一样需要得到尊重。教师应不分性别、民族、种族，平等地对待每一位幼儿。尊重幼儿意味着尊重幼儿的身心发展特点，尊重幼儿的个性特点，尊重幼儿的意愿和想法。在教育教学活动中，一切从幼儿出发，以幼儿为本；③对幼儿实施德、智、体、美各方面全面发展的教育，促进幼儿身心和谐发展是幼儿园教师最主要的任务之一；与此同时，还应尊重幼儿的个性发展，坚持个性发展和全面发展统一的原则。

（五）制止有害于幼儿的行为或者其他侵犯幼儿合法权益的行为，批评和抵制有害于幼儿健康成长的现象

幼儿园教师履行该项义务主要应该做到以下两点：①教师主要负责制止在幼儿园工作和保教活动中，侵犯其所负责管理的幼儿合法权益的行为；②教师有权制止幼儿家长对幼儿合法权益的侵害，尤其是家长体罚幼儿的行为。保护幼儿的合法权益和身心健康是全社会的责任，教师自然更有义务保护幼儿身心健康成长，有义务抵制和批评不利于幼儿身心健康成长的不良现象。

（六）不断提高思想政治觉悟和教育教学业务水平

教育教学工作是一项较强的专业性工作，为了更好地发展幼儿教育、提高国民素质，幼儿园教师必须不断提高自身修养；同时，不断学习专业知识，掌握幼儿教育教学规律以适应不断发展的幼儿教育教学工作的需要。

第四节　幼儿园教师的专业知识与专业能力

一、幼儿园教师专业知识的基本要求

根据《幼儿园教师专业标准》，幼儿园教师应具有如下专业知识。

（一）幼儿发展知识

1. 了解关于幼儿生存、发展和保护的有关法律法规及政策规定

幼儿园教师应学习、熟悉《未成年人保护法》《教育法》《教师法》《中华人民共和国母婴保健法》（以下简称《母婴保健法》）等相关法律，同时还应学习、熟悉《幼儿园管理

条例》《幼儿园工作规程》《幼儿园教师专业标准》《幼儿园教师违反职业道德行为处理办法》等相关法规，并严格按照法律法规从事幼儿教育工作。

2. 掌握不同年龄幼儿身心发展特点、规律和促进幼儿全面发展的策略与方法

幼儿园的幼儿正处于生理、心理发育阶段，3~6 岁不同年龄阶段的幼儿在生理和心理上都有不同的需求，幼儿园教师应掌握不同年龄阶段幼儿身心发展特点、成长规律，教学内容与教学方式防止“小学化”与“成年化”，杜绝“拔苗助长”，按照《幼儿园工作规程》和幼儿成长规律，因材施教，促进各个年龄阶段幼儿在德、智、体、美等方面全面发展。

3. 了解幼儿在发展水平、速度与优势领域等方面的个体差异，掌握对应的策略与方法

《3~6 岁儿童学习与发展指南》特别强调“尊重幼儿发展的个体差异”，切忌用一把“尺子”衡量所有幼儿。幼儿园教师应细心观察不同年龄幼儿、不同个性幼儿的身心发展需要，掌握对应的策略和方法，识别优势，分析弱势；因材施教，因人施教，使各个幼儿都能得到快乐的成长。

4. 了解幼儿发展中容易出现的问题与适宜的对策

幼儿园教师对待“问题”幼儿，应以表扬为主、以批评为辅，掌握批评教育幼儿的对策，批评时就事论事，批评时寓表扬，表扬时寓批评；幼儿处于学习做人做事的成长阶段，一定允许幼儿犯错误，谅解幼儿所犯错误。

5. 了解有特殊需要幼儿的身心发展特点及教育策略与方法

在幼儿园中，老师总喜欢听话、懂事的幼儿，这样的幼儿教起来省心、舒心，而对于那些调皮捣蛋、多动惹事或封闭内向的“问题幼儿”教起来闹心、费心。对于不听话或有特殊需要的幼儿，教师要有更多的耐心、童心，观察发现幼儿身上的优点、闪光点，通过表扬优点克服其缺点；不夸大幼儿的缺点，不贴固定“标签”；遇到孩子淘气不听话时先冷静一下自己的情绪，不忙于处理，慢慢给幼儿讲道理，就事论事，让幼儿自己认识到自己的不足，才能逐渐改掉坏习惯。

案例回顾 8

淘气的幼儿一样可以教好

庄老师是一家幼儿园的小班教师，该班有一位名叫新新的淘气幼儿。新新活泼好动，经常给老师搞一些“恶作剧”，如教学活动中，一不小心他钻入桌子底下；在交流活动中，他总是对其他同伴做鬼脸；在游戏活动中，他总爱对身边的同伴挠一下、抓一下……

【案例分析 8】

庄老师是位经验丰富的幼儿园教师，她首先观察寻找新新的优点，发现新新聪明、反应快，有次进教室时，她用手势示意幼儿们过来帮老师开门，其他幼儿不懂，而新新赶紧跑过来开门，庄老师抱着新新亲一亲，当着全班同学的面表扬新新。庄老师还

发现新新人缘好、喜欢交朋友，一天中午吃饭时，新新迟迟不吃，一问才知道他在等好朋友过来一起吃。庄老师针对新新的这些优点，多次表扬；同时，提醒新新注意克服自己的调皮缺点。在庄老师的耐心教育下，新新慢慢变了，恶作剧的次数越来越少，数月后就学会了控制自己，最终能与其他幼儿和睦相处了。

（二）幼儿保育和教育知识

按照《幼儿园教育指导纲要（试行）》和《幼儿园工作规程》，幼儿园教师应当具有如下的幼儿保育和教育知识。

1. 熟悉幼儿园教育的目标、任务、内容、要求和基本原则

幼儿园教育的目标和任务是：①贯彻国家的教育方针，按照保育和教育相结合的原则，遵循幼儿身心发展特点和规律，实施德、智、体、美各方面全面发展的教育，促进幼儿身心和谐发展；②幼儿园同时面向幼儿家长提供科学育儿指导。

幼儿园教育的内容是：在健康、语言、社会、科学、艺术五大领域培养幼儿的基本常识和行为习惯。

幼儿园教育的基本原则和要求是：①德、智、体、美等方面的教育应当互相渗透，有机结合；②遵循幼儿身心发展规律，符合幼儿年龄特点，注重个体差异，因人施教，引导幼儿个性健康发展；③面向全体幼儿，热爱幼儿，坚持积极鼓励、启发引导的正面教育；④综合组织健康、语言、社会、科学、艺术各领域的教育内容，渗透于幼儿一日生活的各项活动中，充分发挥各种教育手段的交互作用；⑤以游戏为基本活动，寓教育于各项活动之中；⑥创设与教育相适应的良好环境，为幼儿提供活动和表现能力的机会与条件。

2. 掌握幼儿园环境建设、一日生活安排、游戏与教育活动、保育和班级管理的知识与方法

幼儿园教师必须掌握、熟悉幼儿园及其周边环境，并利用环境加强幼儿教学；必须熟悉幼儿一日生活安排，做好幼儿生活保育工作；坚持游戏与教育并重，做到玩中学、学中玩；熟悉幼儿保育和班级管理知识和方法，配合保育员和班主任搞好幼儿教育工作。

3. 熟悉幼儿园的安全应急预案，掌握意外事故和危险情况下幼儿安全防护与救助的基本方法

幼儿园教师必须熟知幼儿园的安全应急预案，掌握地震、火灾、车祸等意外事故和危险情况下幼儿安全防护与救助的基本方法，有效保护幼儿，在危险状态下优先保护幼儿。

4. 掌握观察、谈话、记录等了解幼儿的基本方法

观察幼儿应仔细，应选取不同的角度观察，目的在于获取幼儿优点和缺点等有价值的信息；观察幼儿要深入，不能因为一次观察就想达到预期的目的；观察记录应详细，幼儿的语言、行为等细节要记录，以便事后分析。谈话语气应平等、平和、亲切，以幼儿关心的问题作为谈话交流切入点，从而发现问题并找出解决问题的方法。记录可采取笔记、手机录像等多种方式，记录应尽量详细、注意细节、重点突出，以便家、园联系共同做好幼儿教育工作。

5. 了解0~3岁婴幼儿保教和幼小衔接的有关知识与基本方法

“0~3岁婴幼儿保教”属于幼儿早期教育，0~3岁婴幼儿保教的有关知识：早教目标是为0~3岁婴幼儿及其家庭提供全程、全方位、富有个性的服务，促进婴幼儿全面发展；早教特点是主体多元性、多向互动性、形式综合化、亲子引导同步。“幼小衔接”属于幼儿后期教育，幼小衔接的有关知识：在儿童成长过程中，学前期和学龄期是两个相邻的、不同性质的发展阶段，幼儿园教师有义务帮助幼儿顺利渡过这一过渡期，更好地适应幼儿的小学学习和生活；幼小衔接的主要方法：与小学一年级老师交谈，了解小学一年级儿童学习生活特点，使幼小衔接教育更具有方向性；带领幼儿到小学进行观摩，让幼儿实地感受小学的学习和生活；开展“我要上小学了”主题班会活动，激发幼儿做一名小学生的自豪感。

（三）通识教育知识

1. 具有一定的自然科学和人文社会科学知识

幼儿教育是通识教育，幼儿园教师是通才。幼儿园教师要求“具有一定的自然科学和人文社会科学知识”，这并非要求幼儿园教师具有全面、高深的自然科学和人文社会科学知识，而是要求幼儿园教师具有一定的、初级的自然科学和人文社会科学常识。

2. 了解中国教育基本情况

幼儿园教师应了解中国早期教育、幼儿教育、小学教育、初中教育、高中教育、大学教育、职业教育、终身教育等基本情况及其相关法律政策，了解中国教育发展趋势，以此促进个人的幼儿教育教学工作。

3. 掌握幼儿园各领域教育的特点与基本知识

幼儿教育内容具有综合性和启蒙性，幼儿园各个领域包括健康、语言、社会、科学、艺术等五大领域。各领域的内容相互渗透，从不同的角度促进儿童情感、态度、能力、知识、技能等方面的发展。

4. 具有相应的艺术欣赏与表现知识

幼儿园教师应具有基本的歌曲欣赏、戏剧欣赏、曲艺欣赏、美术欣赏、舞蹈欣赏、民俗欣赏、文化欣赏、文学欣赏、语言欣赏等欣赏能力和表现能力，才能在幼儿教学中实现师幼互动，提高幼儿教育水平。

5. 具有一定的现代信息技术知识

现代信息技术日新月异、发展极快，客观上要求幼儿园教师与时俱进。只有掌握诸如计算机、手机、网络、微信等现代先进信息技术知识并熟练运用、应用于教育教学活动中，并利用先进信息技术手段提高幼教水平才能跟上时代发展步伐。

二、幼儿园教师必备的专业能力

根据《幼儿园教师专业标准》，幼儿园教师应具有如下专业能力。

（一）环境的创设与利用

（1）建立良好的师幼关系，帮助幼儿建立良好的同伴关系，让幼儿感到温暖和愉悦。

师幼沟通、交流是幼儿园教师的基本能力之一。教师与幼儿沟通、交流、交往、了解、互动，进而建立良好的、同伴性的师幼关系，为幼儿的成长营造一个良好的、和谐的身心发展环境。这是幼儿园教师的基本功之一。

（2）建立班级秩序与规则，营造良好的班级氛围，让幼儿感到安全、舒适。组织管理幼儿班级是幼儿园教师的基本能力之一。组织管理好幼儿班级秩序和规则，营造良好的班级氛围，使幼儿在良好的班级集体生活中与教师互动、与同伴们互动，进而使幼儿在德、智、体、美各方面全面发展。这是幼儿园教师的中心工作。

（3）创造有助于促进幼儿成长、学习、游戏的教育环境。《幼儿园工作规程》第四十一条规定："观察了解幼儿，依据国家有关规定，结合本班幼儿的发展水平和兴趣需要，制订和执行教育工作计划，合理安排幼儿一日生活。创设幼儿学习、成长和游戏教育环境是幼儿园教师的应有能力。环境是重要的教育资源，幼儿园教师应创设良好的物质环境，营造良好的精神环境，为幼儿的成长、学习、游戏提供支持和帮助。"

（4）合理利用资源，为幼儿提供和制作适合的玩具和学习材料，引发和支持幼儿参与教育活动的主动性。《幼儿园工作规程》第三十条规定："幼儿园应当将环境作为重要的教育资源，合理利用室内外环境，创设开放的、多样的区域活动空间，提供适合幼儿年龄特点的丰富的玩具、操作材料和幼儿读物，支持幼儿自主选择和主动学习，激发幼儿学习的兴趣与探究的愿望。"幼儿园教师应充分利用校园、家庭、社区各种校内外资源制作玩具和其他教具（如各家幼儿玩具校内分享、制作小红花、小红旗之类），增加幼儿玩具和其他学习材料数量，提高玩具和其他学习材料质量，丰富玩具和其他学习材料内容，以此激发和支持幼儿参与教育教学活动的主动性。

（二）一日生活的组织与保育

（1）合理安排和组织一日生活的各个环节，将教育灵活地渗透到一日生活中。幼儿教育是一种保教结合的教育。在一日工作中，教中有保，保中有教，保教相互结合、相互包含、相互渗透，从而使幼儿教育形成有机整体。如喝水环节中，教育内容主要是：提醒幼儿接水时要互相谦让、不浪费水；保育内容主要是：提醒幼儿渴了要喝水，教育幼儿每日要喝足量的水，喝干净的水。

（2）科学照料幼儿日常生活，指导和协助保育员做好班级常规保育和卫生工作。《幼儿园工作规程》第四十一条规定："严格执行幼儿园安全、卫生保健制度，指导并配合保育员管理本班幼儿生活，做好卫生保健工作。"幼儿园教师具有教育和保教双重职能，幼儿园教师除做好教育教学任务外，还应指导和协助保育员共同做好班级日常保育和卫生等方面的工作。

（3）充分利用各种教育契机，对幼儿进行随机教育。在幼儿的一日生活和学习过程中，会出现各种情况、面临各种问题，其中就蕴含着众多教育幼儿的内容，幼儿园教师应善于捕捉其中有效的契机，对幼儿进行随机教育。

（4）有效保护幼儿安全，及时处理幼儿的常见事故，危险情况优先保护幼儿。《幼儿园工作规程》第十五条规定："幼儿园教职工必须具有安全意识，掌握基本急救常识和防范、避险、逃生、自救的基本方法，在紧急情况下应当优先保护幼儿的人身安全。"幼儿

是勇敢而无知的冒险者，也是胆大而懵懂的好奇者，在探究问题和探究好奇过程中对潜在的危险认识不足；幼儿园教师应时刻关注幼儿安全的保护，把有可能危及幼儿安全的因素消灭在萌芽状态；遇到危及幼儿安全的偶发事故或危险情况，第一时间优先保证幼儿的生命安全。

（三）游戏活动的支持与引导

（1）提高符合幼儿兴趣需要、年龄特点和发展目标的游戏条件。《幼儿园工作规程》第二十九条规定："幼儿园应当根据幼儿的年龄特点指导游戏，鼓励和支持幼儿根据自身兴趣、需要和经验水平，自主选择游戏内容、游戏材料和伙伴，使幼儿在游戏过程中获得积极的情绪情感，促进幼儿能力和个性的全面发展。"游戏是幼儿最喜欢的活动，是实现幼儿身心和谐发展的桥梁。在游戏中，幼儿把注意力集中在其感兴趣的游戏活动上，通过游戏活动获取社会和生活知识。然而，不同性别的幼儿、不同性格的幼儿、不同年龄阶段的幼儿喜欢不同的游戏活动，幼儿园教师应根据各个幼儿的性格、爱好、性别、年龄采用不同的游戏活动，提高幼儿游戏教育质量。

（2）充分利用与合理设计游戏活动空间，提供丰富、适宜的游戏材料，支持、引发和促进幼儿的游戏。组织游戏活动是幼儿园教师的基本能力之一。对幼儿而言，游戏既是学习也是生活，幼儿园教师应具备设计组织各种游戏活动的能力、创设游戏环境的能力，不断满足幼儿对各种游戏活动的需要。

（3）鼓励幼儿自主选择游戏内容、伙伴和材料，支持幼儿主动地、创造性地开展游戏，充分体验游戏的快乐和满足。自制玩具是成年人和幼儿自己制作的玩具，既经济又实用，能满足幼儿的快乐需要，深受幼儿的欢迎，幼儿园教师应鼓励幼儿自主选择游戏内容、游戏伙伴和游戏材料，师幼一起开展玩具制作和游戏活动，让幼儿在游戏中体验快乐。

（4）引导幼儿在游戏活动中获得身体、认知、语言和社会性等多方面的发展。《幼儿园教师专业标准》提出，教师要"引导幼儿在游戏活动中获得身体、认知、语言和社会性等多方面的发展"。这是对于教师在幼儿游戏活动及具体的活动过程中如何发挥指导作用而提出的基本要求，幼儿园教师应善于通过各种游戏活动引导幼儿获得身心健康知识、认知能力、语言表达和社会生活知识。

（四）教育活动的计划与实施

（1）制订阶段性的教育活动计划和具体活动方案。幼儿园教师应根据年度教学工作目标，制订科学合理的学期工作计划、每月工作计划、每周工作计划，按照工作计划制订具体的教学活动方案。

（2）在教育活动中观察幼儿，根据幼儿的表现和需要，调整活动，给予适宜的指导。观察是了解幼儿的最重要的途径之一，幼儿园教师如果能通过外部观察了解、理解其外在行为所传递的内部信息，敏感地觉察幼儿最眼前的心理变化和最迫切的心理需要，并根据幼儿的特点做出及时的、有利于幼儿发展的恰当反应，那么教师就赢得了教育的主动权。

（3）在教育活动的设计和实施中，体现趣味性、综合性和生活化，灵活运用各种组织形式和适宜的教育方式。设计科学并富有趣味性和生活化的教育教学活动是幼儿园教师应有

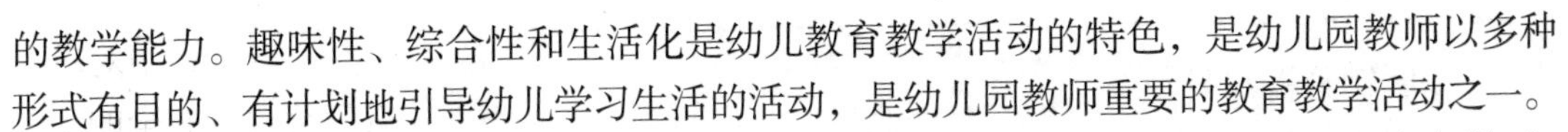

的教学能力。趣味性、综合性和生活化是幼儿教育教学活动的特色，是幼儿园教师以多种形式有目的、有计划地引导幼儿学习生活的活动，是幼儿园教师重要的教育教学活动之一。

（4）提供更多的操作探索、交流合作、表达表现的机会，支持和促进幼儿自主学习。《幼儿园工作规程》第二十八条规定："教育活动的过程应注重支持幼儿的主动探索、操作实践、合作交流和表达表现，不应片面追求活动结果。"幼儿自主学习是以尊重幼儿的独立人格、发展幼儿个性为宗旨，以更好地发挥幼儿在学习过程中的用心性和主动性。幼儿园教师应在教育教学活动中，为幼儿创设更多的自主学习、自主游戏、自主交流的操作流程和操作方案，为幼儿提供更多的自我表达、自我表现的机会，激发幼儿学习与游戏的积极性和主动性。

（5）积极开展幼儿教育科研活动。《幼儿园工作规程》第四十一条规定："幼儿园教师应参加业务学习和保育教育研究活动。"结合幼儿教学实践开展幼儿教育科研活动是幼儿园教师的基本能力之一。幼儿教育科研就是紧密结合幼儿教育实践的重要理论和现实问题，分析问题，探讨对策，进而找出某一方面的幼儿教育规律并取得科学结论。幼儿园教师参与幼儿教育科研，教研相长，不仅有利于教师个人发展，而且有利于提高自身的幼教水平和质量。

（五）激励与评价

（1）关注幼儿日常表现，及时发现和赏识每个幼儿的点滴进步，注重激发和保护幼儿的积极性、自信心。幼儿园教师应经常观察、关注幼儿的日常表现，对幼儿的点滴进步要报以热情的鼓励、较高的赏识和及时的表扬，激发和保护幼儿的积极性、自信心，并以此为榜样，教育其他幼儿取得相同相似和更多更大的进步。

（2）有效运用观察、谈话、家园联系、作品分析等多种方法，客观地、全面地了解和评价幼儿。幼儿评价是依据幼儿教育和发展目标运用教育评论的理论和方法，对幼儿身体、认知、品德、表现等方面的发展而进行价值判断的过程。幼儿评价的方法主要有日常观察评价、师幼谈话评价、幼儿作品评价、幼儿表现评价、家园联系评价、幼儿测试评价、成长档案评价等，幼儿评价结果应客观、全面、公正，既要突出幼儿优点，也不能回避幼儿问题，只有客观、全面而又公正的评价才有利于幼儿的健康成长。

案例回顾 9

以评价促进幼儿进步

月月和可可是某幼儿园不同班级的 4 岁幼儿。一次美术活动后，月月向她的张老师展示自己的作品，张老师回应道："你给老师讲讲好吗？"月月高兴地把自己的作品及其所要表达的内容告诉张老师，张老师微笑着回答："嗨，真不错，如果小树再粘牢固一点就更好了。"月月高兴地回去继续粘贴。

另一次美术活动中，可可高兴地把自己的作品交给他的李老师看，并问："老师，您看我画的花漂亮吗？"李老师头也不抬地回应道："你不用给我看，放在那里我以后再看。"可可垂头丧气地回到自己的座位上。

【案例分析 9】

幼儿园教师对幼儿的展示行为应给与积极的应答，肯定成绩，给出改进意见，让幼儿体会到老师对他的重视和关爱，满足幼儿的自尊自信需要；相反，对幼儿的展示行为态度冷漠，就会挫伤幼儿的自尊心和自信心。

（3）有效运用评价结果，指导下一步教学活动的开展。评价是手段而不是目的，教育幼儿才是幼儿评价的真正目的。幼儿园教师应在评价中学习，在学习中评价，通过评价，提高自己的观察能力、分析能力、归纳能力、反思能力、专业能力和创新能力；通过幼儿评价结果，发现幼儿的优点和缺点，把评价结果融入日常幼儿教学，成为幼儿教学的一个组成部分，进而提高幼儿教学的质量。

（六）沟通与合作

（1）使用符合幼儿年龄特点的语言进行保教工作。沟通是指通过一定的交流方式使双方彼此之间通达。善于沟通，能实现人与人之间的和谐相处、消除隔阂、密切关系、促进工作。不同年龄阶段有不同的沟通特点，幼儿园教师应根据幼儿的不同年龄阶段使用贴近生活的语言、通俗易懂的语言，采用不同的语言风格、语言技巧、语言内容，有针对性地开展师幼沟通工作。

（2）善于倾听，和蔼可亲，与幼儿进行有效沟通。幼儿园教师一定要掌握师幼沟通的技巧和方法，把幼儿当朋友伙伴，以平等的态度进行沟通，不训斥，不命令；善于倾听，耐心地让幼儿把问题或委屈发泄完再进行沟通；善于发现幼儿感兴趣的话题，进行话题沟通；沟通时态度要真诚、和蔼可亲，最好坐下来或蹲下来进行沟通；沟通时的语速语调要适合幼儿的接收程度；用集体、小组、个别等沟通形式，满足不同幼儿的情感表达需要。

（3）与同事合作交流，分享经验和资源，共同发展，共同提高。一个人的能力是有限的，幼儿园教师应树立“合作育人”的教育理念，通过结对子、建团队、教学观摩、教学研讨等多种手段，与同事经常开展幼儿教育经验交流活动，既能提高自己的专业发展水平，也能提高幼儿的教育教学水平。

（4）与家长进行有效沟通，共同促进幼儿发展。《幼儿园工作规程》第四十一条规定：“与家长保持经常联系，了解幼儿家庭的教育环境，商讨符合幼儿特点的教育措施，相互配合共同完成教育任务。”与家长沟通交流是一门艺术，客观上需要幼儿园教师从家长的立场出发，把握好家长关心的问题，对症下药。与家长沟通要持平等的观念、和蔼的态度、“请教”的语气，自信而诚恳地与家长交谈；应主动向家长介绍幼儿园的情况和幼儿在园的表现，让家长理解幼儿园；利用多种途径（走访、电话、QQ、微信等）进行家访；不能因幼儿某些不好的表现责怪、批评家长；保守家长家庭隐私；对家长提出的不合理要求要耐心解释，自己解决不了的问题，及时上报幼儿园解决。总之，加强与家长沟通交流，目的在于教师与家长合作共同帮助幼儿进步、促进幼儿发展。

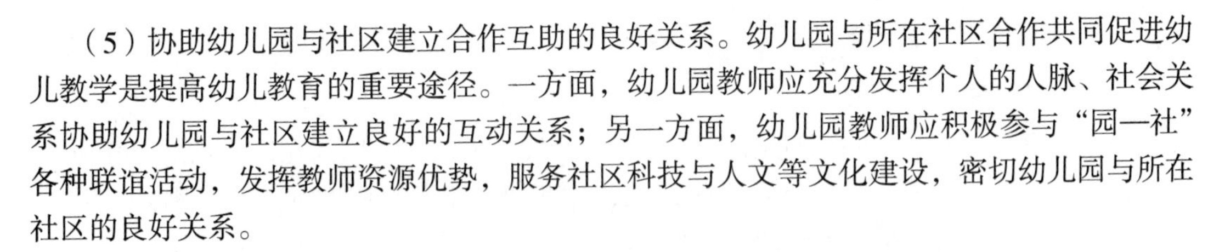

（5）协助幼儿园与社区建立合作互助的良好关系。幼儿园与所在社区合作共同促进幼儿教学是提高幼儿教育的重要途径。一方面，幼儿园教师应充分发挥个人的人脉、社会关系协助幼儿园与社区建立良好的互动关系；另一方面，幼儿园教师应积极参与“园—社”各种联谊活动，发挥教师资源优势，服务社区科技与人文等文化建设，密切幼儿园与所在社区的良好关系。

（七）反思与发展

（1）主动收集分析相关信息，不断进行反思，改进保教工作。教学反思是教师以自身的教学为思考对象，对自己的教学行为、策略及由此而产生的教学效果进行审视和分析的过程。教学反思被认为是“教师专业成长的核心要素”，只有经过教学实践—反思—再实践—再反思的循环过程，教师的教学经验才能上升到一定的高度，并对以后的教学行为产生较大影响；只有经常、不断反思自己的教学经验，教师才能提高自己的综合教学能力和水平，不断反思方成名师。作为幼儿园教师，既要做好教学前反思、教学中反思、教学后反思，也要每周反思、月度反思、学期反思、年度反思，日积月累，精益求精，自己就会从一名经验型幼儿园教师转变为专家型幼儿园教师。

（2）针对保教工作中出现的新问题，进行探索、研究并寻找对策。任何问题均有解决对策。幼儿园教师针对保教工作出现的新情况、新问题，应发挥自己的主观能动性，认真分析问题产生的根源，剖析问题产生的因素，借鉴国内乃至世界的先进经验，理论联系实际，探索、研究、发现解决问题的对策，进而推动幼儿教育的创新发展。

（3）制订专业发展规划，不断提高自身专业素质。一名优秀的幼儿园教师一定是注重个人专业发展规划的教师。幼儿园教师应根据自己的专业发展基础，制订好年度（或学期）幼儿保教工作计划、幼儿教研计划，用高标准、高质量的专业发展规划，不断提高自身的专业素质和业务能力。

课后练习

1. 名词解释

（1）幼儿园教师。

（2）教师聘任制度。

2. 简答题

（1）幼儿园教师的职业道德和个人修养有哪些？

（2）幼儿园教师的权利和义务有哪些？

（3）幼儿园教师应具备哪些专业知识和专业能力？

3. 案例分析

2019 年 4 月 24 日，昆明某幼儿园一位女教师不知什么原因在监控死角虐打一位幼儿，被其他人手机录像。整个过程，幼儿哭声不断，该教师先用脚踢，后用手拍，前后持续时间近 3 分钟。视频在网上公布后，引起市民的强烈反响。

请结合本章知识点分析幼儿园教师应该具备哪些职业道德和个人修养？面对“不听话的”幼儿，幼儿园教师该怎么办？

第五章 政府对幼儿园的管理和服务

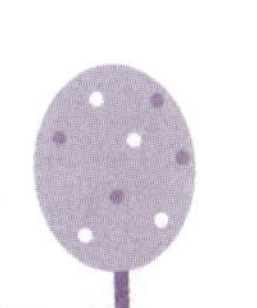

案例导入

某街道幼儿园自转变管理体制以来，经过全体教职员工的共同努力，在很短的时间内从一所规模小、投资少、师资薄弱的无名小幼儿园发展成为优秀园所。虽然该园由所在的街道办事处管理，但现在实行园长负责制，成为相对独立的经济实体，自负盈亏，仅能维持收支平衡。该园教职员工大多为公职人员，人员配置较为合理，没有多余的编制名额。

一天，园长接到街道办事处的通知：该街道办事处下辖的另一所幼儿园由于经营不善，亏损较严重，决定解散，公职教师需要分配至各效益较好的幼儿园，所以要求该幼儿园接收3名教师。虽然该园是自负盈亏，但由于该园归街道办事处领导，所以园长在人事上没有任免权，鉴于该园的实际情况，如果接受街道办事处的安排，势必对幼儿园的发展造成不利影响，园长为此感到进退两难。

问题聚焦：

1. 如果你是园长，将如何处理这件事？

2. 在管理体制改革的过程中，幼儿园和上级领导部门之间应如何规范彼此的权利和义务？

学习目标

1. 熟悉当前政府对幼儿园管理和服务的相关法律法规。
2. 了解各级政府对学前教育的管理与服务的现状。
3. 分析未来需改进的方向及发展趋势。

本章结构

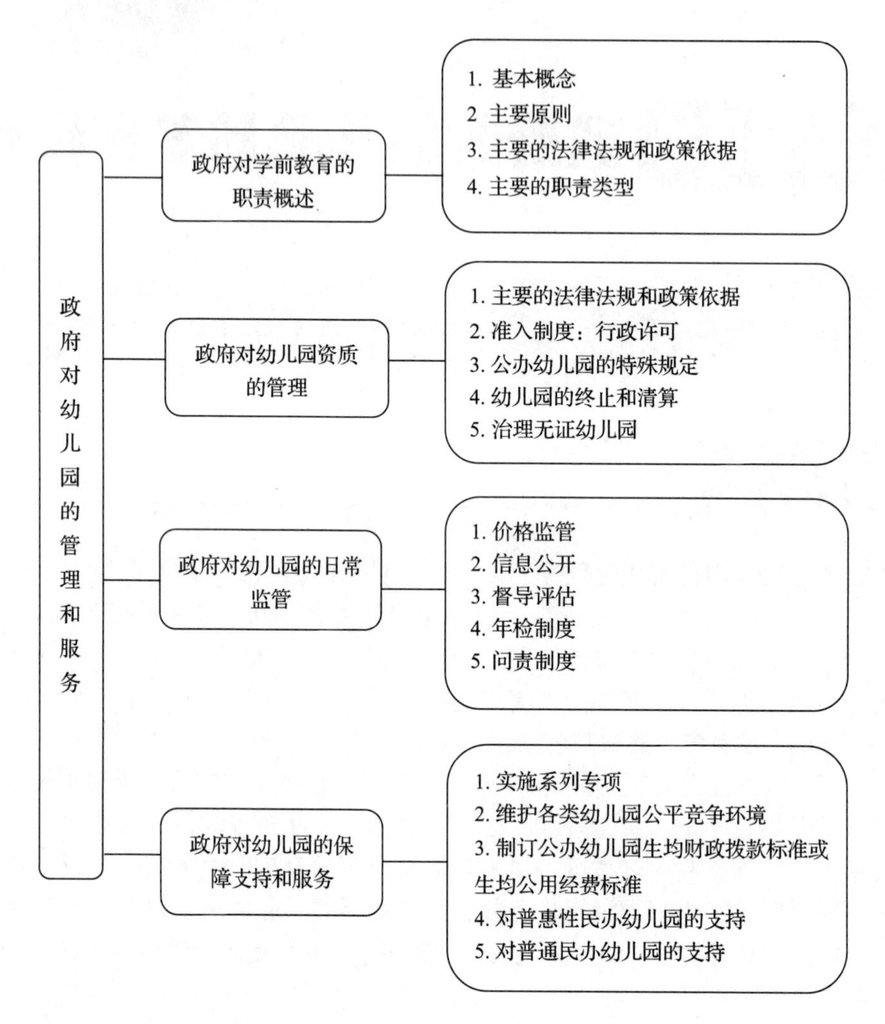

第一节　政府对学前教育的职责概述

学前教育为社会带来的效益远超过其为个人或家庭带来的效益，不仅能够提升国民素质，还能促进国家经济和社会发展。学前教育的这种正外部性，决定了政府在学前教育发展中具有不可推卸的责任。《教育法》第十八条明确规定："国家制定学前教育标准，加快普及学前教育，构建覆盖城乡，特别是农村的学前教育公共服务体系。各级人民政府应当采取措施，为适龄儿童接受学前教育提供条件和支持。"然而，受制于不同时期的经济政治条件，我国政府在发展学前教育中的职责内容、大小、范围等随之相应调整。大体来讲，改革开放40年来，我国政府发展学前教育的责任边界经历了从承担“底线责任”再到“主导”的演变，政府自身承担责任的意识逐步增强、与其他主体的合作方式日趋多元[58]。

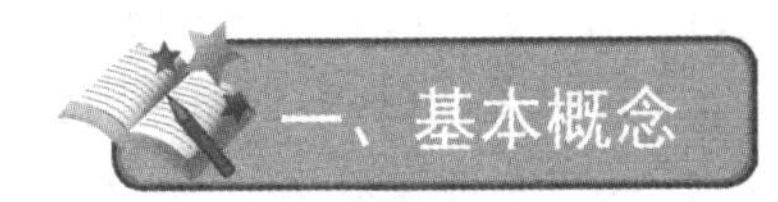

一、基本概念

（一）学前教育中的政府职责

学前教育中政府职责是各级人民政府依据《宪法》、相关法律法规的规定，应当承担的在学前教育发展中的政府责任。《国家中长期教育改革和发展规划纲要（2010—2020年）》提出政府发展学前教育的主要职责包括规划学前教育事业发展、制订财政投入计划、创办幼儿园、建设教师队伍、监督管理等方面。当前，政府在学前教育发展中的职责主要通过政府对幼儿园的管理和服务实现。

（二）政府对幼儿园的管理

政府对幼儿园的管理是指政府按照学前教育规律，根据保教结合的原则，采用科学的工作方式，以有效运用人、财、物等各种学前教育资源充分发挥各种因素的潜力，优质、高效地实现学前教育事业发展的社会效益目标和幼儿教育培养质量目标的活动过程。包括各级各类政府对学前教育的立法、规划、组织、督导等管理。从宏观来看，涵盖观念管理、制度管理、政策管理、规划管理、投入管理、效益管理等方面的重要内容；从微观来看，涵盖园所管理、课程管理、质量管理、教师管理、儿童管理、安全管理等方面。

（三）政府对幼儿园的服务

构建服务型政府，是现代政府职能的基本定位之一，也是当前我国政府转型的重要目标之一。政府对幼儿园的服务功能应运而生，主要是指为促进幼儿园的发展，为学校提供制度、经费、法律，以及矛盾调解、纠纷解决、诉讼仲裁等一系列服务，包括公平竞争秩序的维护、和谐社会治安环境的稳定、食品和卫生安全的指导、信息的公开与主动提供、教师培训机会的创造、办园质量的咨询等。与管理的“权力”“控制”和“威慑”相比，政府对幼儿园的服务职能更强调“权利”“主动”和“法治”。

二、主要原则

党的十八大以来，以习近平同志为核心的党中央对全面依法治国高度重视，从关系党和国家长治久安的战略高度来定位法治、布局法治、厉行法治，把全面依法治国放在党和国家事业发展全局中来谋划、来推进，提出建设法治政府的目标。在这种背景下，政府在对幼儿园的管理和服务过程中，必须遵循如下原则。

（一）职责法定

对市场主体而言，“法无禁止即可为”；对政府而言，则是“法无授权不可为”。职责法定原则是法治政府建设的基本要求，也是政府管理幼儿园的首要原则。这就意味着，政府职责必须有法可依，每一项政府职责都应当在法律法规或者国家政策中找到专门的规定，这些规定都是详细明白的、条理清楚的条文，具有法律的刚性和政策的权威性。政府必须严格按照《宪法》、法律法规中的规定来履行自己的职责，也即是法律中的强制性。还意味着，法律法规或者国家政策中没有涉及的内容政府不能乱作为，要尊重市场的主体地位和幼儿园的自主办学权利。政府在管理学前教育中不能不作为，更不能乱作为。

职责法定原则要求各级政府必须严格依据《教育法》《幼儿园工作规程》《若干意见》等国家法律规章制度和政策的相关规定履行相关职责。职责法定原则还要求国家健全行政监督的法律法规，尤其是要加快出台学前教育法，以破解学前教育公共服务体系建设与事业改革发展中的深层次难题、关键性体制机制等问题，保障与促进事业积极、健康、可持续发展[59]。

（二）量力而行

量力而行原则是指各级政府要从各地实际出发，根据发展阶段和地方财政状况，既主动作为，调动各方面参与的积极性，加大人、财、物的配置力度，加强资源的统筹配置，采取有效举措扩充学前教育资源的供给，满足人民群众对学前教育的基本需求，又把握节奏，科学制订幼儿园建设发展规划，区分轻重缓急，有计划、分步骤进行建设。量力而行原则是我国在社会主义初级阶段必须长期坚持的学前教育发展原则。改革开放以来，虽然我国的经济和社会建设取得了长足进步，全面建设小康社会指日可待，但我国社会仍然存在人民日益增长的美好生活需要和不平衡不充分的发展之间的矛盾，仍将长期处于社会主义初级阶段，距离实现社会主义发达国家还有较大的发展空间。短期内实现学前教育普及化和普惠化仍然存在较大困难，尤其是在农村地区和西部偏远地区。

一方面，量力而行原则要求正视当前我国不同地区政治经济发展状况，根据社会发展水平确定学前教育发展规模、速度，不可超越地方经济社会条件；另一方面，要求把有限的资源集中到农村和边远贫困地区，集中到农村学前教育推进工程和优质普惠性学前教育资源扩容项目等关键的项目和领域，追求最小的投入获得最大的社会性收益。

（三）办园自主

办园自主是指幼儿园及其园长在政府的支持下，依据相关法律法规，独立自主地对幼儿园进行管理，有相对独立的人、财、物支配权，并独立地对外承担相应的责任，目的是使幼儿园成为独立的办园实体。其中，幼儿园园长在幼儿园组织机构中处于中心地位。

办园自主原则是政府在参与幼儿园管理和服务过程中必须坚持的基本原则。一方面，政府要尊重和支持幼儿园园长对幼儿园的行政权，尊重和支持幼儿园的办园实体地位，不能越俎代庖，直接干涉幼儿园的具体办学日常行为；另一方面，办园自主并非没有任何限制，幼儿园园长或举办者必须遵守国家相关法律法规，提供安全卫生的教学环境。如果幼儿园接受政府财政、编制等资助，必须提供符合政府要求的相关服务或作出相应办学行为。总之，办园自主是政府必须给以尊重保障的幼儿园基本权力，幼儿园园长或举办者也必须认识到办园自主只是相对的自主，必须以遵守国家相关法律法规为前提。

本章开篇导入的案例中，街道办事处不顾该幼儿园实际情况，执意安排该幼儿园接收三名教师的行为明显侵犯了幼儿园的办园自主权。

（四）有权必有责，用权受监督

“有权必有责，用权受监督”原则首先要求政府在学前教育发展中的权力运用坚持权责统一，权力源于责任，服务于责任。不存在没有责任的权力。这就意味着政府在管理和服务幼儿园的过程中，要树立正确的权力观念，突出责任导向，慎用权力，严格依照权限、规则、程序行使权力，坚持履行职责；其次，要求政府在管理和服务幼儿园的过程中坚持权力在阳光下运行，接受各界监督，杜绝权力的任性，防止出现腐败。

三、主要的法律法规与政策依据

关于各级各类政府对学前教育的管理和服务，国家先后出台了多项法律法规与政策，主要法律法规和政策文件相关内容归纳见表 5–1。

表 5–1　政府对学前教育的管理和服务

法律法规或政策名称	条文编号	具体内容
《教育法》	第十七条	国家实行学前教育、初等教育、中等教育、高等教育的学校教育制度。国家建立科学的学制系统。学制系统内的学校和其他教育机构的设置、教育形式、修业年限、招生对象、培养目标等，由国务院或者由国务院授权教育行政部门规定
	第十八条	国家制定学前教育标准，加快普及学前教育，构建覆盖城乡，特别是农村的学前教育公共服务体系。 各级人民政府应当采取措施，为适龄儿童接受学前教育提供条件和支持
《若干意见》	第六部分	一是落实监管责任，二是加强源头监管，三是完善过程监管，四是强化安全监管，五是严格依法监管

续表

法律法规或政策名称	条文编号	具体内容
《国家中长期教育改革和发展规划纲要（2010—2020年）》	第三章 第六条	明确政府职责。把发展学前教育纳入城镇、社会主义新农村建设规划。建立政府主导、社会参与、公办民办并举的办园体制。大力发展公办幼儿园，积极扶持民办幼儿园。加大政府投入，完善成本合理分担机制，对家庭经济困难幼儿入园给予补助。加强学前教育管理，规范办园行为。制定学前教育办园标准，建立幼儿园准入制度。完善幼儿园收费管理办法。严格执行幼儿园教师资格标准，切实加强幼儿园教师培养培训，提高幼儿园教师队伍整体素质，依法落实幼儿园教师地位和待遇。教育行政部门加强对学前教育的宏观指导和管理，相关部门履行各自职责，充分调动各方面力量发展学前教育
《幼儿园管理条例》	第四章 第二十二条	各级教育行政部门应当负责监督、评估和指导幼儿园的保育、教育工作，组织培训幼儿园的师资，审定、考核幼儿园教师的资格，并协助卫生行政部门检查和指导幼儿园的卫生保健工作，会同建设行政部门制定幼儿园园舍、设施的标准
《中小学幼儿园安全管理办法》	第一章 第五条	各级教育、公安、司法行政、建设、交通、文化、卫生、工商、质检、新闻出版等部门在本级人民政府的领导下，依法履行学校周边治理和学校安全的监督与管理职责
	第二章 第六条	地方各级人民政府及其教育、公安、司法行政、建设、交通、文化、卫生、工商、质检、新闻出版等部门应当按照职责分工，依法负责学校安全工作，履行学校安全管理职责
	第七章 第五十九条	省级教育行政部门应当在每年1月31日前向国务院教育行政部门书面报告上一年度学校安全工作和学生伤亡事故情况
《托儿所幼儿园卫生保健管理办法》	第四条	县级以上各级人民政府卫生行政部门应当将托幼机构的卫生保健工作作为公共卫生服务的重要内容，加强监督和指导。 县级以上各级人民政府教育行政部门协助卫生行政部门检查指导托幼机构的卫生保健工作
	第五条	县级以上妇幼保健机构负责对辖区内托幼机构卫生保健工作进行业务指导。业务指导的内容包括：膳食营养、体格锻炼、健康检查、卫生消毒、疾病预防等
《中国教育现代化2035》		完善学前教育保教质量标准。以农村为重点提升学前教育普及水平，建立更为完善的学前教育管理体制、办园体制和投入体制，大力发展公办园，加快发展普惠性民办幼儿园
《加快推进教育现代化实施方案（2018—2022年）》		推进学前教育普及普惠发展，健全学前教育管理机构和专业化管理队伍，加强幼儿园质量监管与业务指导

四、主要的职责类型

根据国家相关法律法规与政策，尤其是根据《若干意见》，当前政府在学前教育发展中的职责大体有如下 6 类。

（一）构建管理体制

管理的体制是规定中央、地方、部门、企业和社会各相关主体各自的管理范围、权限职责、利益边界及其相互关系的准则。它的核心是管理机构的设置、各管理机构职权的分配及各机构间的相互协调。管理体制的健全与否、日常运转的强弱直接影响到管理的效率和效能，在中央、地方、部门、企业整个学前教育的管理中起着决定性作用。

在学前教育事业管理体制方面，1987 年国务院办公厅转发的原国家教委等部门《关于明确幼儿教育事业领导管理职责分工的请示》明确提出："幼儿教育事业必须在政府统一领导下，实行地方负责、分级管理和有关部门分工负责的原则。" 1989 年，经国务院批准，由原国家教委发布的《幼儿园管理条例》将这一体制用部门规章的形式确立了下来。《若干意见》第三十一条规定，我国学前教育管理体制为：国务院领导、省市统筹、以县为主。突出"省市统筹、以县为主"，强调加大省级政府对省域内学前教育的统筹领导责任和县级政府对县域内学前教育的管理指导责任。

省级政府的职责：加强对教育、财政、发展改革、编制、人事社保、国土资源等各相关部门的统筹协调，保障全省学前教育事业的领导、组织、保障、督导和推动工作的进行；根据中央相关法律法规、政策和宏观规划，制定全省学前教育发展规划及相关政策并指导实施，明确本省学前教育财政投入、教师队伍建设规划并保障落实，对省域学前教育监督指导。

县级政府的职责：承担管理县域学前教育发展和管理的主体责任，贯彻落实中央、省、市有关学前教育发展的方针、法律法规、政策、规划，制定县域学前教育发展规划并统筹管理，规范幼儿园教师人事聘任、考核制度，督促教师工资津贴与社会保障等的到位，保障县域幼儿园合理布局、规范运转。

（二）创建办园体制

办园体制是指对幼儿园举办主体和举办形式的规定、办园行为的规范的一系列体系和制度的总称，包含办园批准权限、办园规划、办园主体、办园经费等方面的内容[60]。《国家中长期教育改革和发展规划纲要（2010—2020 年）》明确指出，我国当前应该建立政府主导、社会参与、公办民办并举的办园体制。

当前办园体制最突出的特色是政府主导和公办民办并举。在我国这样的社会主义国家，科学合理的办园体制的建立必须由政府主导，以体现学前教育的公益性和普惠性。政府应通过大力发展公办幼儿园，支持企事业单位和集体办园，积极扶植提供普惠性服务的民办幼儿园。学前教育事业健康发展需要统筹规划、法规政策制定、资源配置、教师队伍建设、督导评估等各方面的保障，而这些不可能依靠社会力量和民间组织达到，只有政府方能承担起这些重任，因此，全面理顺学前教育管理体制，优化各级政府及各部门间权责划分与配置，实现对学前教育事业发展的科学、有效管理，是促进我国学前教育公平发展、保障学前教育质量的核心与关键。《若干意见》指出地方政府是发展学前教育的责任主体，在办园方面其承担的主要职责是：省级和市级政府健全投入机制，明确分担责任，完善相关政策措施并组织实施；县级政府负责公办园的建设、教师配备补充、工资待遇及幼儿园运转，面向各类幼儿园进行监督管理；推动各地理顺机关、企事业单位办幼儿园的办园体制，实行属地化管理。

所谓公办民办并举，是指政府同时支持公办幼儿园和民办幼儿园的发展。根据《国务院关于学前教育事业改革和发展情况的报告》，2018 年年底，全国共有幼儿园 26.7 万所，在园幼儿为 4 656 万人，其中公办幼儿园（含企事业单位办园、军队办园、街道办园和村集体办园）10 万所，占 37.8%，公办幼儿园在园幼儿为 2 016.6 万人；共有民办幼儿园 16.6 万所，在园幼儿为 2 639.8 万人。可见，当前我国已经初步形成了公办民办并举的办园体制。

我国之所以采取公办民办并举的办园体制，主要原因在于：第一，我国将长期处于社会主义初级阶段，财政收入有限，短期内难以实现全部由公共财政举办学前教育、作为基本的公共服务提供给群众，而广大人民群众又有让幼儿接受学前教育的强烈需求，因此，为了满足广大人民的入园需求，鼓励和支持社会力量参与建设学前教育是重要的一条选择之路。第二，我国宪法和法律允许并鼓励兴办民办学校。我国《宪法》规定，国家鼓励集体经济组织、国家企事业组织和其他社会力量依照法律规定举办各种教育事业。《教育促进法》规定，民办教育事业属于公益性事业，是社会主义教育事业的组成部分。国家对民办教育实行积极鼓励、大力支持、正确引导、依法管理的方针。第三，公办民办并举的办园体制取得了良好的社会效益。根据《国务院关于学前教育事业改革和发展情况的报告》，公办民办并举的办园体制下，我国学前教育规模快速扩大，2018 年与 2010 年相比，幼儿园数量增加了 77.3%，在园规模增加了 56.4%；普及水平稳步提升，2018 年全国学前三年毛入学率为 81.7%，比 2010 年提高 25.1%；普惠程度不断提高，全国普惠性幼儿园覆盖率为 73.1%；区域差距逐步缩小，2018 年与 2010 年相比，西部地区幼儿园总数增加了 127.5%，在园规模增加了 76.3%。很显然，单靠公办园，入学规模很难取得如此迅速的提升；单靠民办园，普惠水平也难以获得快速发展。正是由于公办民办并举，才使我国学前教育获得速度和公平的双提升。

《若干意见》明确提出，政府应该牢牢把握学前教育公益普惠基本方向，坚持公办民办并举，加大公共财政投入，着力扩大普惠性学前教育资源供给。对于民办幼儿园，政府要积极扶持民办幼儿园提供普惠性服务，规范营利性民办幼儿园发展，满足家长不同选择性需求。具体来说，对民办幼儿园要稳妥实施分类管理、遏制过度逐利行为和分类治理无证办园。

（三）健全经费投入机制

学前教育是一项需要大量经费支持的事业。由于其具有较强的外部性，因此，政府有

责任保障学前教育的经费投入。经费投入机制建设是政府对学前教育服务的重要载体之一。《国家中长期教育改革和发展规划纲要（2010—2020）年》明确提出："学前教育建立政府投入、社会举办者投入、家庭合理负担的投入机制。"2010年印发的《国务院关于当前发展学前教育的若干意见》明确经费投入机制的具体内涵："各地根据实际研究制定公办幼儿园生均经费标准和生均财政拨款标准。制定优惠政策，鼓励社会力量办园和捐资助园。家庭合理分担学前教育成本。"

我国学前教育之所以坚持政府投入、社会举办者投入、家庭合理负担的投入机制，是由于我国正处于社会主义初级阶段，需要政府一方承担的社会责任林林总总，尤其是基于我国庞大的人口基数和国土面积，相对落后的人均生产总值与人民日益增长的需求的矛盾，如果由政府完全承担学前教育经费，在现阶段是不可能也不可行的。学前教育经费投入机制的基本指导思想就是政府投入、社会举办者投入、家庭合理负担。成本分担是解决学前教育经费来源不足的可行思路，其主要的分担者是政府和家长，学前教育成本分担应根据当地居民的收入水平、家长购买力和支付意愿、政府的财力对各主体应分担的比例进行合理预算。

《若干意见》明确提出，政府在健全经费投入机制方面需要采取以下措施：第一，优化经费投入结构。国家进一步加大学前教育投入力度，逐步提高学前教育财政投入和支持水平，主要用于扩大普惠性资源、补充配备教师、提高教师待遇、改善办园条件。第二，健全学前教育成本分担机制。各地要从实际出发，科学核定办园成本，以提供普惠性服务为衡量标准，统筹制定财政补助和收费政策，合理确定分担比例。第三，完善学前教育资助制度。各地要认真落实幼儿资助政策，确保接受普惠性学前教育的家庭经济困难儿童（含建档立卡贫困家庭儿童、低保家庭儿童、特困救助供养儿童等）、孤儿和残疾儿童得到资助。

（四）规划布局

规划是对未来事业发展所作的有目的、有条理的部署和安排。学前教育规划是根据国家的教育方针政策法规，对幼教事业的发展规模、速度、质量等方面所作的有目的、有条理的部署和安排，是对今后一段时期幼教事业发展的总目标、任务及实施措施步骤的明确[61]362。布局是指幼儿园地理位置和功能的分布方式。为实现到2035年全面普及学前三年教育，建成覆盖城乡、布局合理的学前教育公共服务体系，规划布局成为当前政府发展学前教育的重要职责。

规划布局在不同政府间的职责分工有不同，主要的责任主体在县级人民政府，这在我国目前的政策文件中有较为明确的规定。《国务院关于学前教育事业改革和发展情况的报告》指出：发展不平衡不充分的矛盾在学前教育领域表现还比较突出。农村地区、少数民族地区、集中连片特困地区资源不足，全国还有4 000个左右的乡镇没有公办中心幼儿园。

规划布局在不同政府间的职责分工在我国目前的政策文件中有较为明确的规定，主要的责任主体在县级人民政府。《国务院关于当前发展学前教育的若干意见》（国发〔2010〕41号）指出，"省（区、市）政府要深入调查，准确掌握当地学前教育基本状况和存在的突出问题，结合本区域经济社会发展状况和适龄人口分布、变化趋势，科学测算入园需求和供需缺口，确定发展目标，分解年度任务，落实经费，以县为单位编制学前教育三年行动计划，有效缓解‘入园难’”。《若干意见》指出：“各地要充分考虑人口变化和城镇化发展趋势，结合实施乡村振兴战略，制定应对学前教育需求高峰方案。以县为单位制定幼儿园布局规划，切实把普惠性幼儿园建设纳入城乡公共管理和公共服务设施统一规划，列入本地区控制性详细规划和土地招拍挂建设项目成本，选定具体位置，明确服务范围，确定建设规模，确保优先建设。公办幼儿园资源不足的城镇地区，新建改扩建一批公办幼儿园。大力发展农村学前教育，每个乡镇原则上至少办好一所公办中心幼儿园，大村独立建幼儿园或设分幼儿园，小村联合办幼儿园，人口分散地区根据实际情况可举办流动幼儿园、季节班等，配备专职巡回指导教师，完善县乡村三级学前教育公共服务网络。”

（五）构建学前教育公共服务体系

公共服务体系主要是指以政府为主导、以社会团体和私人机构等为补充的供给主体，为实现向公民及其组织提供基本而有保障的公共服务这一主要目的而建立的一系列有关服务内容、服务形式、服务机制、服务政策等的制度安排。公共服务体系的完善对于扩充公共服务资源供给、有效节约社会资源、提高服务效率等具有非常重要的意义。

《中共中央国务院关于学前教育深化改革规范发展的若干意见》明确提出了构建学前教育公共服务体系建设目标，并提出了相应的时间表：到2020年，广覆盖、保基本、有质量的学前教育公共服务体系基本建成；到2035年，全面普及学前三年教育，建成覆盖城乡、布局合理的学前教育公共服务体系。从相关政策意见中可以看出，我国学前教育公共服务体系的构建要素包括，学前教育管理体制、办园体制和政策保障体系、投入水平和成本分担机制，以及幼儿园办园行为的规范和保教质量的提升。可见学前教育公共服务体系不但对学前教育发展规模有明确的要求，还对学前教育管理体制以至于学前教育的质量提出了明确的要求。

（六）完善监管体系

为了保障学前教育质量，根据相关法律法规及政策规定，政府必须对幼儿园进行全过程监督和管理。具体来说，政府的监管职责主要体现在如下两个方面。

第一，加强源头监管。主要是指严格幼儿园准入管理，主要包括办园标准和师资配备标准。《国家中长期教育改革和发展规划纲要（2010—2020）》明确提出，政府要制定办园标准，建立幼儿园准入制度。各地要确保新增幼儿园符合基本办园条件，特别是接收乡村留守和经济困难家庭幼儿的普惠性公办幼儿园必须保证基本办园条件和保教质量。师资配备方面，包括教师资格准入与定期注册制度，严格执行幼儿园园长、教师专业标准，公开招聘制度，幼儿园教师持证上岗制度等。加强对教师标准和相关制度的监管，能够把好幼儿园园长、教师入口关，有利于从源头保障学前教育质量。

第二，完善过程监管。具体来说各级政府要强化对幼儿园教职工资质和配备、收费行为、安全防护、卫生保健、保教质量、经费使用及财务管理等方面的动态监管，完善年检制度。对幼儿园办学过程的监管很有必要，尤其是在当前幼儿园办学水平与人民群众的期待上有一定程度的差距，一些地区幼儿园管理者安全意识淡薄，教学理念和管理理念相对滞后的现实背景下，由政府依据相关法律法规，对幼儿园办学过程进行监督，不但有利于提高办学质量，提升人民满意度，对幼儿园本身也是一种保护。

政府在学前教育发展中的职责除了上述职责类型外，还有加快学前教育立法、大力加强幼儿园教师队伍建设、提高幼儿园保教质量等一系列职责，这些内容在其他各章已有较为充分的介绍，本章不再赘述。

第二节　政府对幼儿园资质的管理

一、主要的法律法规和政策依据

关于各级各类政府对幼儿园资质的管理，国家先后出台了多项全国性的法律法规与政策，主要法律法规与政策文件的相关内容归纳见表 5–2。

表 5–2　各项政策法规对幼儿园资质的管理

法律法规与政策名称	条文编号	具体内容
《教育法》	第十八条	国家制定学前教育标准
《民办教育促进法》	第十二条	举办实施学历教育、学前教育、自学考试助学及其他文化教育的民办学校，由县级以上人民政府教育行政部门按照国家规定的权限审批
《中共中央国务院关于学前教育深化改革规范发展的若干意见》	第六部分	严格幼儿园准入管理，各地依据国家基本标准调整完善幼儿园设置标准，严格掌握审批条件，加强对教职工资质与配备标准、办园条件等方面的审核。幼儿园审批严格执行“先证后照”制度，由县级教育部门依法进行前置审批，取得办园许可证后，到相关部门办理法人登记。对符合条件的幼儿园，按照国家相关规定进行事业单位登记
《国家中长期教育改革和发展规划纲要（2010—2020年）》	第三章第六条	明确政府职责。加强学前教育管理，规范办园行为。制定学前教育办园标准，建立幼儿园准入制度。完善幼儿园收费管理办法。严格执行幼儿园教师资格标准，切实加强幼儿园教师培养培训，提高幼儿园教师队伍整体素质，依法落实幼儿园教师地位和待遇。教育行政部门加强对学前教育的宏观指导和管理，相关部门履行各自职责，充分调动各方面力量发展学前教育
《国务院关于当前发展学前教育的若干意见》		各地根据国家基本标准和社会对幼儿保教的不同需求，制定各种类型幼儿园的办园标准，实行分类管理、分类指导

续表

法律法规与政策名称	条文编号	具体内容
《幼儿园管理条例》	举办幼儿园的基本条件和审批程序	第七条 举办幼儿园必须将幼儿园设置在安全区域内。严禁在污染区和危险区内设置幼儿园。 第八条 举办幼儿园必须具有与保育、教育的要求相适应的园舍和设施。幼儿园的园舍和设施必须符合国家的卫生标准和安全标准。 第九条 举办幼儿园应当具有符合下列条件的保育、幼儿教育、医务和其他工作人员
《幼儿园工作规程》	第六章 幼儿园的园舍、设备	第三十四条 幼儿园应当按照国家的相关规定设活动室、寝室、卫生间、保健室、综合活动室、厨房和办公用房等，并达到相应的建设标准。有条件的幼儿园应当优先扩大幼儿游戏和活动空间。寄宿制幼儿园应当增设隔离室、浴室和教职工值班室等。 第三十五条 幼儿园应当有与其规模相适应的户外活动场地，配备必要的游戏和体育活动设施，创造条件开辟沙地、水池、种植园地等，并根据幼儿活动的需要绿化、美化园地。 第三十六条 幼儿园应当配备适合幼儿特点的桌椅、玩具架、盥洗卫生用具，以及必要的玩教具、图书和乐器等。玩教具应当具有教育意义并符合安全、卫生要求。幼儿园应当因地制宜，就地取材，自制玩教具。 第三十七条 幼儿园的建筑规划面积、建筑设计和功能要求，以及设施设备、玩教具配备，按照国家和地方的相关规定执行
《幼儿园建设标准》	第二条	本建设标准是为幼儿园建设项目决策服务和合理确定幼儿园建设水平的全国统一标准，是编制、评估和审批幼儿园建设项目建议书、可行性研究报告的依据，也是审查项目工程设计和监督检查工程项目建设全过程的尺度
	第五条	幼儿园建设应与学前教育发展和社会经济发展水平相适应。本建设标准对幼儿园各类及各项用房面积指标设置了低限和高限。普惠性幼儿园不得低于面积指标低限，也不宜高于面积指标高限。幼儿园可利用现有资源面向社区开展 0~3 岁科学育儿指导服务
	第六条	新建、改建、扩建的幼儿园项目，均应先规划后建设。各地应根据学前教育可持续发展的需要，按照房屋建筑面积指标进行园区规划。幼儿园建设用地应纳入当地城乡建设规划

续表

法律法规与政策名称	条文编号	具体内容
《幼儿园收费管理暂行办法》	第十条	民办幼儿园将保教费、住宿费标准报有关部门备案时，应提交下列材料:（一）幼儿园有关情况，包括幼儿园名称、地址、法定代表人、法定登记证书以及教育行政部门颁发的办园许可证;（二）制定收费标准的具体成本列支项目，包括教职工工资、津贴、补贴及福利、社会保障支出、公务费、业务费、修缮费、固定资产折旧费等正常办园费用支出。不包括灾害损失、事故、经营性经费支出等非正常办园费用支出;（三）幼儿园教职工人数、在园幼儿人数、生均保育教育成本、固定资产购建情况等;（四）价格、教育、财政部门要求提供的其他材料
《托儿所幼儿园卫生保健管理工作规范》	工作职责	一、托幼机构（一）按照《管理办法》要求，设立保健室或卫生室，其设置应当符合本《规范》保健室设置基本要求。根据接收儿童数量配备符合相关资质的卫生保健人员。（二）新设立的托幼机构，应当按照本《规范》卫生评价的要求进行设计和建设，招生前应当取得县级以上卫生行政部门指定的医疗卫生机构出具的符合本《规范》的卫生评价报告。（三）制定适合本园（所）的卫生保健工作制度和年度工作计划，定期检查各项卫生保健制度的落实情况
	第三部分 新设立托幼机构招生前卫生评价	一、卫生评价流程（一）新设立的托幼机构，应当按照本《规范》卫生评价的标准进行设计和建设，招生前须向县级以上地方人民政府卫生行政部门指定的医疗卫生机构提交“托幼机构卫生评价申请书”。（二）由县级以上地方人民政府卫生行政部门指定的医疗卫生机构负责组织专业人员，根据“新设立托幼机构招生前卫生评价表”的要求，在20个工作日内对提交申请的托幼机构进行卫生评价。根据检查结果出具“托幼机构卫生评价报告”。（三）凡卫生评价为“合格”的托幼机构，即可向教育部门申请注册；凡卫生评价为“不合格”的托幼机构，整改后方可重新申请评价
《托儿所幼儿园卫生保健管理办法》	第四条	县级以上各级人民政府卫生行政部门应当将托幼机构的卫生保健工作作为公共卫生服务的重要内容，加强监督和指导。 县级以上各级人民政府教育行政部门协助卫生行政部门检查指导托幼机构的卫生保健工作
	第五条	县级以上妇幼保健机构负责对辖区内托幼机构卫生保健工作进行业务指导。业务指导的内容包括：膳食营养、体格锻炼、健康检查、卫生消毒、疾病预防等

二、准入制度：行政许可

准入制度，是有关国家和政府准许公民和法人进入市场，从事商品生产经营或提供服务活动的条件和程序规则的各种制度和规范的总称。《国家中长期教育改革和发展规划纲要（2010—2020年）》明确指出：建立幼儿园准入制度。国务院2010年《关于当前发展学前教育的若干意见》规定，“加强幼儿园准入管理。严格执行幼儿园准入制度”。2018年，《若干意见》再次强调：严格幼儿园准入管理，各地依据国家基本标准调整完善幼儿园设置标准，严格掌握审批条件，加强对教职工资质与配备标准、办园条件等方面的审核。对于幼儿园的准入制度，当前我国政府主要采取行政许可的方式。所谓行政许可，是指行政机关根据公民、法人或者其他组织的申请，经依法审查准予其从事特定活动的行为。也就是公民或法人要想举办幼儿园，必须向行政机关申请许可。

幼儿园准入制度具体由办园标准、审批主体、审批程序等内容组成。

（1）办园标准。办园标准是政府对幼儿园资质管理的关键途径，是政府判断是否给予办园资格的基本评价准则。合乎标准，则给予办园资格；不合乎，则不能给予相应资格。办园标准可分为国家基本标准和地方办园标准，也可分为幼儿园办园标准和设置标准。不同的标准由不同的主体来确立。《国务院关于当前发展学前教育的若干意见》规定，各地根据国家基本标准和社会对幼儿保教的不同需求，制定各种类型幼儿园的办园标准，实行分类管理、分类指导。《若干意见》强调：各地依据国家基本标准调整完善幼儿园设置标准。

幼儿园国家基本标准的制定，始于20世纪80年代末。1989年出台的《幼儿园管理条例》第二章“举办幼儿园的基本条件和审批程序”，详细规定了幼儿园设置区域、幼儿园校舍和设施、幼儿园工作人员条件及幼儿园经费来源等条件要求。2010年以后，根据国务院要求，教育部修订《幼儿园工作规程》，会同有关部门印发《幼儿园建设标准》《幼儿园收费管理暂行办法》《托儿所幼儿园卫生保健管理办法》《托儿所幼儿园卫生保健管理工作规范》，进一步完善了幼儿园办园标准，为各地制定办园标准提供了较为系统的国家标准。此外，教育部印发的《幼儿园办园行为督导评估办法》还为幼儿园办园提供了“底线标准”。对于民办幼儿园，根据《民办教育促进法》规定：“民办学校的设置标准参照同级同类公办学校的设置标准执行。”即对于幼儿园的办园标准，公办幼儿园和民办幼儿园是相同的。

（2）审批主体。审批主体指负责对公民或法人提出的办园申请进行批复的行政机关。我国在不同时期对幼儿园的审批主体有不同的规定。《幼儿园管理条例（1989）》规定：“城市幼儿园的举办、停办，由所在区、不设区的市的人民政府教育行政部门登记注册。农村幼儿园的举办、停办，由所在乡、镇人民政府登记注册，并报县人民政府教育行政部门备案。也就是说，城市幼儿园由县区级人民政府的教育行政部门负责审批，农村幼儿园由乡镇人民政府审批，报县级人民政府教育行政部门备案。”2010年，国务院《关于当前发展学前教育的若干意见》规定：“县级教育行政部门负责审批各类幼儿园，建立幼儿园信息管理系统，对幼儿园实行动态监管。”即幼儿园的审批权全部统一归县级教育行政部门负责。但是,《民办教育促进法（2018）》则规定:“举办学前教育的民办学校，由县级以上人民政府教育行政部门按照国家规定的权限审批。”

（3）审批程序。开办幼儿园一般由所在地政府主管部门、所属集体或者其他办园者根据实际需要做好规划和计划后，按照国家和各地规定的标准和条件配置有关设施设备，之后进入申请办园行政许可程序，一旦获得许可，幼儿园就可以运作了[39]5-6。对于民办幼儿园的审批程序，根据《民办教育促进法》，申请设置分为两个阶段：申请筹设阶段和申请正式设立阶段。具体可见本书第三章“第二节 幼儿园开办的条件与程序”中的相关内容。

三、公办幼儿园的特殊规定

公办幼儿园由于其公有属性，政府对其管理具有很多特殊规定，现归纳如下。

第一，对公办幼儿园的定位。《若干意见》明确规定:“大力发展公办幼儿园，充分发挥公办幼儿园保基本、兜底线、引领方向、平抑收费的主渠道作用。”

第二，对于公办幼儿园收费的规定。根据国家发展改革委、教育部、财政部印发的《幼儿园收费管理暂行办法》，明确提出:“公办幼儿园的保教费、住宿费收入纳入行政事业性收费管理。保教费标准，由省级教育行政部门根据当地城乡经济发展水平、办园成本和群众承受能力等实际情况提出意见，经省级价格主管部门、财政部门审核后，三部门共同报省级人民政府审定。公办幼儿园住宿费标准按照实际成本确定，不得以营利为目的。也就是说公办幼儿园的收费严格遵守公益性原则，不允许以营利为目的。”

第三，对于公办幼儿园财产处置的规定。公办幼儿园属于公有财产，因此对公办幼儿园财产的处置必须严格遵守公有财产的处置规定。《关于幼儿教育改革与发展的指导意见》明确提出不得出售或变相出售公办幼儿园和乡（镇）中心幼儿园，已经出售的要限期收回。还对公办园的转制作出了具体规定：公办幼儿园转制必须报经省级教育主管部门审批。

四、幼儿园的终止和清算

幼儿园属于法人，法人如同自然人，有出生到死亡的过程，自然人的死亡也就是法人的终止。所谓法人终止，即法人主体资格的完全消失。法人一旦终止，则它的民事权利能力和民事行为能力随之丧失[62]。《民办教育促进法》第五十六条规定:“民办学校有下列情形之一的，应当终止:（一）根据学校章程规定要求终止，并经审批机关批准的；（二）被吊销办学许可证的；（三）因资不抵债无法继续办学的。也就是说民办幼儿园的终止，包括自行终止和强制终止。无论是哪一种终止，均需要进行清算。幼儿园清算指清理已结算幼儿园的财产（收回债权、偿还债务、依法分配剩余财产）、了结其民事法律关系。法人的清算分破产清算和非破产清算。不同的清算有不同的程序:《民办教育促进法》第五十八条规定:“民办学校自己要求终止的，由民办学校组织清算；被审批机关依法撤销的，由审批机关组织清算；因资不抵债无法继续办学而被终止的，由人民法院组织清算。”

无论是幼儿园以何种原因终止，都必须首先考虑妥善安置在校学生。我国法律保护学生的合法权益，不允许因为幼儿园的退出而影响学生就学。

案例回顾 1

强制退出：行政处罚（因违法违规行为由教育行政部门责令停止办园）

吉林省高级人民法院行政裁定书（2015）吉行监字第161号

吉林市昌邑区芳林幼儿园诉吉林市昌邑区教育局行政处罚一案。卫生管理是幼儿园管理工作的内容之一。幼儿园卫生管理违反法律规定的，教育行政主管部门有权根据《托儿所幼儿园卫生保健管理办法》（卫生部令第76号）第十九条的规定，依照《民办教育促进法》的规定实施处罚。本案中，芳林幼儿园教师给在园儿童喂药，系该园管理层所作出的决定，昌邑区教育局认定该园管理混乱并无不妥。喂药事件严重影响了该园教学，造成了恶劣的社会影响。被告对其作出吊销办学许可的行政处罚符合《民办教育促进法》第六十二条第五款的规定。

【案例分析 1】

根据《托儿所幼儿园卫生保健管理办法》的规定，幼儿园应当设置卫生室、保健室。卫生室、保健室属于托幼机构办学设施范畴。未按《托儿所幼儿园卫生保健管理办法》规定设置卫生室、保健室，教育行政主管部门有权依照《幼儿园管理条例》的规定实施处罚。本案中，芳林幼儿园未按照《托儿所幼儿园卫生保健管理办法》的规定设置卫生室、保健室。服药儿童体检结果能够证明喂药行为对该园幼儿身体健康造成了妨害。昌邑区教育局对其作出停止办园的行政处罚符合《幼儿园管理条例》第二十七条第二款的规定。

五、治理无证幼儿园

当前由于制度和法律的漏洞，出现了一些非法办园的现象，损害了广大人民群众的切身利益。政府对非法办园的管理和监督日益严格，正在全力治理非法办园。《若干意见》明确提出：“各地要将无证园全部纳入监管范围，建立工作台账，稳妥做好排查、分类、扶持和治理工作。加大整改扶持力度，通过整改扶持规范一批无证园，达到基本标准的，颁发办园许可证。整改后仍达不到安全卫生等办园基本要求的，地方政府要坚决予以取缔，并妥善分流和安置幼儿。2020年年底前，各地要稳妥完成无证园治理工作。”《民办教育促进法》第六十四条也规定：“违反国家有关规定擅自举办民办学校的，由所在地县级以上地方人民政府教育行政部门或者人力资源社会保障行政部门会同同级公安、民政或者市场监督管理等有关部门责令停止办学、退还所收费用，并对举办者处违法所得一倍以上五倍以下罚款；构成违反治安管理行为的，由公安机关依法给予治安管理处罚；构成犯罪的，依法追究刑事责任。”可以预期，在未来几年内，随着执法力度的加大和相关制度建设的完善，无证园将被逐渐清理。

第三节　政府对幼儿园的日常监管

政府对幼儿园日常监管的内容和渠道多种多样，本节主要论述其影响较大的价格监管、信息公开、督导评估、年检制度及问责制度。

一、价格监管

价格监管主要是指政府对幼儿园的收费行为进行的监督管理。对于幼儿园的价格监管主要通过两个渠道进行：

第一，规范正常收费。早在 1989 年制定的《幼儿园管理条例》中就明确指出：“幼儿园可以依据本省、自治区、直辖市人民政府制定的收费标准，向幼儿家长收取保育费、教育费。”《民办教育促进法》第三十八条规定：“民办学校收取费用的项目和标准根据办学成本、市场需求等因素确定，向社会公示，并接受有关主管部门的监督。非营利性民办学校收费的具体办法，由省、自治区、直辖市人民政府制定；营利性民办学校的收费标准，实行市场调节，由学校自主决定。民办学校收取的费用应当主要用于教育教学活动、改善办学条件和保障教职工待遇。”国家发展改革委、教育部、财政部印发的《幼儿园收费管理暂行办法》规定：学前教育属于非义务教育，幼儿园可向入园幼儿收取保育教育费（以下简称“保教费”），对在幼儿园住宿的幼儿可以收取住宿费。即无论是公办幼儿园还是民办幼儿园，均可以按规定收取相应费用。对于公办幼儿园的收费管理上文已经提及。对于民办幼儿园的收费管理，《幼儿园收费管理暂行办法》指出：民办幼儿园的保教费、住宿费收入纳入经营服务性收费管理。《暂行办法》还规定：“民办幼儿园保教费、住宿费标准，由幼儿园按照《民办教育促进法》及其实施条例规定，根据保育教育和住宿成本合理确定，报当地价格主管部门、教育行政部门备案后执行。享受政府财政补助（包括政府购买服务、减免租金和税收、以奖代补、派驻公办教师、安排专项奖补资金、优惠划拨土地等）的民办幼儿园，可由当地人民政府有关部门以合同约定等方式确定最高收费标准，由民办幼儿园在最高标准范围内制订具体收费标准，报当地价格、教育、财政部门备案后执行。”

对于幼儿园的价格监管，《若干意见》明确提出：各地要从实际出发，科学核定办园成本，以提供普惠性服务为衡量标准，统筹制定财政补助和收费政策，合理确定分担比例。到 2020 年，各省（自治区、直辖市）制定并落实公办园生均财政拨款标准或生均公用经费标准，合理确定并动态调整拨款水平；因地制宜制定企事业单位、部队、街道、村集体办幼儿园财政补助政策；根据办园成本、经济发展水平和群众承受能力等因素，合理确定公办园收费标准并建立定期动态调整机制。民办园收费项目和标准根据办园成本、市场需求等因素合理确定，向社会公示，并接受有关主管部门的监督。非营利性民办园（包括普惠性民办园）收费具体办法由省级政府制定。营利性民办园收费标准实行市场调节，由幼儿园自主决定。地方政府依法加强对民办园收费的价格监管，坚决抑制过高收费。可见我国政府对幼儿园的价格监管将坚持公益导向，增加公共经费支出，减轻人民教育负担。

拓展阅读

根据《中国价格监管与反垄断》2018 年第 1 期中有关“集安市价格监督检查局就收费问题约谈 24 家幼儿园”的报道，从中可以看出，幼儿园收费行为中哪些是违规行为，政府又如何对这些违规行为进行监管规范，从而维护群众的合法权益。

2017 年 12 月 14 日，吉林省集安市价格监督检查局联合教育局召集市区 24 家幼儿园，就收费问题进行整改约谈。约谈会议指出部分民办幼儿园现存在的价格违法行为问题: ①自立项目收取取暖费; ②未按规定退还保育费; ③伙食费未按天退还。明确要求有问题的幼儿园按照《吉林省幼儿园收费管理暂行办法》退还已收取的取暖费; 幼儿中途转园或因故退园、请假的，保教费按以下标准退还幼儿家长预收费用: 幼儿实际在园不足半月的，按半月退费; 超过半月的不退当月费用。每学期按 5 个月计算，每月按法定工作日天数计算; 幼儿园住宿费、服务性收费和代收费不足月的按天退费。约谈中，市价格监督检查局提出了各相关幼儿园整改清退期限，要求 2017 年 12 月 30 日前完成所有整改清退工作，并要求将清退清单在各相关幼儿园明显位置张贴公示，整改时限结束后市价格监督检查局将对所有幼儿园进行检查，一经发现未整改清退或整改清退不彻底的，将从严从重处理。

第二，治理非法收费。政府非常重视治理幼儿园的非法收费行为，因为非法收费行为严重影响人民群众切身利益，损害政府形象。早在《教育法》中便规定:“学校及其他教育机构违反国家有关规定向受教育者收取费用的，由教育行政部门或者其他有关行政部门责令退还所收费用；对直接负责的主管人员和其他直接责任人员，依法给予处分。”2016 年，新《幼儿园工作规程》第四十七条规定:“幼儿园收费按照国家和地方的有关规定执行。……不得以任何名义收取与新生入园相挂钩的赞助费。幼儿园不得以培养幼儿某种专项技能、组织或参与竞赛等为由另外收取费用；不得以盈利为目的组织幼儿表演、竞赛等活动。”可见，政府对民办幼儿园的逐利行为日益加大监管力度，确保人民群众合法权益。

二、信息公开

信息公开是指要求幼儿园说明、解释其资源的利用情况，职责的履行情况，并将幼儿园教育的这些相关信息向社会公开。信息的公开是保障利益相关者知情权的前提，利益相关者可以根据需要了解与自身利益相关的信息。对于家长而言，明确幼儿园教育的质量信息，明确了儿童在幼儿园的发展情况后，为其是否继续选择该幼儿园提供信息参考。对于教育行政部门而言，幼儿园教育质量信息报告在相关教育网站上进行公开，能够据此了解幼儿园还有哪些不足的地方，作出决策时也有一定的参考。通过信息公开方式，能够使利益相关者知晓其需要获得的信息，保障了利益相关者的知情权。没有知情权就没有话语权，利益相关者只有在了解幼儿园各方面信息后，才能够明确幼儿园是否保障了其权益。

拓展阅读

湖南省岳阳市教育体育网将 2016 年市示范性幼儿园督导评估情况进行了通报，不仅公示了通过督导评估的幼儿园名单，还公布了没有通过督导评估幼儿园的名单，并要求其停牌一年整改后再复查[63]。

我国政府要求幼儿园加大信息公开力度。《幼儿园收费管理暂行办法》规定："幼儿园应通过设立公示栏、公示牌、公示墙等形式，向社会公示收费项目、收费标准等相关内容。"《幼儿园工作规程》指出："幼儿园实行收费公示制度，收费项目和标准向家长公示，接受社会监督，不得以任何名义收取与新生入园相挂钩的赞助费。幼儿膳食费应当实行民主管理制度，保证全部用于幼儿膳食，每月向家长公布账目。"《若干意见》更明确要求："各地建立幼儿园基本信息备案及公示制度，充分利用互联网等信息化手段，向社会及时公布并更新幼儿园教职工配备、收费标准、质量评估等方面信息，主动接受社会监督。"

三、督导评估

督导评估是指各级政府授权的教育督导机构和人员，根据国家的教育方针、政策法规，遵循督导工作的原则和要求，对下级政府、教育行政部门和教育机构进行有目的、有计划的视察、监督、评价与指导，并向同级和上级政府和教育行政部门反馈有关教育工作信息，提出建议，为政府的教育决策提供一系列的教育管理活动[61]277。《若干意见》明确规定："国务院教育督导委员会制定普及学前教育督导评估办法，以县为单位对普及学前教育情况进行评估，省级为主推动实施，国家审核认定。省一级建立专项督查机制，加强对普惠性资源配置、教师队伍建设、经费投入与成本分担机制等政府责任落实情况的督导

检查，并将结果向社会公示。”

为建立和完善幼儿园督导评估制度，2017 年，教育部制定了《幼儿园办园行为督导评估办法》。这是我国第一部有关幼儿园督导评估的规范性文件，是建立和完善幼儿园督导评估制度，贯彻落实《幼儿园工作规程》的重要举措，也是满足人民群众对优质学前教育需求的一项民生工程。

《幼儿园办园行为督导评估办法》强调对幼儿园督导评估坚持范围全覆盖，对“面向 3~6 岁儿童提供保育教育服务的幼儿园（班、点）”实施督导评估，无论是大规模的幼儿园还是小规模的幼教点，无论是优质幼儿园还是薄弱幼儿园，都必须接受督导评估；强制性，“在一个周期内，县级教育督导机构按属地原则对辖区内幼儿园（班、点）至少进行一次督导评估”；重发展，《办法》强调通过评估促进幼儿园发展，而不是单纯地通过评估判断幼儿园的优劣。

四、年检制度

年检制度是指为进一步规范幼儿园管理，加强业务指导，强化监管力度，促进学前教育健康、持续发展，由教育行政部门按照相关法律法规和政策规定，每年定期对幼儿园进行年度工作检查，国务院《关于当前发展学前教育的若干意见》规定完善和落实幼儿园年检制度。《若干意见》又明确指出：“完善年检制度。”

年检对象是全区域所有已批准注册的幼儿园，既包含公办幼儿园，也包含民办幼儿园。年检的内容主要包括办园行为、常规管理及安全卫生等。年检的程序主要包括：幼儿园自评，即幼儿园根据县级教育主管部门制定的考核标准自查自纠，撰写自评报告；乡镇考评，即由乡镇中心校或行政管理部门对幼儿园填报的材料进行评估，撰写评估报告；区县考评，即由区县教育行政部门组织专人赴幼儿园进行现场考评，形成考评结果。年检结果通常分为优秀、合格和不合格三等。对于年检结果为不合格的幼儿园，限期整改。整改合格的允许继续招生，仍然不合格的取消办园资格。

五、问责制度

教育问责是指对教育工作者有违反教育法律法规政策并出现不良行为后果时，接受责任追究的一种奖惩机制问责制度。《国家中长期教育改革和发展规划纲要（2010—2020 年）》中明确提出：“加强教育监督检查，完善教育问责机制。”教育问责已成为我国教育改革和发展的一个重要议题。问责逐渐进入学前教育领域，处于初步发展阶段。近些年来“虐童”“幼儿园喂药”等事件屡次出现，社会对幼儿园教育问责的呼声也越来越强烈。实践证明，教育问责有助于督促相关教育责任主体落实教育职责，从而有助于学前教育健康发展。也就是说对各级政府的问责由上一级政府负责。问责的关键是“谁来问责”“因何问责”“问什么责”。

（1）谁来问责。《若干意见》规定：“县级政府对本县域学前教育发展负主体责任，也就是说对县域幼儿园中出现的问题，应该由县级教育行政部门负责调查、追究责任。”同时，还提出：“省一级建立专项督查机制，加强对普惠性资源配置、教师队伍建设、经费投入与成本分担机制等政府责任落实情况的督导检查，并将结果向社会公示。对发展学前教育成绩突出的地区予以表彰奖励，对履行职责不力、没有如期完成发展目标地区的责任人予以问责。”

（2）因何问责。根据国务院办公厅关于印发《对省级人民政府履行教育职责的评价办法》规定：“履行教育职责不到位、整改不力、出现特重大教育安全事故、有弄虚作假行为”等行为是引发上级问责的主要原因。

（3）问什么责。按照国务院有关规定，主要是采取适当形式对有关责任人进行通报批评，并提出给予处分的建议。

第四节 政府对幼儿园的保障支持和服务

政府对幼儿园的保障支持和服务主要通过为幼儿园提供人员、经费、办学场地及设施等形式实现。本节重点论述政府对幼儿园的经费方面支持政策和制度安排。

一、实施系列专项

2010 年后，政府加大对学前教育的支持力度，通过实施一系列专项计划，推动学前教育发展。《国务院关于当前发展学前教育的若干意见》提出：“各省（区、市）政府要深入调查，准确掌握当地学前教育基本状况和存在的突出问题，结合本区域经济社会发展状况和适龄人口分布、变化趋势，科学测算入园需求和供需缺口，确定发展目标，分解年度任务，落实经费，以县为单位编制学前教育三年行动计划，有效缓解‘入园难’。”各地按照国务院统一部署，以县为单位编制实施学前教育三年行动计划，于 2011—2013 年完成第一个学前教育三年行动计划。随后，第二期（2014—2016 年）学前教育行动计划启动并完成，学前教育改革发展取得显著成效。目前，2017—2020 年的第三期学前教育行动计划已进入收官阶段。

根据教育部、国家发展改革委、财政部关于实施学前教育三年行动计划的意见，学前教育三年行动计划的主要措施如下。

（一）加快发展公办幼儿园

一方面，要求各地以区县为单位制订幼儿园总体布局规划，合理确定公办幼儿园的布局，逐年安排新建、改扩建一批公办幼儿园，加大农村公办幼儿园建设力度；另一方面，要求各地出台支持国有企事业单位和集体办园的具体措施和小区配套幼儿园建设和管理的实施办法，支持国有企事业单位、集体及小区加快建设公办幼儿园。

（二）积极扶持普惠性民办幼儿园

一方面，要求各地落实用地、减免税费等优惠政策，多种方式吸引社会力量办幼儿园。通过政府购买服务、减免租金、派驻公办教师、培训教师等方式，支持民办幼儿园提供普惠性服务；另一方面，要求各地出台认定和扶持普惠性民办幼儿园的实施办法，对扶持对象、认定程序、成本核算、收费管理、日常监管、财务审计、奖补政策和退出机制等作出具体规定。

（三）进一步加大学前教育投入

要求各地要切实加大财政投入力度，落实学前教育投入的主体责任。鼓励各地根据实际情况研究制订公办幼儿园生均公用经费标准或者生均财政拨款标准并逐步落实。此外，还规定财政性学前教育投入要最大限度地向农村、边远、贫困和民族地区倾斜，以及加大对家庭经济困难儿童、孤儿和残疾儿童接受学前教育的资助力度。对于中央财政的专项资金，除继续鼓励地方完善幼儿资助制度、实施幼儿园教师国家级培训计划外，还支持地方改扩建和新建公办幼儿园、利用社会力量举办普惠性幼儿园、改善办园条件，并向中西部地区和薄弱环节倾斜，引导和激励地方完善学前教育公共服务体系。

（四）加强幼儿园教师队伍建设

一方面，要求各地落实《幼儿园教职工配备标准（暂行）》，通过多种方式补足配齐各类幼儿园教职工，完善幼儿园教师工资待遇保障机制，落实国家规定的工资待遇；另一方面，要求各省（区、市）制订幼儿园教师培养规划，扩大培养规模。

（五）健全幼儿园监管体系

要求各地要加强对幼儿园的监管，县级政府履行主体责任，有关部门按职能履行职责，建立健全日常管理和随机抽查制度。

三期行动计划实施以来，我国学前教育事业取得显著发展，“入园难”进一步缓解，学前教育发展迈上新的台阶。根据《国务院关于学前教育事业改革和发展情况的报告》，截至 2018 年年底，全国共有幼儿园 26.7 万所，在园幼儿 4 656 万人，教职工 453 万人，与 2010 年相比，幼儿园数量增加 77.3%，在园规模增加 56.4%，教职工人数增加 145%。国家财政性学前教育投入占财政性教育投入的比重从 2010 年的 1.7% 提高到 2017 年的 4.6%，有 14 个省份达 5% 以上，北京、上海都超过了 10%。此外，在学前教育三年行动计划的带动下，我国学前教育资源快速扩大，建立了幼儿资助制度，幼儿园教师队伍得到有效扩充[64]。

二、维护各类幼儿园公平竞争环境

维护公平的竞争秩序，是政府提供公共服务的基本职能。在学前教育的改革发展中，公办幼儿园、集体幼儿园、民办幼儿园共同发展，是客观现实，也是国情教情的必然要求。这就需要政府站在较为中立的立场，采取较为公平的办法，通过法律法规、政策调控、查处违规行为等为各类幼儿园的同等发展创造好的环境。《中华人民共和国反不正当竞争法（2019年修订）》（以下简称《反不正当竞争法》）对市场主体需要遵守怎样的竞争行为规范及违反时的法律后果作为规定。《反不正当竞争法》第二条规定，本法所称的不正当竞争行为，是指经营者在生产经营活动中，违反本法规定，扰乱市场竞争秩序，损害其他经营者或者消费者的合法权益的行为。本法所称的经营者，是指从事商品生产、经营或者提供服务（以下所称商品包括服务）的自然人、法人和非法人组织。一定范围内，各类幼儿园应当遵守。政府有义务和责任予以必要的维护。

案例回顾 2

案例来源：某省高级人民法院民事判决书（2018）赣民终20号，上栗镇阳光幼儿园（以下简称“阳光幼儿园”）诉上栗镇新阳光幼儿园（以下简称“新阳光幼儿园”）不正当竞争纠纷一案。

案例概要：2008年起，上栗镇阳光幼儿园开始筹设，启用了相关“阳光”标识，2010年1月取得办园许可证，有效期限为五年（从2010年1月至2015年1月），此时黎敏为负责人。后因扩建校舍，阳光幼儿园于2011年起暂时停办，停办期间虽未办理年检等相关手续，但其办学主体资格并未因此消灭。后，何斌负责阳光幼儿园。阳光幼儿园2013年10月18日取得上栗县教育局换发的新证并登记为民办非企业单位。2011年春季，新阳光幼儿园创办，其标识与阳光幼儿园的相近，位置则在阳光幼儿园所在地不远处。两机构由此发生争议。

案例分析：主要的争议焦点。第一，两幼儿园的创办时间先后问题。从事实来看，阳光幼儿园只是负责人的变更，而作为办学主体单位，阳光幼儿园则一直存续至今，期间并不存在办学许可证、民办非企业单位登记证注销导致终止办学资格的情形，因此，阳光幼儿园的创办早于新阳光幼儿园。第二，是否存在新阳光幼儿园侵害阳光幼儿园权益的行为。阳光幼儿园经过多年发展，使“阳光幼儿园”的名称在行业内及在家长心目中有了一定的知名度。新阳光幼儿园在创办之初，将“新阳光幼儿园”作为其单位名称并无合理依据，亦难以解释为是一种巧合。从双方的业务范围来看，两者均为幼儿教育，双方具有直接的竞争关系。新阳光幼儿园明知阳光幼儿园已经存在，且在距阳光幼儿园住所地不远处创办与其名称相近似的新阳光幼儿园，主观上具有明显攀附阳光幼儿园商誉的故意。新阳光幼儿园登记的“新阳光”字号的核心部分就是“阳光”字样，除此之外，双方的单位名称，在行业、组织形式、行政区划上亦完全相同。从双方提交的标识来看，新阳光幼儿园的标识与阳光幼儿园的标识亦存在相似之处，中间太阳均为儿童化的笑脸图案，周围太阳光芒则为彩色光芒图案，寓意为“阳光”。据此，一审法院认为，新阳光幼儿园的行为已经违反了民事活动的诚实信用原则及应当遵守的商业道德，侵犯了阳光幼儿园名称和标识。第三，关于法律责任的问题。鉴于新阳光幼儿园的行为已经构成了对阳光幼儿园的不正当竞争，故应当承担停止侵害、赔偿损失等民事责任。根据阳光幼儿园的诉请并结合本案的实际情况，一审法院对阳光幼儿园要求新阳光幼儿园停止使用并变更单位名称、销毁相关宣传资料及招牌、赔偿损失并承担其为制止不正当竞争行为所支出的合理费用等诉讼请求予以支持。

【案例分析 2】

本案例的判决，是国家运用法律手段维护各幼儿园公平竞争秩序的一则典型案例。在判决中，法院认为，民办教育事业属于公益性事业，故双方在形式上并不符合经营者的要求。由于现实的经营行为复杂多样，仅以形式要件进行判断未免失之偏颇，故应以客观标准来判断当事人是否实际参与了市场经营活动进而确认其是否属于经营者。双方当事人通过招收幼儿入学，收取相关费用，参与各种市场营销和竞争活动，其行为与市场其他经营者并无二致，这是客观存在的事实。若将其排除于经营者之外，对双方当事人及其他竞争者都不公平。据此，双方当事人均应属于《反不正当竞争法》规定的经营者范畴，双方之间的竞争关系属于《反不正当竞争法》的调整范围。

三、制订公办幼儿园生均财政拨款标准或生均公用经费标准

除了通过专项加大学前教育投入外，近年来我国政府正在努力建设支持学前教育发展的长效投入机制。《国务院关于当前发展学前教育的若干意见》提出：各级政府要将学前教育经费列入财政预算。新增教育经费要向学前教育倾斜。财政性学前教育经费在同级财政性教育经费中要占合理比例，未来三年要有明显提高。各地根据实际研究制订公办幼儿园生均经费标准和生均财政拨款标准。意味着学前教育经费纳入了财政日常拨款范围。

《若干意见》要求，到 2020 年，各省（自治区、直辖市）制订并落实公办园生均财政拨款标准或生均公用经费标准，合理确定并动态调整拨款水平。这意味着，到 2020 年，我国公办幼儿园将获得稳定的财政拨款，我国学前教育进入新的发展阶段。

延伸阅读

在《国务院关于当前发展学前教育的若干意见》推动下，各省（自治区、直辖市）陆续出台了公办幼儿园生均公用经费标准或生均财政拨款标准。

河南省建立公办幼儿园生均财政拨款制度，按照市属幼儿园年生均 5 000 元、县级及以下年生均 3 000 元的标准核拨生均经费。

四、对普惠性民办幼儿园的支持

普惠性民办幼儿园是指达到教育行政部门规定办园基本标准，面向社会大众招生，收费实行政府定价或接受政府指导价的民办幼儿园。根据普惠性民办幼儿园定义，民办幼儿园要想成为普惠幼儿园，必须向教育行政部门进行申报。

根据《国务院关于学前教育事业改革和发展情况的报告》，2018 年，我国共有普惠性民办幼儿园 8.2 万所，占民办幼儿园总数的 49.5%，普惠性民办幼儿园在园幼儿 1 386 万人，占民办幼儿园在园幼儿总数的 52.5%。政府对普惠性民办幼儿园的支持与政府对公办幼儿园的支持类似，《国务院关于当前发展学前教育的若干意见》明确指出："积极扶持民办幼儿园特别是面向大众、收费较低的普惠性民办幼儿园发展。采取政府购买服务、减免租金、以奖代补、派驻公办教师等方式，引导和支持民办幼儿园提供普惠性服务。民办幼儿园在审批登记、分类定级、评估指导、教师培训、职称评定、资格认定、表彰奖励等方面与公办幼儿园具有同等地位。"

拓展阅读

根据《国务院关于学前教育事业改革和发展情况的报告》，目前我国已有 17 个省（自治区、直辖市）明确了普惠性民办幼儿园的生均补助标准。山东省按年生均 710 元的生均公用经费标准对公办幼儿园和普惠性民办园进行同等补助。北京市建立普惠性学前教育投入保障机制，市财政对提供普惠性服务的幼儿园，无论公办幼儿园、民办幼儿园都按年生均 12 000 元进行补助，真正实现了接受普惠性学前教育公共财政补助一样、家长缴费一样。根据北京市教委发布《北京市普惠性幼儿园认定与管理办法（试行）》，明确幼儿园、社区办园点、中小学附设幼儿班均可参与普惠性幼儿园申报。普惠性民办幼儿园认定有效期为 3 年。市级财政将向普惠性幼儿园提供生均定额补助、租金补助、扩学位补助。

五、对普通民办幼儿园的支持

民办教育事业属于公益性事业，是社会主义教育事业的组成部分。因此，国家对民办教育实行积极鼓励、大力支持、正确引导、依法管理的方针。对普通民办幼儿园的支持政策主要体现在《民办教育促进法》中。该法第七章是"扶持与奖励"，详细规定了政府对民办学校的扶持和奖励政策。其具体扶持和奖励措施概况如下。

（1）通过设立专项资金用于资助民办学校的发展，奖励和表彰有突出贡献的集体和个人。

（2）采取购买服务、助学贷款、奖助学金和出租、转让闲置的国有资产等措施对民办学校予以扶持。

（3）通过税收、金融及给以用地优惠等方式支持民办学校发展。

（4）依法保障幼儿园教职员工的地位待遇和各项合法权益。

《若干意见》明确提出，国家规范发展民办幼儿园。稳妥实施分类管理，2019 年 6 月底前，各省（自治区、直辖市）要制定民办幼儿园分类管理实施办法，明确分类管理政策。现有民办幼儿园根据举办者申请，限期归口进行非营利性民办幼儿园或营利性民办幼儿园分类登记。遏制民办幼儿园过度逐利行为，社会资本不得通过兼并收购、受托经营、加盟连锁、利用可变利益实体、协议控制等方式控制国有资产或集体资产举办的幼儿园、非营利性幼儿园。民办幼儿园一律不准单独或作为一部分资产打包上市。上市公司不得通过股票市场融资投资营利性幼儿园，不得通过发行股份或支付现金等方式购买营利性幼儿园资产。分类治理无证办幼儿园，2020 年年底前，各地要稳妥完成无证幼儿园治理工作。

案例回顾 3

某省高级人民法院行政裁定书 (2017) 赣行申 232 号

【案情概要】某省双语幼儿园未与章桂仙签订劳动聘用合同，口头约定其主要任务是在幼儿园食堂做饭。2015 年 9 月 23 日上午 10 时许章桂仙在幼儿园食堂做饭时，因液化气爆燃导致烧伤。因新蕾双语幼儿园认为其不属于劳动合同关系，而是承揽关系，因此，不属于工伤。双方由此发生争议。章桂仙于 2016 年 6 月 6 日向上饶市人力资源和社会保障局提出工伤认定申请。上饶市人力资源和社会保障局受理后，于同月 22 日向该幼儿园送达工伤认定申请表、饶人社工伤举字〔2016〕第 148 号《工伤认定限期举证通知书》，在限期举证期间，该双语幼儿园未提交章桂仙不属于工伤的证据材料，上饶市人力资源和社会保障局认为章桂仙 2015 年 9 月 23 日上午 10 时许在幼儿园食堂做饭时，因液化气爆燃导致烧伤是在工作时间、工作场所，因工作原因受到事故伤害，情形符合《工伤保险条例》第十四条第 (一) 项规定，认定为工伤并无不当。最终，法院判定由幼儿园承担相应的工伤赔偿责任。

【案例分析 3】

法院的审理结果，主要解决了两大争议：第一，是否有劳动合同关系？根据《劳动和社会保障部关于确立劳动关系有关事项的通知 (劳社部发〔2005〕12 号)》的规定:“一、用人单位招用劳动者未订立书面劳动合同，但同时具备下列情形的，劳动关系成立。(一) 用人单位和劳动者符合法律法规规定的主体资格; (二) 用人单位依法制订的各项劳动规章制度适用于劳动者，劳动者受用人单位的劳动管理，从事用人单位安排的有报酬的劳动; (三) 劳动者提供的劳动是用人单位业务的组成部分。”章桂仙虽未与该幼儿园签订书面劳动合同，但其工作系为幼儿园的孩子和老师做饭，是在用人单位提供的工作场所、使用用人单位提供的生产工具进行的工作，与幼儿园存在从属关系，接受幼儿园的管理，已形成事实劳动关系。该幼儿园申诉提出其与章桂仙不存在劳动关系的理由不能成立。第二，是否属于工伤？《工伤保险条例》第十九条第二款规定:“职工或者其近亲属认为是工伤，用人单位不认为是工伤的，由用人单位承担举证责任。”从上述情况来看，用人单位并没有有利的相关证据证明其不属于工伤。

该案的判决，是国家建立法律制度体系，处理幼儿园与其教职工发生相关争议，从而平息诉讼，维护幼儿园教职员工合法权益的一则生动事例。当然，从另一个角度来说，国家相关法律制度体系的建立，也是维护幼儿园合法权益的有力保障手段。

拓展阅读

承揽关系和劳动关系的区别如下。

1. 劳动关系中，单位和员工之间存在着一定的人身依附关系。员工对于工作如何安排没有自主选择权，单位可以随时干预其工作，员工的劳动系一种从属性劳动；承揽关系中，定作人与承揽人地位平等，承揽人对工作如何安排拥有完全的自主权，定作人无权干预。承担人的劳动是一种独立劳动。

2. 劳动关系中，合同的标的注重员工无形的劳务给付，以供给劳务本身为目的；而在承揽关系中，承揽合同的标的着重表现为物化的劳动成果，是以提供通过劳务产生的工作成果为目的的。

3. 义务不履行时，两者是否构成违约的标准不同。承揽属于交付劳动成果型的合同，没有交付成果或交付的成果不符合约定，即构成违约；而劳动关系则不涉及工作成果的交付，侧重于提供的劳务是否合格，未按照单位的要求提供劳务即构成违约。

4. 合同义务可否转移不同。在承揽关系中，承揽人可将承揽的工作部分交给第三人完成；而在劳动法律关系中，员工不能将自己应负的劳动义务转移给他人承担，必须以自己的技能亲自履行。

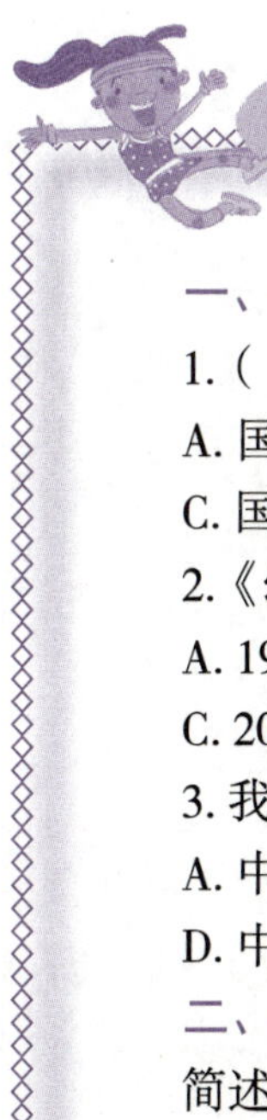

课后练习

一、选择题

1.（　　）主管全国的幼儿园管理工作。

A. 国务院　　B. 全国人民代表大会

C. 国家教育委员会　　D. 以上都是

2.《幼儿园管理条例》自（　　）起实施。

A. 1989 年 8 月 21 日　　B. 1989 年 9 月 21 日

C. 2002 年 5 月 1 日　　D. 1990 年 2 月 1 日

3. 我国实行的教育行政体制是（　　）。

A. 中央集权　　B. 地方分权

D. 中央与地方合作制　　C. 中央集权制和地方分权制

二、简答题

简述政府对学前教育的主要职责类型。

三、案例分析

某幼儿园正在准备申请接受某市的一级一类验收。一位家长将一个有轻度肢体残疾的幼儿送到幼儿园，要求入园。出于同情和责任心，园长认为应该无条件接收该幼儿，可副院长提醒她，在一级一类验收标准中规定幼儿园不得有体弱儿，这个肢体残疾的幼儿多项指标都不达标，会影响验收，于是园长决定不接受该幼儿入园。幼儿家长非常气愤，拿出《残疾人保护法》《未成年人保护法》质问园长。园长既惭愧又无奈，只得请求家长等待两个星期，等验收合格后再考虑送孩子入托。园长诚恳的道歉和解释虽然得到了家长的暂时认可，但如果验收标准与法律法规相违背，园长该怎么办？

四、实践探索

某幼儿园是私立幼儿园，为减少开支，平时对卫生保健重视不够，当幼儿园出现传染病时才抓卫生保健工作。请结合相关条例规定，对幼儿园卫生保健工作管理措施谈谈自己的建议。

第六章 法律责任

案例导入

深圳市宝安区西乡街道某幼儿园因内部管理混乱，经多次整改无效。宝安区教育局对该园做出吊销该园办学许可证的决定。宝安区教育局通报表示，某幼儿园位于西乡街道流塘村，该园上学期有 5 个教学班级，共有在园幼儿 85 人。在办园期间，该园存在不按规定配备教职工、不按规定与教职工签订劳动合同、幼儿膳食水平差、财务管理混乱等问题。经多次整改无效，宝安区教育局遂做出吊销该园办学许可证的决定。区教育局于 2012 年 1 月向该园发出限期整改通知书，要求幼儿园将有关问题在两个月内整改到位。整改期限到期后，区教育局对该园整改情况进行了检查，但发现其办园情况并未改善。宝安区教育局依据《民办教育促进法》《教育行政处罚暂行实施办法》，于 2012 年 7 月 26 日作出吊销某幼儿园的办学许可证的决定[65]。

问题聚焦：

1. 什么是法律责任？法律责任有哪些？

2. 幼儿园有哪些法定义务？幼儿园没有履行这些法定义务，应该承担什么法律责任？

3. 教育局有没有权力吊销幼儿园的办学许可证？当幼儿园认为自身的权利受到侵犯时，能通过何种途径去维护自身的合法权利？

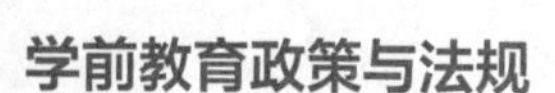

学习目标

1. 了解在学前教育活动中公民、法人或有关机构违反《教育法》《劳动合同法》《劳动法》《教师法》《未成年人保护法》《民办教育促进法》《幼儿园管理条例》等法律法规应承担的法律责任。

2. 增强学前教育教师的法律意识，提高学前教育教师的法律素养。

3. 提高学前教育教师维护自身合法权益的能力。

本章结构

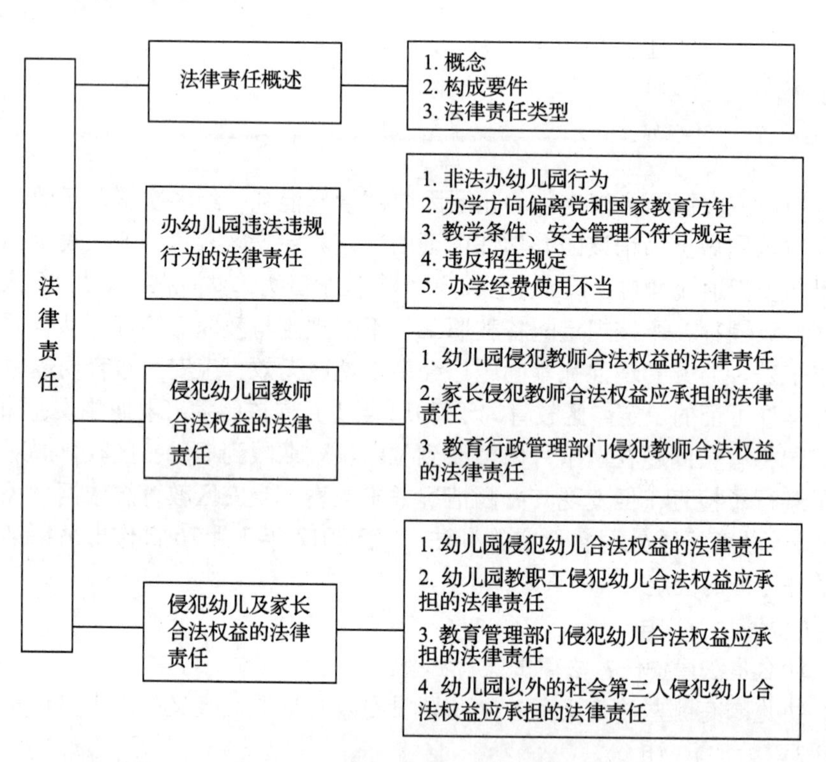

第一节　法律责任概述

2013 年 2 月 23 日，习近平总书记在中共中央政治局第四次集体学习时指出：“全面推进依法治国，必须坚持严格执法。”法律的生命力在于实施。如果有了法律而不实施，或者实施不力，搞得有法不依、执法不严、违法不究，那么，制定再多法律也无济于事。在学前教育活动中，目前，由于人们的法律意识还不是很强，再加之相关法律法规还不太健全，违法办园的现象屡见不鲜，侵犯了教师、幼儿、家长等的合法权益，需要用法律责任约束违法办园的行为。

一、概念

法律责任是公民、法人或其他机构等行为主体违反了法律规定或合同约定，应该承担的对自己不利的法律后果。

二、构成要件

什么情况下行为主体需要承担法律责任？法律责任的构成要件一般有 4 个。

（1）有损害事实，也就是说合法权益受到损害的客观事实存在，如幼儿身体受到伤害。

（2）损害的行为必须违法或者违反约定，即行为人实施的行为违法，如幼儿园教师体罚了幼儿；行为违反约定，如没有提供入园合同中承诺的相应的义务等。

（3）行为人主观上有过错，包括故意和过失（但在违约责任认定中一般不需要判断行为人主观过错状态）。

（4）违法或违约行为与损害事实之间具有因果关系，即，行为人的违法或违约行为导致了损害事实的发生。

三、法律责任类型

按照违法或违约的性质与危害程度对法律责任进行分类，可以分为民事法律责任、行政法律责任、刑事法律责任。

（一）民事法律责任

民事法律责任是指民事主体因违反民事义务（法定义务或约定义务）而应当承担的民事法律后果。《中华人民共和国教育法》第七十二条规定："侵占学校及其他教育机构的校舍、场地及其他财产的，依法承担民事责任。"

民事法律责任的承担方式也是各种各样的。

2017 年通过的《民法总则》第一百七十九条规定了承担民事法律责任的主要方式。

包括：停止侵害；排除妨碍；消除危险；返还财产；恢复原状；修理、重作、更换；继续履行；赔偿损失；支付违约金；消除影响、恢复名誉；赔礼道歉。

法律规定惩罚性赔偿的，依照其规定。

本条规定的承担民事责任的方式，可以单独适用，也可以合并适用。

根据违反的义务性质来源的不同，民事法律责任可以分为违约责任、侵权责任与其他责任。

1. 违约责任

是指违反约定义务或者未履行约定义务而产生的责任。一般适用《民法总则》《合同法》，日常生活中运用比较广泛。家长与幼儿园就入园达成的书面或口头协议均可认为是一种合同约定。双方如有违反，可以按违约责任进行追究。

2. 侵权责任

是指因行为侵犯他人权益而产生的责任。一般适用《民法总则》《侵权责任法》。具体到学前教育，《侵权责任法》第三十八条、第三十九条和第四十条对相关侵权责任进行了具体规定。

第三十八条“无民事行为能力人受害时教育机构的侵权责任”规定：无民事行为能力人在幼儿园、学校或者其他教育机构学习、生活期间受到人身损害的，幼儿园、学校或者其他教育机构应当承担责任，但能够证明尽到教育、管理职责的，不承担责任。

第三十九条“限制民事行为能力人受害时教育机构的侵权责任”规定：限制民事行为能力人在学校或者其他教育机构学习、生活期间受到人身损害，学校或者其他教育机构未尽到教育、管理职责的，应当承担责任。

第四十条“第三人侵权时教育机构的侵权责任”规定：无民事行为能力人或者限制民事行为能力人在幼儿园、学校或者其他教育机构学习、生活期间，受到幼儿园、学校或者其他教育机构以外的人员人身损害的，由侵权人承担侵权责任；幼儿园、学校或者其他教育机构未尽到管理职责的，承担相应的补充责任。

3. 其他责任

是指因民法中规定的无因管理、紧急避险等原因产生的责任。

【法律知识一点通】

《侵权责任法》第二条规定：侵犯民事权益，应当依照本法承担侵权责任。本法所称民事权益，包括侵犯生命权、健康权、姓名权、名誉权、荣誉权、肖像权、隐私权、婚姻自主权、监护权、所有权、用益物权、担保物权、著作权、专利权、商标专用权、发现权、股权、继承权等人身、财产权益。

根据责任的构成是否以当事人的过错为要件，民事责任可以分为过错责任、无过错责任和公平责任。

(1) 过错责任，是指应以过错作为责任的要件和确定责任范围的依据的责任。若行为人没有过错，如加害行为因不可抗力而致，则虽有损害发生，行为人也不负责任。此外，在确定责任范围时应当确定受害人是否具有过错，受害人具有过错的事实可能导致加害人责任的减轻和免除。我国一般侵权行为责任即采用过错责任的归责原则。

(2) 无过错责任，是指行为人只要给他人造成损失，不问其主观上是否有过错都应承担责任。一般认为，我国合同法上的违约责任与侵权法上的特别侵权责任的归责

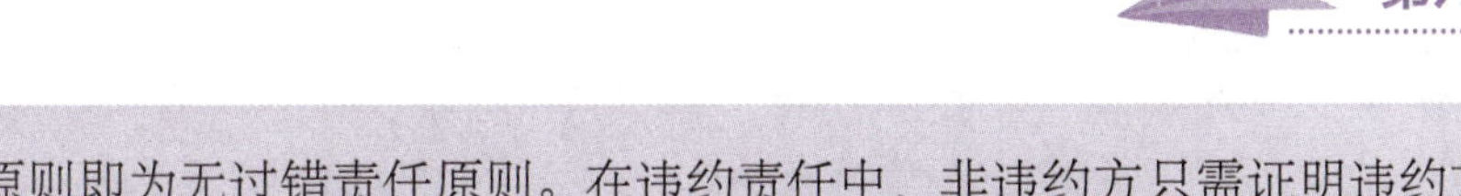

原则即为无过错责任原则。在违约责任中，非违约方只需证明违约方的行为已经构成违约即可，而不必证明其主观上有无故意或过失。违约方举证自己无过错来免责是徒劳的，但可以通过证明违约行为是发生在不可抗力和存在特约的免责条件下而获得免责。在侵权责任中，特别侵权人只能通过证明法定的免责事由的存在而获免责。

(3) 公平责任，是指双方当事人对损害的发生均无过错，法律又无特别规定适用无过错责任原则时，法院根据公平的观念，在考虑当事人双方的财产状况及其他情况的基础上，裁决将责任公平合理地分担给当事人。这是以公平观念作价值判断来确定责任的归属，是以更高的水准要求当事人承担互助共济的社会责任。

此外，根据承担责任的主体数量的不同，民事法律责任可以分为单独责任与共同责任。

(1) 单独责任，是指由一个民事主体独立承担的民事责任，多数责任属于单独责任。

(2) 共同责任，是指两个以上的主体共同对损害的发生承担的责任。

案例回顾 1

幼儿卓某与阿尔山市第一幼儿园、幼儿王某民事纠纷案[66]

原告卓某与被告王某就托于被告阿尔山市幼儿园，二人均系无民事行为能力人。2017 年 6 月 12 日下午，原告卓某在幼儿园室外荡秋千时，被王某推动秋千后跌落倒地，王某的行为致使原告遭受人身损害。2017 年 6 月 19 日，原告经兴安盟人民医院治疗，诊断为“左侧肱骨远端骨拆，建议转往上级医院手术治疗”。2017 年 7 月 13 日，原告转诊至北京积水潭医院，诊断为“左肱骨髁上骨折，保守治疗和复查”。2017 年 11 月 17 日，原告伤情经吉林公正司法鉴定中心鉴定，其左肱骨髁上骨折未达到伤残评定标准，其护理期限评定为 50 日。上述事实，有诊断处理意见书、收据、发票、医学诊断证明书、录像及双方当事人陈述等证据在卷佐证。

内蒙古自治区阿尔山市人民法院认为，根据侵权责任法等相关法律的规定，无民事行为能力人造成他人损害的，由监护人承担侵权责任。监护人尽到监护责任的，可以减轻其侵权责任。本案中，被告王某在幼儿园玩耍时造成原告卓某人身损害，根据上述法律规定，原告的损害结果应由被告王某的监护人，即被告王某父亲承担。但同时，被告王某的父亲已将王某送往被告阿尔山市幼儿园全托管理。在课间玩耍过程中，幼儿园未合理安排教职人员保护幼儿安全，致使被告王某在推动秋千时，未被及时发现制止，造成原告人身损害。根据《最高人民法院人身损害赔偿解释》第七条规定，在校园、幼儿园伤害案件中，学校、教育机构承担与其过错相应的民事责任，故被告阿尔山市幼儿园应承担相应的过错责任。结合本案的客观实际，内蒙古自治区阿尔山市人民法院认为，被告王某在其责任范围内承担 30% 为宜，被告阿尔山市幼儿园承担 70% 为宜。关于原告人身损害赔偿金部分：原告左肱骨髁上骨折，其监护人出于

对孩子伤情的急切，去更好的医院接受治疗符合情理，故对其发生的医疗费及第一次往返北京治疗的合理性本院予以确认，维护医疗费 1 482.00 元；原告接受治疗后又多次往返北京，此不能说明原告伤情的紧迫性，故对多次往返的交通费用不予支持，酌定支持交通费 5 096.00 元；原告在北京期间未住院治疗，但依据其提交的住宿费票据，本院酌定在合理范围内予以维护即住宿费 3 900.00 元（13 天 ×300.00 元 / 天）；原告处于身体发育的成长期，其主张的营养费符合客观实际，本院支持营养费 5 000.00 元（50 天 ×100.00 元 / 天）。依据伤残报告及原告年幼的护理需求，本院酌定支持护理费 5 318.00 元（50 天 ×106.36 元 / 天）。精神抚慰金于法无据，不予支持。综上，内蒙古自治区阿尔山市人民法院确认原告卓某的合理赔偿金额为 20 796.00 元。依照责任划分，被告阿尔山市幼儿园应给付原告卓某人身损害赔偿金为 14 557.20 元（20 796.00 元 ×70%），被告王某应给付原告卓某人身损害赔偿金为 6 238.80 元（20 796.00 元 ×30%），因王某为未成年人，其赔偿责任应由其监护人被告王某父亲承担。

【案例分析 1】

根据《中华人民共和国侵权责任法》第十六条规定：侵害他人造成人身损害的，应当赔偿医疗费、护理费、交通费等为治疗和康复支出的合理费用，以及因误工减少的收入。造成残疾的，还应当赔偿残疾生活辅助具费和残疾赔偿金。造成死亡的，还应当赔偿丧葬费和死亡赔偿金。以上案例中，被告王某在幼儿园推动秋千后跌落倒地，致使原告卓某遭受人身损害，应到赔偿卓某医疗费、护理费、交通费等。

根据《中华人民共和国侵权责任法》第三十二条第一款规定：无民事行为能力人、限制民事行为能力人造成他人损害的，由监护人承担侵权责任。监护人尽到监护责任的，可以减轻其侵权责任。该案件中，被告王某无民事行为能力，造成他人等损害应该由其监护人来承担相应的侵权责任。

根据《最高人民法院关于审理人身损害赔偿案件适用法律若干问题的解释》第七条第一款规定：对未成年人依法负有教育、管理、保护义务的学校、幼儿园或者其他教育机构，未尽职责范围内的相关义务致使未成年人遭受人身损害，或者未成年人致他人人身损害的，应当承担与其过错相应的赔偿责任。该案件中，被告王某无民事行为能力，造成他人等损害应该由其监护人来承担相应的侵权责任。在课间玩耍过程中幼儿园未合理安排教职人员保护幼儿安全，致使被告王某在推动秋千时，未被及时发现制止，造成卓某人身损害，应该承担过错责任。

（二）行政法律责任

行政法律责任是指行政法律关系主体违反了行政法律规范而应当依法承担的行政法律后果。行政主体侵害相对人的合法权益时，就有义务消除对相对人的不利影响，具体的承担行政法律责任的方式有撤销违法行为、承认错误、赔礼道歉、消除影响、返还权益、恢复原状、停止违法行为、纠正不当、履行行政职务、行政赔偿等，而相对人在违反行政法律规范时，承担行政法律责任的方式有承认错误、赔礼道歉、接受行政处罚、履行法定义务、赔偿损失等。

常见的行政法律责任主要有行政处分和行政处罚。

（1）行政处分一般是对内的责任，比如，幼儿园教师违反行政法律规范后对其进行警告、记过、降级、撤职、开除等。

（2）行政处罚一般是对外的责任。《行政处罚法（2017 年修订）》第八条规定了行政处罚的种类：警告；罚款；没收违法所得、没收非法财物；责令停产停业；暂扣或者吊销许可证、暂扣或者吊销执照；行政拘留；法律、行政法规规定的其他行政处罚。比如，幼儿园非法使用童工或有违反其他劳动法规的行为，对其进行罚款，情节严重的，可吊销其办学许可证、营业执照等。

（三）刑事法律责任

刑事法律责任是指犯罪人因实施犯罪行为而应当承担的国家司法机关依照刑事法律对其犯罪行为及本人所作的否定评价和谴责。

根据我国《刑法》的规定，一切危害国家主权、领土完整和安全，分裂国家、颠覆人民民主专政的政权和推翻社会主义制度，破坏社会秩序和经济秩序，侵犯国有财产或者劳动群众集体所有的财产，侵犯公民私人所有的财产，侵犯公民的人身权利、民主权利和其他权利，以及其他危害社会的行为，依照法律应当受刑罚处罚的，都是犯罪；但是情节显著轻微危害不大的，不认为是犯罪。

负刑事法律责任意味着应受刑罚处罚。这是刑事法律责任与民事法律责任、行政法律责任的根本区别。

刑事法律责任的承担必须遵循罪刑法定原则。法无明文规定不为罪、法无明文规定不处罚。即犯罪行为的界定、种类、构成条件和刑罚处罚的种类、幅度，均事先由法律加以规定，对于刑法分则没有明文规定为犯罪的行为，不得定罪处罚。《教育法》第七十三条规定：“明知校舍或者教育教学设施有危险，而不采取措施，造成人员伤亡或者重大财产损失的，对直接负责的主管人员和其他直接责任人员，依法追究刑事责任。”

刑事法律责任的形式包括主刑和附加刑两种。主刑，是对犯罪分子适用的主要刑罚，只能独立使用，不能相互附加适用。主刑分为管制、拘役、有期徒刑、无期徒刑和死刑。附加刑分为罚金、剥夺政治权利、没收财产。

刑事法律责任是最严厉的法律责任。追究犯罪主体刑事法律责任必须依照《刑法》的具体规定。在学前教育违法办园活动中，涉及追究刑事责任的主要可能有以下几个方面。

体罚幼儿的，情节严重的可以以故意伤害罪追究责任。

使用有毒、有害物质制作教具、玩具的，情节严重的，可能会以教育设施重大安全事故罪追究责任。

挪用幼儿园经费的，以挪用公款罪或挪用资金罪追究责任。

严重干扰幼儿园正常工作秩序的，可能会以聚众扰乱社会秩序罪追究责任等。

第二节　办幼儿园违法违规行为的法律责任

办幼儿园违法违规行为，既是指幼儿园举办者没有取得办学许可证和营业执照的非法办幼儿园行为，也包括依法成立、取得了办学许可证和营业执照的幼儿园在运营过程中违反教育法、民办教育促进法及其实施条例、幼儿园管理条例等法律法规的行为。当前，无论是非法办幼儿园行为，还是合法成立的幼儿园的违法违规办幼儿园行为，都是破坏当前学前教育正常稳定秩序的重要原因，是法律法规需要重点予以规范的对象。对这些违法违规行为处以一定的法律责任，是规范此类行为的重要方法。此类办幼儿园违法违规行为在实际生活中表现形式多种多样，相关法律责任的规定分散在《民办教育促进法（2018 年修订）》第九章、《民办教育促进法实施条例（修订草案）（2019 年 1 月）》第七章、《幼儿园管理条例》第二十七条和第二十八条等中。本节对幼儿园及其举办者的一些主要违法违规行为进行列举分析。

一、非法办幼儿园行为

非法办幼儿园，也称无证办幼儿园，是指幼儿园的举办者没有依照法律规定的条件和程序获得行政部门的办学许可而擅自办幼儿园的行为。

（一）非法办幼儿园的类型

1. 申请举办幼儿园未能合乎法律法规规定的条件与程序

《幼儿园管理条例》第二章“举办幼儿园的基本条件和审批程序”的第七条、第八条、第九条和第十条专门规定了举办幼儿园应当具备的基本条件，包括：选址条件、基础设施条件、教职工条件、经费条件。第十一条和第十二条规定了具体的审批程序；同时，应当符合 2018 年新修订的《民办教育促进法》规定的申办条件。《民办教育促进法实施条例（修订草案）（2019 年 1 月）》已经国务院原则通过，其对民办学校的设立条件、程序要求同样也适用于民办幼儿园。如果民办幼儿园的举办者违反了《民办教育促进法》及其《实施条例》关于民办幼儿园设立的相关规定，也属于违法办幼儿园。

举办者申办的幼儿园如果不合乎这些基本条件，或者未依照这些审批程序进行审批申请的，均属于非法办幼儿园。

案例回顾 2

在违法建筑内开办幼儿园是否合法？

山西省闻喜县某幼儿园开办于某小区某栋楼第五层建筑物上，记者从闻喜县住建局了解到，该小区配套幼儿园等公共设施并未纳入规划范围，是开发商超出规划私自加盖。但该幼儿园开设宝宝班2个、小班3个、中班2个、大班1个，共计8个班，180余名幼儿在这里学习和生活，此外还有20多名教职工[67]。

【案例分析2】

按照《国务院关于鼓励社会力量兴办教育促进民办教育健康发展的若干意见》规定，教育部等五部门印发《民办幼儿园分类登记实施细则》《营利性民办幼儿园监督管理实施细则》等相关规定，幼儿园园舍必须独立，产权明晰、合法。申请办幼儿园时，申请人必须出具园所资产的有效证明文件。《幼儿园管理条例》第二章也规定了举办幼儿园的基本条件和审批程序，第七条规定了举办幼儿园必须将幼儿园设置在安全区域内。该幼儿园设置在建筑物的五层，明显不太安全。该幼儿园在没有合法手续的违章建筑上开园，存在安全隐患，属非法办幼儿园，应承担的民事责任有消除危险和及时更换园舍，如果幼儿家长要求退学，其应退还学费、保育费等费用。

2. 未能遵守“先证后照”的规定

在现实生活中，一些民办幼儿园的举办者先通过其他方式获得“营业执照”，再申请幼儿园办园许可证。严格来说，这违反我国的现行教育政策法规。2018年11月7日印发的《若干意见》明确要求严格幼儿园准入管理，各地依据国家基本标准调整完善幼儿园设置标准，严格掌握审批条件，加强对教职工资质与配备标准、办幼儿园条件等方面的审核。幼儿园审批严格执行“先证后照”制度，由县级教育部门依法进行前置审批，取得办幼儿园许可证后，到相关部门办理法人登记。所以，仅有营业执照而无办学许可证的行为属于非法办幼儿园行为，应当承担一定的法律责任。

3. 擅自分立、合并，擅自改变名称、层次、类别和举办者的行为

《民办教育促进法（2018年修订）》第六十二条对此进行了规定，属于禁止对象。

4. 提交虚假证明文件或者采取其他欺诈手段隐瞒重要事实骗取办学许可证等行为

根据《民办教育促进法（2018年修订）》第六十二条规定：提交虚假证明文件或者采取其他欺诈手段隐瞒重要事实骗取办学许可证的。

5. 擅自使用学校或者其他教育机构名称的行为

《民办教育促进法实施条例（修订草案）（2019年1月）》第二十条规定：擅自使用学校或者其他教育机构名称的，由所在地县级人民政府市场监管部门或者教育行政部门责令限期改正；逾期不改正的，吊销营业执照，并可处以1万元以上5万元以下罚款。

6. 伪造、变造、买卖、出租、出借办学许可证的行为

《民办教育促进法实施条例（修订草案）（2019年1月）》第六十二条对“伪造、变造、买卖、出租、出借办学许可证”的行为作出了法律责任的规定。

7. 超出办学许可范围，擅自改变办学地址或者设立分支机构的行为

《民办教育促进法实施条例（修订草案）（2019 年 1 月）》第六十三条对此作了禁止性规定。

（二）非法办园应当承担怎样的法律责任

1. 取缔、责令停止办园

《民办教育促进法实施条例（修订草案）（2019 年 1 月）》第六十五条规定：社会组织或者个人擅自举办民办学校或者在民办学校筹设期内招生的，由所在地县级人民政府组织有关部门依据民办教育促进法第六十四条予以取缔并给予处罚。《民办教育促进法（2018 年修订）》第六十四条规定：违反国家有关规定擅自举办民办学校的，由所在地县级以上地方人民政府教育行政部门或者人力资源社会保障行政部门会同同级公安、民政或者市场监督管理等有关部门责令停止办学。《民办教育促进法（2018 年修订）》第六十二条规定：提交虚假证明文件或者采取其他欺诈手段隐瞒重要事实骗取办学许可证的，都将受到取缔办园等不利的法律后果。

2. 限期整顿、停止招生

《幼儿园管理条例》第二十七条规定：有“未经登记注册，擅自招收幼儿的”幼儿园，由教育行政部门视情节轻重，给予限期整顿、停止招生、停止办园的行政处罚。《民办教育促进法实施条例（修订草案）（2019 年 1 月）》第六十三条对“超出办学许可范围，擅自改变办学地址或者设立分支机构的行为”规定的法律后果为：由其所在地县级以上教育行政部门责令限期整顿。

3. 接受治安管理法处罚及警告、罚款等

《民办教育促进法（2018 年修订）》第六十四条规定：违反国家有关规定擅自举办民办学校的，由所在地县级以上地方人民政府教育行政部门或者人力资源社会保障行政部门会同同级公安、民政或者市场监督管理等有关部门，对举办者处违法所得一倍以上五倍以下罚款；构成违反治安管理行为的，由公安机关依法给予治安管理处罚。

4. 限制兴办新的民办学校

《民办教育促进法实施条例（修订草案）（2019 年 1 月）》第六十三条对“超出办学许可范围，擅自改变办学地址或者设立分支机构的行为”规定的法律后果有一种情形为：拒不整改或者整改后仍发生同类问题的，限制举办新的民办学校，情节严重的，5 年内不得新办民办学校。

5. 没收违法所得

骗取办学许可证的行为，如果有违法所得的，退还所收费用后，没收违法所得。

6. 退还所收费用

非法办园的，如果出现责令停止办园、停止招生，则举办者应当将所收费用退还幼儿家长。此属于民事法律责任形式。

7. 追究刑事法律责任

上述非法办学行为，如果构成犯罪的，将依法追究刑事责任。

案例回顾 3

无证幼儿园专项整治工作在寿光启动 这些幼儿园将被取缔

齐鲁网潍坊 1 月 23 日讯。1 月 23 日，记者从寿光市人民政府了解到，近年来，随着国家人口政策调整、城镇化进程加快，适龄儿童入园需求激增，寿光市出现了一批未经审批注册擅自开办的无证幼儿园，扰乱了学前教育正常管理秩序，影响社会和谐稳定。对此，寿光市出台了无证幼儿园专项整治工作方案，责成教育、公安、住建等多部门联手行动，对于不符合规范及条件的无证幼儿园予以取缔[68]。

【案例分析 3】

《幼儿园管理条例》第二章规定了举办幼儿园的基本条件和审批程序，第八条规定了举办幼儿园必须具有与保育、教育的要求相适应的园舍和设施。幼儿园的园舍和设施必须符合国家的卫生标准和安全标准。第九条规定了举办幼儿园应当具有符合下列条件的保育、幼儿教育、医务和其他工作人员。第十一条规定了国家实行幼儿园登记注册制度，未经登记注册，任何单位和个人不得举办幼儿园。第十二条规定了城市幼儿园的举办、停办，由所在区、不设区的市的人民政府教育行政部门登记注册。农村幼儿园的举办、停办，由所在乡、镇人民政府登记注册，并报县人民政府教育行政部门备案。在本次整治行动中，寿光市取缔一批缺乏基本办园条件、存在重大安全卫生隐患的无证幼儿园，是符合法律规定的，也是违法办园应当承担的行政法律责任。

二、办学方向偏离党和国家教育方针

党和国家的教育方针是党和国家管理教育的基本准则，《教育法》对此作出了明确规定：任何教育机构，都有义务遵守党和国家的教育方针。这是《教育法》规定“党和国家教育方针”的必然要求，也是确保教育机构沿着正确方向、保护学生合法权益的必然要求。

《民办教育促进法实施条例（修订草案）（2019 年 1 月）》第六十三条规定，民办学校有“违背国家教育方针，偏离社会主义办学方向，或者未保障学校党组织履行职责的；违反本条例及国家有关教育教学的强制性规定的”，由主管行政部门或者审批机关责令限期改正，有违法所得，没收违法所得；情节轻微的，记入执业信用档案并可视情节给予 1 至 3 年从业禁止；情节较重的，列入失信联合惩戒名单；构成犯罪的，依法追究刑事责任。

三、教学条件、安全管理不符合规定

教学条件、安全管理是幼儿园正常办园、稳定运行的基本保障，也是幼儿园举办者和幼儿园管理人员应当承担的基本职责。违反时应当承担一定的法律责任。

《民办教育促进法实施条例（修订草案）（2019 年 1 月）》第六十三条规定：教学条件明显不能满足教学要求、教育教学质量低下，未及时采取措施的；未按要求落实安全管理制度，校舍、其他教育教学设施设备存在重大安全隐患，未及时采取措施的；侵犯受教育者的合法权益，产生恶劣社会影响的，由主管行政部门或者审批机关责令限期改正，有违法所得，没收违法所得；情节轻微的，记入执业信用档案并可视情节给予 1 至 3 年从业禁止，情节较重的，列入失信联合惩戒名单；构成犯罪的，依法追究刑事责任。

《幼儿园管理条例》第二十七条规定：园舍、设施不符合国家卫生标准、安全标准，妨害幼儿身体健康或者威胁幼儿生命安全的；教育内容和方法违背幼儿教育规律，损害幼儿身心健康的幼儿园，由教育行政部门视情节轻重，给予限期整顿、停止招生、停止办园的行政处罚。

四、违反招生规定

《民办教育促进法实施条例（修订草案）（2019 年 1 月）》第六十三条规定：在招生过程中存在欺诈、恶意竞争等扰乱招生秩序、破坏平等竞争环境行为的；由主管行政部门或者审批机关责令限期改正，有违法所得，没收违法所得；情节轻微的，记入执业信用档案并可视情节给予 1 至 3 年从业禁止，情节较重的，列入失信联合惩戒名单；构成犯罪的，依法追究刑事责任。

《民办教育促进法（2018 年修订）》第六十二条规定：发布虚假招生简章或者广告，骗取钱财的，由县级以上人民政府教育行政部门、人力资源社会保障行政部门或者其他有关部门责令限期改正，并予以警告；有违法所得的，退还所收费用后没收违法所得；情节严重的，责令停止招生、吊销办学许可证；构成犯罪的，依法追究刑事责任。

五、办学经费使用不当

一定的办学经费，是幼儿园正常运行、确保保教质量的可靠物质基础。现实生活中，一些幼儿园的举办者、幼儿园管理者出于过分追逐利润等不良观念，出现了会计制度不依法依规进行、财务管理混乱、抽逃资金或者挪用办学经费等行为，影响幼儿园的有序运转，需要运用法律法规手段进行规制。

《民办教育促进法（2018 年修订）》第六十二条规定：恶意终止办学、抽逃资金或者挪用办学经费的，由县级以上人民政府教育行政部门、人力资源社会保障行政部门或者其他有关部门责令限期改正，并予以警告；有违法所得的，退还所收费用后没收违法所得；情节严重的，责令停止招生、吊销办学许可证；构成犯罪的，依法追究刑事责任。

《民办教育促进法实施条例（修订草案）（2019 年 1 月）》第六十三条规定：未依照统一的会计制度进行会计核算、编制财务会计报告，财务、资产管理混乱，或者擅自增加收费项目、提高收费标准的；其他管理混乱严重影响教育教学的行为，由其所在地县级以上教育行政部门责令限期整顿；拒不整改或者整改后仍发生同类问题的，限制举办新的民办学校，情节严重的，5 年内不得新办民办学校。

拓展阅读

在以上幼儿园违反《民办教育促进法实施条例（修订草案）(2019 年 1 月)》相关规定的行为，该条例的第六十四条还进一步规定：

民办学校违反民办教育促进法第六十二条规定或者本条例第六十三条规定，由主管部门对学校决策机构负责人、校长或者法定代表人及直接责任人予以警告，并将其执业违法违纪行为，在执业信用档案中予以记录；情节严重的可以给予 1 至 5 年从业禁止；情节特别严重、社会影响恶劣的，可以给予终身从业禁止。实施集团化办学的法人组织违反本条例规定，对所举办民办学校疏于管理，造成恶劣影响的，由其所在地县级以上教育行政部门责令限期整顿；拒不整改或者整改后仍发生同类问题的，限制举办新的民办学校，情节严重的，5 年内不得新办民办学校。其第六十五条规定了社会组织或者个人违反民办教育促进法和本条例规定，擅自举办民办学校或者在民办学校筹设期内招生的，由所在地县级人民政府组织有关部门依据民办教育促进法第六十四条予以取缔并给予处罚。

第三节　侵犯幼儿园教师合法权益的法律责任

据中国教育新闻网报道，2018 年 3 月 3 日，教育部党组书记、部长陈宝生在“部长通道”接受记者采访时指出，让教师成为令人羡慕的职业，我们要办好六件事。这六件事是“一提、二改、三育、四用、五保、六尊”。其中的“五保”就是提供经费保障、保护教师的合法权益[69]。当前，我国幼儿园教师的合法权益受到侵犯的现象时常发生，尤其是民办幼儿园侵犯幼儿园教师合法权益的屡见不鲜。

一、幼儿园侵犯教师合法权益的法律责任

（一）幼儿园侵犯教师劳动权应承担的法律责任

幼儿园教师在幼儿园工作，与幼儿园形成了劳动人事法律关系，具体表现在与幼儿园产生聘用与被聘用的关系、管理与被管理的关系、培训与被培训的关系等。在幼儿园教师合法权益受到侵犯的现象中，幼儿园侵犯幼儿园教师合法权益的占比最高，突出表现在劳动合同签订不规范，教师的工资偏低，寒暑假带薪休假没有保障，“五险一金”社会保险没有保障等。有学者对民办幼儿园教师合法权益状况进行调查，发现“绝大多数教师会和幼儿园签订劳动合同，但是试用期的合法权益得不到保护。93% 的老师有签订合同，7%

的教师没有签订劳动合同，而且还发现很多老师的试用期长达三个月以上甚至是一年，这严重违反了《劳动合同法》的规定；"在工资待遇方面，很多教师的工资偏低，甚至达不到政府部门规定的最低工资，这样的待遇水平甚至不能满足教师的日常生活需求。"[70]

对于这些侵犯劳动者权益的行为，幼儿园教师可以向人力资源和社会保障部门的劳动监察执法大队投诉，人力资源和社会保障相关部门应当责令幼儿园改正。幼儿园教师还可以向当地的劳动争议调解委员会、劳动争议仲裁委员会申请调解或仲裁，处理劳动争议纠纷。对处理结果不服的，还可以向人民法院起诉。人民法院应依法判决责令幼儿园履行法定和约定的义务。

（二）幼儿园侵犯教师特有权利应承担的法律责任

幼儿园教师其特殊的身份决定了其应该享有特殊的权利，才能保障教育教学活动的开展。《教师法》第七条、第三十六条和第三十九条对幼儿园侵犯教师特有的权利做出了具体的规定。根据上述相关法律规定，实践中，幼儿园侵犯幼儿园教师的带薪休假权、民主管理权、进修培训权等较为多发。侵犯教师这些特有的权利应该承担什么样的责任？

1. 侵犯教师带薪休假权

《教师法》第七条第四项规定：教师享有按时获取工资报酬，享受国家规定的福利待遇以及寒暑假的带薪休假权利。如果幼儿园未给予教师相应的权利保障，将带来不利的法律后果。

案例回顾 4

幼儿园园长 ××× 与西安市未央区某幼儿园劳务合同纠纷案

××× 于 2013 年 7 月起任西安市未央区某幼儿园园长，双方商定月工资为 10 000 元，但未签订任何书面合同，幼儿园足额按时向园长支付工资。2015 年 1 月，幼儿园发生幼儿呕吐事件，幼儿园法定代表人将园长月工资降为 8 000 元，园长亦按 8 000 元领取，并将寒暑假工资每月按 2 000 元发放。两年后，园长向法院起诉主张幼儿园应当每月按 10 000 元标准补发其工资。法院根据《教师法》规定，判定该幼儿园在 2015 年 1 月后每年寒暑假各一个月将园长工资降为 2 000 元于法相悖，应按 8 000 元足额发放[71]。

【案例分析 4】

法院根据《教师法》第七条第四项规定：教师享有按时获取工资报酬，享受国家规定的福利待遇以及寒暑假的带薪休假权利。2015 年 1 月之前寒暑假幼儿园都是足额发放 ××× 园长工资，2015 年 1 月以后，幼儿园法定代表人将园长月工资降为 8 000 元，园长亦按 8 000 元领取，其接受了降工资的事实，所以，法院支持了 ××× 园长的部分诉讼请求。《幼儿园工作规程（2016 年修订）》第六十三条规定：幼儿园教师依法享受寒暑假的带薪休假。幼儿园应当创造条件，在寒暑假期间，安排工作人员轮流休假。具体办法由举办者制定。可见，如果幼儿园没有制定相应的规定，教育行政主管部门可以要求其制定。如果没有安排带薪休假，人力资源和社会保障行政部门可以对其进行处罚。

2. 侵犯教师民主管理和监督举报权

教师参与学校民主管理，依法对幼儿园举办者、管理及教育主管部门工作人员进行监督举报，这是法律法规赋予幼儿园教师的合法权益，幼儿园及教育主管部门应当给予保障。如果未予保障甚至打击报复的，可能带来相应的不利法律后果。《教师法（2009 年修订）》第三十六条规定：对依法提出申诉、控告、检举的教师进行打击报复的，由其所在单位或者上级机关责令改正；情节严重的，可以根据具体情况给予行政处分。国家工作人员对教师打击报复构成犯罪的，依照刑法有关规定追究刑事责任。

（三）受侵犯教师权益救济的渠道

有侵犯，就应当有救济的渠道。当幼儿园教师的上述权益受到侵犯时，法律法规赋予了受侵犯教师相应的救济渠道，包括投诉、举报、控告，以及向行政部门申诉、向法院起诉等。《教师法（2009 年修订）》第三十九条规定：教师维护自身合法权利的途径，即教师对学校或者其他教育机构侵犯其合法权益的，或者对学校或者其他教育机构作出的处理不服的，可以向教育行政部门提出申诉，教育行政部门应当在接到申诉的三十日内，作出处理。

二、家长侵犯教师合法权益应承担的法律责任

幼儿园因其教育的对象年龄较小，幼儿教育要求幼儿园教师要与幼儿家长沟通合作，建立家长联系制度，成立家长委员会等，幼儿园教师和家长联系的相对比较紧密和频繁，再加上会有部分家长对子女比较宠爱，不容许自己的子女受到任何挫折或伤害，所以，家长和幼儿园教师难免会出现冲突和矛盾。这时，家长侵犯幼儿园教师合法权益的事件可能就会发生，主要表现在辱骂幼儿园教师，甚至殴打幼儿园教师。辱骂、侮辱侵犯的是幼儿园教师的名誉权等；而殴打则侵犯的是幼儿园教师的人身权、生命健康权等。根据《教师法（2009 年修订）》第三十五条规定：侮辱、殴打教师的，根据不同情况，分别给予行政处分或者行政处罚；造成损害的，责令赔偿损失；情节严重，构成犯罪的，依法追究刑事责任。从这一条文看，家长承担的责任形式有三种：一是行政责任，比如，公安部门对侵犯教师权益的家长给予治安处罚；二是侵权责任，主要是赔偿受害教师的相关损失；三是刑事法律责任，比如，可能以故意或过失伤害罪等，追究施害家长的刑事法律责任。

案例回顾 5

东莞一幼儿园两教师因孩子手臂有淤青被家长殴打

看到自己孩子的手臂有淤青，家长便断定是班级老师所为，两位家长不听老师解释，在没有问清楚原因的情况下，与孩子的妈妈一同当众对教师大扇耳光，猛力拳打脚踢、抓扯头发，近日，石龙镇宣教文体局通报了一起家长殴打教师事件。目前，公安部门对殴打老师、扰乱教学秩序的两名家长实施行政拘留 15 天，赔偿被殴打教师相关伤害和损失，同时，公开向被殴打教师道歉[72]。

【案例分析 5】

《教师法（2009 年修订)》第三十五条规定：侮辱、殴打教师的，根据不同情况，分别给予行政处分或者行政处罚;造成损害的，责令赔偿损失;情节严重，构成犯罪的，依法追究刑事责任。公安部门对殴打老师、扰乱教学秩序的两名家长依照《中华人民共和国治安管理处罚法》对其进行行政拘留 15 天的行政处罚。

三、教育行政管理部门侵犯教师合法权益的法律责任

教育、人社等行政管理部门是幼儿园及其教师的管理和服务部门，在管理服务过程中可能会出现侵犯幼儿园教师合法权益的行为。

其中，既有因作为而对教师权益带来的侵犯，如对教师的处分不当、对教师资格的认定不正确、拖欠公办幼儿园教师工资等。《教师法》第三十八条规定了地方人民政府对违反本法规定应承担的法律责任，如地方人民政府拖欠教师工资或者侵犯教师其他合法权益的，应当责令其限期改正，并对直接责任人员给予行政处分；情节严重，构成犯罪的，依法追究刑事责任。

还有因行政管理部门不作为所带来的对教师合法权益的侵犯，如对教师反映的问题不积极处理或不处理、不执行上级管理部门关于教师的福利待遇的规定等。对于这些违法行为，教育行政管理部门应承担不作为、乱作为的法律责任，可以由其上级主管部门责令其改正，并追究主要责任人的行政法律责任，严重的还可以追究主要责任人的刑事责任。

对教师权益的救济保障，我国《教师法》等也作出了安排:《教师法》第三十九条也规定了教师应该如何保护自身的合法权益，教师认为当地人民政府有关行政部门侵犯其根据本法规定享有的权利的，可以向同级人民政府或者上一级人民政府有关部门提出申诉，同级人民政府或者上一级人民政府有关部门应当作出处理。

第四节　侵犯幼儿及家长合法权益的法律责任

当前，侵犯幼儿及家长合法权益的现象较多。根据侵权主体的不同，可以分为幼儿园侵犯幼儿合法权益、幼儿园教师侵犯幼儿合法权益、教育管理部门侵犯幼儿合法权益、其他社会主体侵犯幼儿合法权益。不同的主体侵犯幼儿权益的行为表现不一样，承担的相应责任也不尽相同。

一、幼儿园侵犯幼儿合法权益的法律责任

幼儿园侵犯幼儿的合法权益是指幼儿园在开展保育教育活动中对幼儿合法权益造成的侵犯。《教育法》《未成年人保护法》《民办教育促进法（2018 年修订）》对幼儿园侵害幼儿的权益应该承担的责任进行了规定。主要表现在校舍或教育教学设施不安全、教育乱收费等。承担的责任形式有刑事法律责任，也有行政法律责任和民事法律责任。

（一）对校舍或者教育教学设施安全管理失职并对幼儿合法权益造成损害的行为

根据《教育法（2015 年修订）》第七十三条和《刑法》第一百三十八条规定，明知校舍或者教育教学设施有危险，而不采取措施或者不及时报告，致使发生重大伤亡事故的，构成了“教育设施重大安全事故罪”。其承担的是刑事法律责任，即对直接责任人员，处三年以下有期徒刑或者拘役；后果特别严重的，处三年以上七年以下有期徒刑。

根据侵权责任法的规定，幼儿合法权益因校舍或教育教学设施带来损害的，幼儿的家长（监护人）有权提起相关侵权赔偿的请求或诉讼。这是民事法律责任的表现形式。

案例回顾 6

幼儿园设施不安全致幼儿摔伤，赔偿幼儿 15 万余元

2017 年 3 月 6 日上午 9 点左右，原告 ××× 在被告西华县某幼儿园校园内课间游戏时，由于被告幼儿园滑梯螺丝脱落，致原告右臂受伤。原告受伤后，先后在几个医院治疗，花费较高，并且经伤残鉴定构成伤残。最后，一审法院判令被告赔偿原告的医疗费、住院伙食补助费、营养费、护理费、残疾赔偿金、精神损害抚慰金、住宿费、交通费、鉴定费等经济损失共计 154 300.04 元[73]。

【案例分析 6】

法院判决的法律依据为《中华人民共和国侵权责任法》第三十八条的规定以及《最高人民法院关于审理人身损害赔偿案件适用法律若干问题的解释》第七条第一款：“对未成年人依法负有教育、管理、保护义务的学校、幼儿园或者其他教育机构，未尽职责范围内的相关义务致使未成年人遭受人身损害，或者未成年人致他人人身损害的，应当承担与其过错相应的赔偿责任。”原告为无民事行为能力人，对事物的判断能力和自我保护能力较弱，当原告的行为存在风险时，被告幼儿园的幼儿教师应当立即对其行为进行操控或束缚，以阻止风险的发作。原告在被告幼儿园学习期间，被告负有教学、管理、保护的职责。由于被告的滑梯螺丝脱落，未能采纳相应的维护措施，造成原告意外受伤，应当承担赔偿责任。

（二）招收学生中徇私舞弊而侵犯幼儿合法权益的行为

根据《教育法（2015 年修订）》第七十七条规定：在招收学生工作中徇私舞弊的，由教育行政部门或者其他有关行政部门责令退回招收的人员；对直接负责的主管人员和其他

直接责任人员，依法给予处分；构成犯罪的，依法追究刑事责任。其中主要是行政法律责任和刑事法律责任。这一条款的情形主要可能发生在公办幼儿园。公办幼儿园属于公益性资源，其招生行为应当遵循一定的法律或政策规定，确保公共教育资源的配置合乎公平正义。

（三）发布虚假招生简章或者广告侵犯幼儿及家长合法权益的行为

根据《民办教育促进法（2018 年修订）》第六十二条规定：发布虚假招生简章或者广告的，退还所收费用。

（四）幼儿园乱收费侵犯幼儿及家长合法权益的行为

此类行为主要针对幼儿园的价格违法行为给幼儿及其家长的合法权益带来了侵犯。《教育法（2015 年修订）》第七十八条规定：学校及其他教育机构违反国家有关规定向受教育者收取费用的，由教育行政部门或者其他有关行政部门责令退还所收费用；对直接负责的主管人员和其他直接责任人员，依法给予处分。

（五）不履行或不正确履行师德师风建设管理职责造成学生权益受侵犯的行为

根据教育部《幼儿园教师违反职业道德行为处理办法（2018 年）》第十二条规定：幼儿园如果有“师德师风长效机制建设、日常教育督导不到位；师德失范问题排查发现不及时；对已发现的师德失范行为处置不力、方式不当或拒不处分、拖延处分、推诿隐瞒的；已作出的师德失范行为处理决定落实不到位，师德失范行为整改不彻底；多次出现师德失范问题或因师德失范行为引起不良社会影响；其他应当问责的失职失责情形”等情形的，上一级行政部门应当视情节轻重采取约谈、诫勉谈话、通报批评、纪律处分和组织处理等方式严肃追究主要负责人、分管负责人和直接责任人的责任。这其中，主要是行政法律责任。

（六）幼儿园擅自给学龄前儿童用药造成学生权益受侵犯的行为

近年来，一些幼儿园出现给学前教育儿童服用处方药品从而造成学生权益受侵犯的情形。2014 年 3 月，教育部办公厅、国家卫生计生委办公厅发出通报称，陕西省西安市宋庆龄基金会枫韵幼儿园和鸿基祥园幼儿园、吉林省吉林市高新区芳林幼儿园违规给幼儿集体服用处方药品“病毒灵”，造成严重的社会影响[74]。

（七）幼儿园其他侵犯未成年人合法权益的行为

《未成年人保护法（2012 年修订）》第六十三条规定：“幼儿园侵犯未成年人合法权益的，由教育行政部门或者其他有关部门责令改正；情节严重的，对直接负责的主管人员和其他直接责任人员依法给予处分。”这相当于是一个兜底条款。当然，前提是幼儿园侵犯了幼儿的合法权益。

二、幼儿园教职工侵犯幼儿合法权益应承担的法律责任

幼儿园教职工作为幼儿园教育教学的承担者，与幼儿有直接的接触。近年来，幼儿园

教职工侵犯幼儿合法权益的行为屡禁不止，层出不穷。例如，2017 年 5 月 3 日，有相关网络对幼师虐童案例进行盘点，发现近年来，幼儿园教师虐童事件频繁的出现在大众视野中，每每爆出的虐童新闻手段一个比一个残忍，诸如幼儿被老师用熨斗烫伤，幼儿被锯手腕后遭威胁，女童下体被老师放芸豆，教师针扎多名幼童，教师连扇儿童 70 多个耳光，老师一天打两岁半孩子 4 次，教师踢伤孩子生殖器，长期给无病孩子乱吃药，针扎体罚逼喝尿，等[75]。教育部《幼儿园教师违反职业道德行为处理办法（2018 年）》专门针对幼儿园教师侵犯幼儿合法权益的行为进行了列举，包括：在保教活动中遇突发事件、面临危险时，不顾幼儿安危，擅离职守，自行逃离。体罚和变相体罚幼儿，歧视、侮辱幼儿，猥亵、虐待、伤害幼儿；采用学校教育方式提前教授小学内容，组织有碍幼儿身心健康的活动；组织幼儿参加以营利为目的的表演、竞赛活动，或泄露幼儿与家长的信息等，主要目的在于明确和追究相关当事人的责任。其他，如《未成年人保护法（2012 年修订）》第六十三条规定“幼儿园教职员工对未成年人实施体罚、变相体罚或者其他侮辱人格行为的”，其第六十九条规定“侵犯未成年人隐私，构成违反治安管理行为的”，都可能引起不利的法律后果。

针对幼儿园教师侵犯幼儿合法权益的上述行为，应该承担的法律责任如下。

（一）刑事法律责任

幼儿园教师因侵犯幼儿合法权益需要承担刑事法律责任的犯罪行为主要有：触犯《中华人民共和国刑法》（以下简称《刑法》）第二百三十七条规定的“强制猥亵、侮辱罪”；因体罚学生触犯《刑法》第二百三十四条“故意伤害罪”、第二百三十五条“过失致人重伤罪”、第二百六十条之一“虐待被监护、看护人罪”等。《刑法》第二百三十七条规定：以暴力、胁迫或者其他方法强制猥亵他人或者侮辱妇女的，处五年以下有期徒刑或者拘役。聚众或者在公共场所当众犯前款罪的，或者有其他恶劣情节的，处五年以上有期徒刑。猥亵儿童的，依照前两款的规定从重处罚。

案例回顾 7

湖南一保育员虐待幼儿不仅被判刑还被“限业”

新华社长沙2018年8月25日电（记者陈文广）幼儿被扇耳光、被用衣服抽打……今年年初，湖南省长沙市芙蓉区一名幼儿园的保育员邓某被曝多次虐待园内幼儿，引发家长的声讨。记者 25 日从芙蓉区人民法院获悉，涉事保育员邓某不仅被判刑还被“限业”。

2018 年 1 月 20 日，芙蓉区方舟幼儿园一名家长拍下了幼儿园的监控视频，发现在 1 月 12 日中午 12 点 40 分左右，到了午睡时间，幼儿因为没有睡觉，不仅被保育员邓某连续掌掴，还被其用衣服抽打。视频发到家长群后，引发了多名家长的声讨。调取幼儿园监控后，家长们发现多名儿童曾被动粗。事发后，芙蓉区教育局介入调查，涉事保育员邓某被开除。经公安机关审讯，邓某如实供述了自己体罚幼儿的经过。对此，园方承认了自己的监管失职，并停课整顿。这一案件开庭后，检方指控，被告人邓某于2018年1月，在幼儿园内对张某某等8名幼儿进行虐待，情节恶劣，其行为已涉嫌构成虐待被看护人罪。邓某体罚、虐待幼儿的行为，违背了其保育员职责所要求的特定义务，严重损害了幼儿的身心健康。芙蓉区人民法院日前对被告人邓某作出一审判决，判处其有期徒刑9个月;同时，发出职业禁止令，限制其5年内不得从事教育、保育、看护类等相关职业[76]。

【案例分析7】

根据《中华人民共和国刑法》第二百六十条之一“虐待被监护、看护人罪”的规定:

对未成年人、老年人、患病的人、残疾人等负有监护、看护职责的人虐待被监护、看护的人，情节恶劣的，处三年以下有期徒刑或者拘役。单位犯前款罪的，对单位判处罚金，并对其直接负责的主管人员和其他直接责任人员，依照前款的规定处罚。有第一款行为，同时构成其他犯罪的，依照处罚较重的规定定罪处罚。

2015年的《刑法》修正案新增设的虐待被监护、看护人罪的主体，主要是对未成年人、老年人、患病的人、残疾人等负有监护、看护职责的学校（含幼儿园等育婴机构)、养老院、医院、福利院等单位负有监护、看护职责的人员以及直接负责的主管人员和其他直接责任人员，并且在客观上表现为行为人实施了虐待被监护、看护的人，情节恶劣的行为。本案中，邓某虐待被看护的多名幼儿，情节恶劣，依法应承担刑事责任。

（二）行政法律责任

根据教育部《幼儿园教师违反职业道德行为处理办法（2018年）》第七条规定：对幼儿园教师侵犯幼儿合法权益的行为作出了具体的处理办法，具体承担责任的方式有：（一）警告和记过处分。其中，公办幼儿园教师由所在幼儿园提出建议，幼儿园主管部门决定；民办幼儿园教师由所在幼儿园提出建议，幼儿园举办者做出决定，并报主管部门备案。（二）降低岗位等级或撤职处分。（三）公办幼儿园给予违规教师开除处分，民办幼儿园解除与违规教师的聘任合同，报主管部门备案。（四）给予批评教育、诫勉谈话、责令检查、通报批评，以及取消在评奖评优、职务晋升、职称评定、岗位聘用、工资晋级、申报人才计划等方面资格的其他处理，视其情节轻重作出决定。

同时，根据教育部《幼儿园教师违反职业道德行为处理办法（2018年）》第十一条规定：教师被依法判处刑罚的，依据《事业单位工作人员处分暂行规定》给予降低岗位等级或者撤职以上处分；其中，被依法判处有期徒刑以上刑罚的，给予开除处分；教师受到剥夺政治权利或者故意犯罪受到有期徒刑以上刑事处罚的，丧失教师资格。这些责任方式均为行政法律责任。

案例回顾 8

刑拘！6 岁男童不愿午睡 幼儿园保育员直接上脚踹头

2019 年 7 月 8 日 11 时 56 分许，在深圳市龙岗区某幼儿园读书的 6 岁男童小鸥，因午休问题，遭到该园生活老师殴打，经鉴定，所受伤情为轻微伤。男童家长发现后，向龙岗警方报警。今日（7 月 12 日）下午，就此事，龙岗警方通报称，因殴打他人，违法行为人 ×××，女，32 岁，已被公安机关处以行政拘留 12 日，并处罚款 500 元[77]。

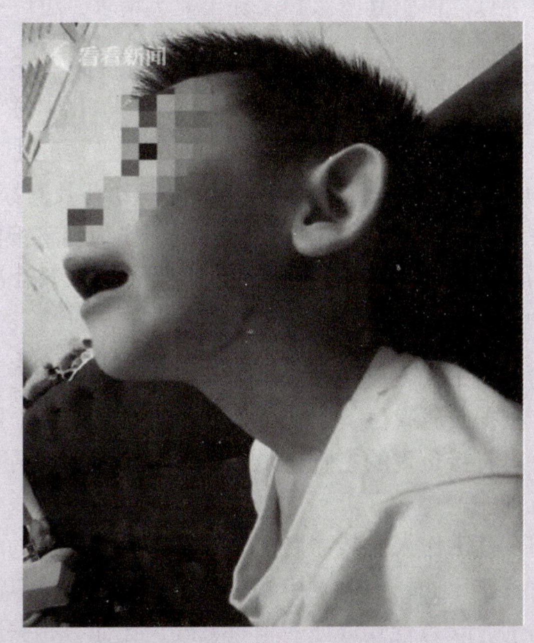

图 6-1 被打的男童

【案例分析 8】

《教师法》第三十七条规定了教师有体罚学生的，经教育不改的，由所在学校、其他教育机构或者教育行政部门给予行政处分或者解聘教师，情节严重，构成犯罪的，依法追究刑事责任。《未成年人保护法（2012 年修订）》第六十三条规定了幼儿园教职员工对未成年人实施体罚、变相体罚或者其他侮辱人格行为的，由其所在单位或者上级机关责令改正；情节严重的，依法给予处分。《治安管理处罚法（2012 年修正）》第四十三条规定了殴打他人的，或者故意伤害他人身体的，处五日以上十日以下拘留，并处 200 元以上 500 元以下罚款；情节较轻的，处五日以下拘留或者 500 元以下罚款。有“结伙殴打、伤害他人的；殴打、伤害残疾人、孕妇、不满十四周岁的人或者六十周岁以上的人的；多次殴打、伤害他人或者一次殴打、伤害多人的”情形之一的，处十日以上十五日以下拘留，并处 500 元以上 1 000 元以下罚款。该幼儿园保育员殴打不满十四周岁的幼儿，公安机关给予其行政拘留 12 日，并处罚款 500 元的处罚是合理合法的。

（三）民事法律责任

《侵权责任法》第三十四条规定:“用人单位的工作人员因执行工作任务造成他人损害的，由用人单位承担侵权责任”，因此，幼儿合法权益在幼儿园受到教师侵犯，首先，要区分这一侵犯行为的发生是因职务行为而引起，还是因教师个人行为而引起。幼儿园教师的侵权行为需要对此作一区分，才能更好地认定各自的责任。一般而言，侵权赔偿的责任方式，主要是幼儿园与受害幼儿之间进行；幼儿园赔偿后，可以根据教师过错的轻重大小，按照相关管理规定向施害的教师进行追偿，但赔礼道歉、恢复名誉等民事法律责任承担方式，如果因教师的侮辱等行为而引起，家长又提出此类请求，可以由幼儿教师承担。

三、教育管理部门侵犯幼儿合法权益应承担的法律责任

教育管理部门作为学前教育秩序的维护者，理应是幼儿及其家长合法权益的保护者。但在实际生活中，教育管理部门及其工作人员既存在因作为而直接侵犯幼儿及其家长的合法权益的情形，也存在因不作为而带来的间接侵犯幼儿及其家长合法权益的情形。

（一）因作为而直接侵犯的情形主要表现在以下方面

一是教育管理部门及其工作人员违反国家财政制度、财务制度，挪用、克扣幼儿应当得到的财政资助经费。根据《教育法》第七十一条的有关规定，上级机关责令限期归还被挪用、克扣的经费，并对直接负责的主管人员和其他直接责任人员，依法给予处分；构成犯罪的，依法追究刑事责任。

二是教育管理部门及其工作人员巧立名目收取幼儿及其家长的相关费用。这种情形通常表现为乱摊派、乱收费。比如，借体质检测、艺术体育技能等级测试等向幼儿及其家长乱收费等。发生这种情形，既有行政责任的承担方式，比如，相关部门及其工作人员可能遭受行政处分；相关费用应当退还幼儿家长，则是民事责任的承担方式。

三是直接侵犯未成年人合法权益的其他违法行为。《未成年人保护法（2012 年修订）》第六十一条对此作了较为宽泛的规定。《民办教育促进法（2018 年修订）》第六十三条规定“其他滥用职权、徇私舞弊的”行为。作此规定，目的在对实践中难以预料的情形作出预先保护性规定。比如，教育行政管理人员利用职务便利，对一些幼儿的艺术作品获奖后，将奖金予以扣留，将获奖作品的署名权篡改为其他人或未经作者同意加上其他人名等。

四是对提出申诉、控告、检举的人进行打击报复的，教育管理部门及其工作人员对举报、控告幼儿园及教师侵犯幼儿权益违法行为的幼儿家长进行打击报复。出现此类情形，承担责任的主要方式是行政责任，即依法给予相关部门及工作人员以行政处分。

（二）因不作为而间接侵犯的情形

主要是教育管理部门及其工作人员应当履行职责而未尽职责时带来的法律责任。根据《未成年人保护法（2012 年修订）》第六十一条规定，国家机关及其工作人员不依法履行保护未成年人合法权益的责任，由其所在单位或者上级机关责令改正，对直接负责的主管

人员和其他直接责任人员依法给予行政处分。这其中，既规定了行为的范围，也规定了承担责任的方式。

《幼儿园教师违反职业道德行为处理办法（2018年）》第十二条规定了公办幼儿园、民办幼儿园的主管部门不履行或不正确履行师德师风建设管理职责的五种失职失责情形：（一）师德师风长效机制建设、日常教育督导不到位；（二）师德失范问题排查发现不及时；（三）对已发现的师德失范行为处置不力、方式不当或拒不处分、拖延处分、推诿隐瞒的；（四）已作出的师德失范行为处理决定落实不到位，师德失范行为整改不彻底；（五）多次出现师德失范问题或因师德失范行为引起不良社会影响；其他应当问责的失职失责情形。虽然这一处理办法不是行政规章，但如果所管辖区域发生的事件后果较为严重，则可能成为追究教育管理部门相关工作人员责任的依据。承担责任的方式主要是行政责任，包括视情节轻重采取约谈、诫勉谈话、通报批评、纪律处分和组织处理等方式严肃追究主要负责人、分管负责人和直接责任人的责任。

四、幼儿园以外的社会第三人侵犯幼儿合法权益应承担的法律责任

（一）扰乱幼儿园教育教学秩序而侵犯幼儿相关合法权益的

一段时期以来，一些地方发生的“校闹”成为扰乱幼儿园教育教学秩序的主要表现形式，直接或间接侵犯学生相关合法权益。

2019年7月，教育部等五部门颁发的《关于完善安全事故处理机制维护学校教育教学秩序的意见》（以下简称《意见》）要求健全学校安全事故预防与处置机制，依法处理学校安全事故纠纷，及时处置、依法打击“校闹”行为、建立多部门合作机制。《意见》对校闹行为进行了规定，包括：

（1）殴打他人、故意伤害他人或者故意损坏公司财物的；（2）侵占、毁损学校房屋、设施设备的；（3）在学校设置障碍、贴报喷字、拉挂横幅、燃放鞭炮、播放哀乐、摆放花圈、泼洒污物、断水断电、堵塞大门、围堵办公场所和道路的；（4）在学校等公共场所停放尸体的；（5）以不准离开工作场所等方式非法限制学校教职工、学生人身自由的；（6）跟踪、纠缠学校相关负责人，侮辱、恐吓教职工、学生的；（7）携带易燃易爆危险物品和管制器具进入学校的；（8）其他扰乱学校教育教学秩序或侵犯他人人身财产权益的行为。

出现上述情形的，主要需承担三种责任，一是依法承担民事责任，包括恢复原状、消除影响等；二是由公安机关给予治安管理处罚；三是构成犯罪的，依法追究刑事责任。例如，《意见》规定：实施“校闹”行为涉嫌构成寻衅滋事罪、聚众扰乱社会秩序罪、故意毁坏财物罪、非法拘禁罪、故意伤害罪和聚众扰乱公共场所秩序、交通秩序罪等，需要追究刑事责任的，公安机关要依法及时立案侦查，全面客观地收集、调取证据，确保侦查质量。

（二）侵犯幼儿人身安全的行为

主要是社会第三人直接侵犯幼儿人身合法权益，造成幼儿人身损伤的情形。比如，直接伤害幼儿的身体；以不准离开工作场所等方式非法限制学校教职工、幼儿人身自由；跟踪、纠缠、侮辱、恐吓幼儿园幼儿等情形。

出现这类情形的，主要有三种责任承担方式，一是依法承担侵权责任，包括赔偿医药费、精神损害赔偿等；二是由公安机关给予治安管理处罚；三是构成犯罪的，依法追究刑事责任。

案例回顾 9

重庆女子在幼儿园门口持菜刀行凶 14名儿童被砍伤

据警方通报,2018年10月26日9时30分许，重庆市巴南区人×××，女,39岁，在巴南区鱼洞巴县大道一幼儿园门口持菜刀行凶，致做早操返回教室途中14名学生受伤。学校保安和工作人员奋力将其制服。巴南警方接报警后迅速赶到现场处置，将受伤儿童送往医院救治。重庆市副市长、市公安局局长迅速赶到现场，指挥案件的侦办，要求医院全力救治受伤儿童。案件正进一步侦办中[78]。

【案例分析 9】

根据我国《刑法》第二百三十二条“故意杀人罪”的规定：故意杀人的，处死刑、无期徒刑或者十年以上有期徒刑；情节较轻的，处三年以上十年以下有期徒刑。综合该女子的犯罪情节，该女子可能涉嫌故意杀人罪，可能会按故意杀人罪定罪处罚。

（三）社会第三人生产或销售到幼儿园的产品对幼儿造成的权益损害

因生产或销售到幼儿园的产品缺陷导致发生侵犯幼儿权益的情形，生产者、销售者依法可能需要承担三种责任形式。

一是侵权责任。根据《侵权责任法》第四十一条和第四十三条的规定：因产品存在缺陷造成他人损害的，生产者应当承担侵权责任。被侵权人既可以向产品的生产者请求赔偿，也可以向产品的销售者请求赔偿；因此，社会第三人生产或销售到幼儿园的产品对幼儿造成权益损害的，家长可以向生产者、销售者主张产品侵权责任。但如果产品安全事故发生并不是因为产品缺陷所引起，而是因幼儿园管理不当，则由幼儿园承担相应的责任。

二是行政法律责任。根据《未成年人保护法（2012年修订）》第六十五条的规定：生产、销售用于未成年人的食品、药品、玩具、用具和游乐设施不符合国家标准或者行业标准，或者没有在显著位置标明注意事项的，由主管部门责令改正，依法给予行政处罚。根据这一条，不需要出现对幼儿造成权益损害的事实，行政主管部门即可追究生产者、销售者的责任。

三是刑事法律责任。根据我国《刑法》“第三章 破坏社会主义市场经济秩序罪”第一节“生产、销售伪劣商品罪”中第一百四十条至第一百十六条的规定，社会第三人生产或销售到幼儿园的产品如果存在上述情形，且出现侵犯幼儿权益的严重后果，则可能依法需要承担刑事责任。

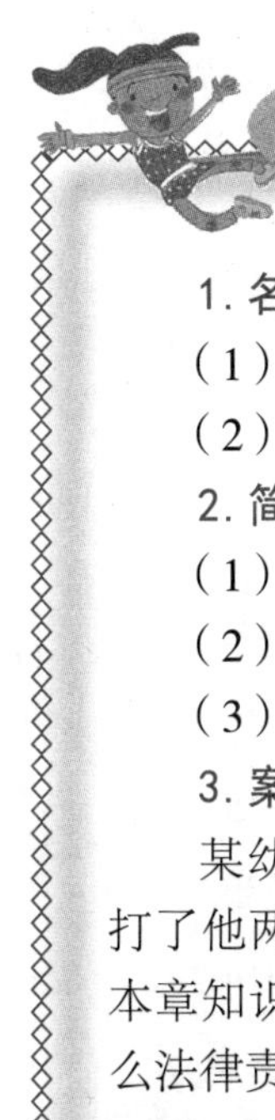

课后练习

1. 名词解释

（1）法律责任。

（2）办园违法违规行为。

2. 简答题

（1）办园违法违规行为应承担的法律责任有哪些？请举例说明。

（2）侵犯幼儿园教师合法权益应承担的法律责任有哪些？请举例说明。

（3）侵犯幼儿合法权益应承担的法律责任有哪些？请举例说明。

3. 案例分析

某幼儿园一教师被家长冤枉殴打了孩子，家长在幼儿园辱骂了该教师两次，打了他两个耳光，后来还威胁他说如果不离开幼儿园，就见一次打一次。请结合本章知识点，分析幼儿园教师该如何维护自己的合法权益？这位家长应该承担什么法律责任？

参考文献

[1] 魏真，华灵燕. 学前教育政策与法规［M］. 北京：北京大学出版社，2015.
[2] 杨莉君. 学前教育政策法规概论［M］. 长沙：湖南师范大学出版社，2008.
[3] 马焕灵. 幼儿教育政策法规解读［M］. 长春：东北师范大学出版社，2014.
[4] 周小虎. 学前教育政策与法规［M］. 华东师范大学出版社，2014.
[5] 李广海，马焕，陈亮. 学前教育政策与法规［M］. 南京：东南大学出版社，2016：15.
[6] 裴培，张更立. 我国学前教育法律体系的现状、问题及优化路径［J］. 教育评论，2019（2）：17-22.
[7] 国务院. 国务院关于当前发展学前教育的若干意见［J］. 楚雄政报，2011（1）：4-6.
[8] 庞丽娟，韩小雨. 中国学前教育立法：思考与进程［J］. 北京师范大学学报：社会科学版，2010（5）：14-20.
[9] 刘崇民. 学前教育史［M］. 上海：上海交通大学出版社，2009：47.
[10] 雷春国，曹才力，李崇庚. 学前教育政策法规解读［M］. 长沙：湖南大学出版社，2013.
[11] 袁秋红. 改革开放以来我国学前教育事业发展的政策工具分析［J］. 现代教育管理，2017（05）：81-86.
[12] 常晶，易凌云. 我国学前教育法制化建设与发展40年［J］. 广西师范学院学报（哲学社会科学版），2018，39（06）：30-37.
[13] 张利洪. 改革开放40年我国学前教育政策法规的历程、成就与反思［J］. 陕西师范大学学报：哲学社会科学版，2019，48（1）：55-61.
[14] 吕武. 《纲要》颁行以来我国学前教育政策的进展、成效与未来思考［J］. 现代教育管理，2019（6）：73-78.

[15] 郑子莹．我国学前教育改革发展的基本路向［N］．光明日报，2014（5）．

[16] 江长州．学前教育迎来了持续健康协调发展的春天——《中共中央国务院关于学前教育深化改革规范发展的若干意见》解读［J］．西藏教育，2018，297（12）：5–6.

[17] 幼儿园工作规程［EB/OL］．https://baike.baidu.com/item/ /8837683?fr=aladdin#4_1.

[18] 康树华．我国制定《中华人民共和国未成年人保护法》的重大意义［J］．法学杂志，1991（5）：2–3.

[19] 吴鹏飞．嗷嗷待哺：儿童权利的一般理论与中国实践［D］．苏州大学，2013.

[20] 洪秀敏．幼儿园教师必知的60条教育政策与法规［M］．北京：中国轻工业出版社，2014.

[21] 武祥海，李小红．以案示法——幼儿园涉法事物全解析［M］．南京：南京师范大学出版社，2016.

[22] 蔡迎旗．幼儿教育政策法规［M］．北京：高等教育出版社，2014.

[23] 王思斌．社会工作概论［M］．3版．北京：高等教育出版社，2014，10.

[24] 邢利娅．幼儿园管理［M］．北京：高等教育出版社，2010.

[25] 李琳．改革开放40 年学前教育事业发展中政府责任边界的演变与启示［J］．中国教育学刊，2019（1）：37–42.

[26] 庞丽娟，王红蕾，贺红芳．加快立法为学前教育发展提供法律保障［J］．中国教育学刊，2019（1）：1–6.

[27] 胡海建，李晖．应用学前教育管理学［M］．武汉：华中科技大学出版社，2017.

[28] 阎水金，张燕．学前教育行政与管理（2002年版）［M］．长春：东北师范大学出版社，2003.

[29] 周小虎．学前教育政策与法规［M］．2版．上海：华东师范大学出版社，2017.

[30] 周晓红，周婉莹“学前三年行动计划”实施以来学前教育财政投入的成效、问题与对策［J］．教育经济评论，2019（1）：38–50.

[31] 王泽奇，薛巍．民办幼儿园教师权益保障的法律意识现状研究［J］．法制博览，2019（10）：99–100.

[32] 东莞一幼儿园两老师因孩子手臂有淤青，被家长殴打［EB/OL］．http://news.163.com/19/0506/17/EEGQQIBV000187VE.html.

[33] 幼儿园设施不安全致幼儿摔伤，赔偿幼儿15万余元［EB/OL］．http://wenshu.court.gov.cn.

［34］教育部办公厅　国家卫生计生委办公厅关于陕西、吉林两地个别幼儿园违规开展群体性服药事件的通报，教体艺厅［2014］1号。［EB/OL］. http://old.moe.gov.cn//publicfiles/business/htmlfiles/moe/s3283/201403/165805.html.

［35］幼师虐童案例盘点［EB/OL］. https://www.bbaqw.com/pd/76.htm.

［36］湖南一保育员虐待幼儿不仅被判刑还被“限业”［EB/OL］. http://www.xinhuanet.com/legal/2018-08/25/c_1123327917.htm.

［37］行拘！6岁男童不愿午睡 幼儿园保育员直接上脚踹头［EB/OL］. http://dy.163.com/v2/article/detail/EK1N4P7M0514EGPO.html.

［38］重庆女子在幼儿园门口持菜刀行凶 14名儿童被砍伤［EB/OL］. http://news.163.com/18/1026/11/DV1SHFKL0001899O.html.